改革开放以来四川经济体制改革的成就与经验

主 编 许 彦
副主编 郭险峰 袁 威

Gaige Kaifang Yilai Sichuan Jingji Tizhi
Gaige de Chengjiu yu Jingyan

西南财经大学出版社
Southwestern University of Finance & Economics Press

中国·成都

图书在版编目(CIP)数据

改革开放以来四川经济体制改革的成就与经验/ 许彦主编.—成都:西南财经大学出版社,2018.11

ISBN 978-7-5504-3379-3

Ⅰ.①改… Ⅱ.①许… Ⅲ.①区域经济—经济体制改革—研究—四川 Ⅳ.①F127.71

中国版本图书馆 CIP 数据核字(2018)第 275511 号

改革开放以来四川经济体制改革的成就与经验

主编　许彦

副主编　郭险峰　袁威

策划编辑:李玉斗

责任编辑:邓克虎

封面设计:张姗姗

责任印制:朱曼丽

出版发行	西南财经大学出版社(四川省成都市光华村街 55 号)
网　　址	http://www.bookcj.com
电子邮件	bookcj@foxmail.com
邮政编码	610074
电　　话	028-87352211　87352368
照　　排	四川胜翔数码印务设计有限公司
印　　刷	郫县犀浦印刷厂
成品尺寸	170mm×240mm
印　　张	18.5
字　　数	333 千字
版　　次	2018 年 12 月第 1 版
印　　次	2018 年 12 月第 1 次印刷
书　　号	ISBN 978-7-5504-3379-3
定　　价	98.00 元

前　言

　　1978 年，党的十一届三中全会开启了中国改革开放的新征程。40 年来，作为中国改革开放重要的发源地之一，四川始终以敢为人先的探索精神置身于改革开放的潮头，不断以改革开放为动力，不断以改革开放促发展。经过历届省委、省政府的接续奋斗和全省人民的艰苦努力，四川经济社会取得了历史性的成就，这为四川由高速增长阶段转向高质量发展阶段奠定了坚实的基础。

　　为纪念改革开放 40 周年，四川省《资本论》研究会于 2017 年 7 月在成都简阳召开了主题为"改革开放以来四川经济体制改革成就与经验"的理论研讨会。省内众多经济研究者参与了本次会议，并就四川改革开放以来在经济领域的重大改革开放举措和成功经验进行了充分研讨，提出了众多真知灼见的看法和观点。当前，改革开放在很多领域进入了"无人区"，这更需要我们坚持以中国特色社会主义政治经济学为指导，始终站在改革开放的最前沿，在实践中求真知，在探索中找规律，进一步推进思想大解放，坚持将改革开放进行到底。

　　本书汇集了此次理论研讨会的主要研究成果，以期为新时代全面深化改革开放提供一些思路和建议。本书收集研讨会论文 42 篇，由许彦任主编，郭险峰、袁威任副主编。因时间仓促，及编者自身学识和研究认知的限制，该论文集或有不当之处，还望批评指正。

编　者

2018 年 9 月

目　录

立足发展新方位　构建开放型经济新体制 ……………………… 许　彦（1）

四川省改革开放 40 周年经济社会发展调研报告 …… 袁　威　张国毅（9）

改革开放以来四川生态文明建设历程及成就研究 ……………… 陈钊（25）

经济体制改革 40 年：四川人口受教育程度变动问题研究 …………………

…………………………… 徐　林　谭靖萍　严　涵　吴江伟（31）

改革开放 40 年农村人口流动特征探究 ………………………… 严　涵（36）

始终坚持以经济建设为中心 ………………… 杨亦乐　易　顺（44）

改革开放 40 年城镇化发展的回顾与启示 …………… 张国平（51）

甘孜州改革开放 40 年的经验启示 ………………… 付志康（58）

改革与突破：凉山州农业跨越发展 40 年 …………… 陈星仪（62）

砥砺奋进中的中国（绵阳）科技城

　　——绵阳经济社会发展 40 年主要成就与启示 ………… 邹　滢（69）

基于中国改革开放 40 年的内生逻辑：由高速度增长转向高质量发展 ……

………………………………………………… 罗　莲（73）

我国改革开放 40 年政府与市场关系调整历程及对四川的启示 …………

………………………………………………… 罗若飞（79）

论改革的历史必然、当代价值与未来选择

　　——基于社会学视角的分析 ………………… 谢　熠（89）

当前我国国有企业改革的几点思考 ………………… 郭险峰（97）

马克思生态观视角下的成都平原经济区县级饮用水水源地保护研究 ……

………………………………………………… 丁　英（104）

全球视野下中国农业现代化发展的困境与突破 …………… 罗　眉（110）

四川深度贫困地区"电商扶贫"现状及对策研究 ………… 孙继琼（117）

正确认识政府与市场的关系，进一步推动经济体制的深入改革 …………

………………………………………………… 奉　兴（124）

试论四川省投融资体制改革的成效、问题与建议 ………… 黄绍军（130）

新市民住房保障存在的问题及对策研究 ……………………… 郭堂辉（136）

基于战略性资源及其产权视角下的管理者薪酬研究 ……… 许　毅（143）

完善东西部扶贫协作机制的思考 ……………………………… 林　俐（150）

2001 年以来四川省县域经济发展时空演变研究
　　——基于 183 个县人均生产总值指标的分析 ………………………
　　…………………………………………… 孙超英　张志林（156）

四川坚持绿色发展应把握好的几对关系和路径分析 ………………………
　　…………………………………………… 刘鉴漪　王诗琴（165）

怎样理解中国特色社会主义政治经济学 ……………………… 蒋　晋（172）

深化改革　大力提升成都市创新创业国际影响力 ………………………
　　………………………………… 林德萍　邓　唯　徐苑琳（180）

经济新常态下崇州市中小企业融资的破与立 ………………………
　　………………………………… 唐　辉　高　凌　唐　云（193）

坚定社会主义市场经济方向改革的思考 ……………………… 丁登林（200）

新时代德阳工业经济高质量发展的思考 ……………………… 杨晓军（206）

马克思恩格斯小农经济理论与广汉市小农户参与现代农业的模式研究 …
　　……………………………………………………… 朱颖秋（213）

利用土地支持政策推进乡村振兴中的田园综合体试点建设 ………………
　　…………………………………………………………… 邓　蓉（220）

甘孜州经济高质量发展之我见 ………………………………… 汤红蒂（225）

关于推动职业教育改革与发展的思考
　　——以绵阳市为例 …………………………………… 林劲松（232）

试析民口企业参与军民融合深度发展的问题和建议 ……… 王显强（238）

绵阳市深化国有企业改革研究 ………………………………… 杨　艳（244）

南充农业供给侧结构性改革路径探析 ……………… 罗之前　邱亚明（250）

攀枝花"十三五"时期城镇居民收入增长的对策研究 ………………………
　　…………………………………………… 陈　荻　周　群（256）

成都城乡统筹发展战略中农地产权改革的经验及启示 ……… 吉　媛（262）

中国经济体制渐进式改革路径研究 …………………………… 周红芳（269）

强力实施"飞地经济"行动培育雅安经济重要增长极 ……… 倪子尧（275）

乡村振兴战略背景下宜宾市构建新型农业经营体系实证研究 ………………
　　………………………………………………… 石　磊　窦清华（282）

立足发展新方位
构建开放型经济新体制

许 彦[①]

摘要： 四川正处于推进全面开发开放的关键时期，立足于发展新方位，总结、分析和研究开放型经济新体制问题，对于四川实现"对内靠改革、对外靠开放"的转型发展之路、形成开放新格局有着重要的借鉴意义。本文总结分析了四川改革开放 40 年的开放型经济新体制的建设经验，研究了党的十九大后开放发展的新要求，提出了"三个着眼于"的完善思路。

关键词： 新方位 开放型经济新体制

40 年的改革开放之路，是四川砥砺奋进取得开创性成就、实现深层次变革的真实写照，是四川转型发展、加快发展的必由之路。当前，全球经济已进入新一轮结构调整期，优质要素全球配置的速度正在加快，国内国外两个市场互动效应初步显现。主动对接"一带一路"建设，深度融入全球经济一体化已成为各地经济发展的必然战略选择。四川是经济大省、人口大省、科教大省和资源大省，在服务国家战略中具有重要地位。总结四川的发展历史和经验，四川的成就靠的就是改革开放，就是不断形成和完善的新体制，"对内靠改革、对外靠开放"，开放不仅是改革题中应有之义，也是促进改革的重要手段。当前，立足于中国发展的新方位，加快构建开放型经济新体制，对于四川实现全面开发开放有着十分重要的意义。

一、以开放促改革促发展是四川发展的成功实践

四川地处我国中西部的结合部，"不靠海、不靠长江、不靠边境线"的地理劣势对四川的对外开放产生了较大的抑制作用。但长期的发展实践

---

① 许彦，中共四川省委党校。

证明了像四川这样的内陆大省，不对外开放是没有出路的，四川与沿海省市的差别，从一定程度上看就是对外开放的差别。解放思想、突破"盆地意识"、构建和完善开放型经济新体制，是四川实现以开放促改革促发展的主要抓手。

（一）坚持解放思想拓展思路，不断创新体制机制

20世纪90年代初，四川提出了"南下北上"的开放思想，并在1993年的省委六届二次全会上，确定了"以大开放促大发展"的经济发展方针。在工作措施上，制定和完善了对外开放的法规和鼓励政策，着力营造有利于对外开放的环境，坚持外经、外贸、外事工作一起抓，坚持"走出去"与"请进来"相结合。2007年的省委九届四次全会上，提出要着力打造"一枢纽、三中心、四基地"，大力实施充分开放合作战略，变"天府之国"为"天府之域"。之后进一步明确了开放合作的方向和思路，即通过"三向拓展、四层推进"加快建设西部经济发展高地、构建内陆开放高地，逐渐将四川由国家战略的大后方转变为国家对外开放的前沿阵地。

党的十八届三中全会后，国务院出台了《关于构建开放型经济新体制的若干意见》，明确了建立市场配置资源新机制、形成经济运行管理新模式、形成全方位开放新格局、形成国际合作竞争新优势的总体要求。四川省委省政府基于四川发展阶段的判断，于2016年8月提出了《关于构建开放型经济新体制的实施意见》，并与《四川省参与建设丝绸之路经济带和21世纪海上丝绸之路实施方案》《关于进一步扩大和深化对外开放合作的意见》《关于扩大开放促进投资若干政策措施的意见》等重要纲领性文件一起形成了四川开放型经济新体制框架，初步完成了四川发展开放型经济的顶层设计。通过实施"251"三年行动计划、推进国际产能合作"111"工程等实现了"以开放引领转型，以转型升级推进开放"的良好发展格局。

党的十九大后，随着全球经济竞争的不断加剧和"一带一路"建设的不断推进，我国对内对外开放格局正在发生深刻变化。要推动形成全面开放新格局、实现更高层次的开放，就必须切实增强不进则退的危机感和时不待我的紧迫感，进一步解放思想、破除盆地意识，以全域思维和全局视野研究谋划新形势下四川全面开发开放问题，走出一条内陆地区扩大开放的路子，这对构建开放型经济新体制提出了更高要求。

（二）创新要素配置体制，打造国际合作新优势

美国作家帕拉格·康纳在其著作《超级版图》（2016）中提出"现在全球化正在进入深水区，进入超级全球化阶段。未来一个国家或地区的实

力要看它通过连接所能发挥的作用大小，也就是互联互通程度，即在地理互联、经济互联、数字互联层面，是否深度参与全球资源、资本、数据、人才和其他有价值的资产流。面临这样的时代，在上一轮全球化中被边缘化的国家和地区将得到机会"。"一带一路"建设的互联互通在全球范围内形成了新的经济版图，这对四川来讲，机遇前所未有。

四川省第十次党代会后，对外开放的顶层设计不断优化，提出并实施了构建开放型经济新体制的"29条"实施意见，通过"以加快开放型经济治理体系和治理能力现代化为导向，建立市场配置资源新机制，形成经济运行管理新模式，形成国际合作竞争新优势，构建起与国际规则相接轨、与现代市场体系相匹配、与发展阶段相适应的开放型经济新体制。"稳步推进了企业、产业、市场、人才的"四个国际化"，对标先进、突出高端合作，吸引国际优质资源，实现高水平的要素重组，发展更高层次的开放型经济。截至2017年，四川对外贸易总额超过2万亿元，规模跃居中西部首位；累计引进到位省外境外资金超过5万亿元。

（三）建设开放合作体制，凝聚发展新动能

四川省第十一次党代会强调，把开放合作作为高点起步、高端切入的直接抓手，更高水平推进开放合作。在构建现代化经济体系、建设经济强省、推动治蜀兴川再上新台阶的新征途中，对外开放肩负新的使命、承载新的期望。

2016年9月，四川成为第三批新设立的7个自由贸易试验区之一，国家交给四川的一个重要任务就是要在内陆省形成新的开放模式，通过内陆与沿海、沿边、沿江协同开放，打造全新的开放格局，以开放倒逼转型、以创新引领转型，从而催生发展新动能。为此，四川出台了《中国（四川）自贸试验区建设管理办法》等系列重要指导性文件，着力于通过制度"试验"、制度"突破"、制度"互动"，以实现动力转换为目标，促进内外投资、贸易的发展，实现资本聚集、商贸聚集、新企业聚集、人才聚集，推进产业转型发展，培育创新动能。四川自贸试验区2017年新增市场主体、注册资本等主要指标位居7个新设自贸试验区前列，已推出77项制度创新成果。截至2017年年底，在川世界500强企业已达331户，稳居中西部第一；近40家外资金融机构在川落户。

（四）完善区域开放布局体制，促进产业转型升级

四川以建设中国（四川）自由贸易试验区为契机，大力推进"蓉欧+"战略的实施，并与"川南临港片区"的长江水运中心相对接，立足于将成都发展为欧洲和泛亚最重要的铁路枢纽，积极融入长江经济带建设，强化

与长江经济带、泛珠区域各省的产业、市场等重点领域的合作，不断扩展和优化四川对外开放布局，加速形成对外经济走廊。截至 2017 年，成都双流机场开通国际航线 106 条；成都航空口岸年出入境达 500 万人次；蓉欧快铁开行已超过 1 000 列，居全国首位；泸州港集装箱吞吐量超过 40 万标箱。泛珠区域现已成为四川主要投资来源地，吸引来自泛珠区域资金占同期四川引进国内省外资金的近 30%。

通过深度融入全球化、强化国内合作，不断加快四川产业产品的"优进优出"，推进产业链、价值链的提升和重构，进一步强化各经济区域的产业优势、市场优势和区位优势，打造区域经济发展新的竞争优势。例如，制订了"自主品牌出口增长"计划等，重点选取机械、电子、化工、纺织等优势产业开展"一域一品牌"活动，推动产品、技术、服务的全产业链出口；支持成都经济开发区抓住国际汽车产业新一轮转移机遇，以高端项目和重大项目为核心，不断占据现代汽车产业链的高端。

（五）改进营商体制，营造良好环境

近年来，四川着眼于规范法治环境、投资贸易便利、监管高效便捷、金融改革创新等重点领域，出台了外商投资管理体制改革 12 条、支持外商投资企业发展 8 条措施等一系列政策，不断推进政府职能转变，强化"放管服"，积极推进实行准入前国民待遇加负面清单管理制度，进一步缩短负面清单、简化程序。创新外资监管手段，加强事中、事后监管，保护外商投资合法权益。完善产权保护制度，依法保护产权，严厉打击侵权、假冒、违法、犯罪等行为；开展打假维权"清风行动"，维护四川品牌的海外形象。

二、正视挑战，把握开放型经济新体制建设的新要求

我国 40 年的改革开放经验告诉我们，开放发展是一个合作共赢的进程，是一个循序渐进的进程，是一个制度不断融合改进的进程。开放发展的不同阶段，对体制都有不同的要求。

（一）四川对外开放面临的主要问题

四川发展进入了新阶段，开放型经济体制与高质量发展的要求存在着较大差距。

1. 开放度弱，资源集聚能力不足

作为内陆大省，目前四川外贸依存度仅为 12.2%，比全国低 22 个百分点，进出口规模不足全国总额的 1.7%；成都开放型经济占全省 80%

以上；"走出去"企业、产业的国际竞争力不强，服务业开放限制较多，全省开放口岸偏少，开放平台和载体作用发挥有限。从2016年全国贸易百强城市的分布来看，四川有3个城市列入了百强城市，成都排名第22位，南充和绵阳分别排名97位和98位。经济总量排在全国前五名的省份中，广东、江苏、山东列入百强城市的有10个，浙江有9个，河南有2个；相近经济发展水平的湖北列入百强城市的有3个，湖南有4个。可见，从开放程度来衡量，四川与发达省份的差距非常明显，这也正是四川的短板与痛点。

2. 产业中低端化严重、创新能力偏弱

长期以来，全球经济结构调整升级首先作用于先进省市，再通过产业承接和产业转移等方式作用于四川。这也使得四川要素合作层次较低，经济结构调整滞后，资源优势、市场优势没有得到充分发挥，大量的中低端产业聚集，技术创新、商业模业创新缺乏激励，高水平人才供给严重不足、转型升级滞后循环现象突出，供给侧结构性改革的难度大。

3. 开放意识不足，市场化程度低

体制机制的完善是需要形成倒逼机制的，发达省份的经验证明开放是完善体制机制的重要路径。长期以来，四川企业"走出去"的较少，各地经贸往来主要集中于国内区域，各级政府对国际经济制度、经济规则的熟悉度不高，一些地方和部门对开放重视不够，讲得多、抓得少，一些干部开展开放合作的能力和知识储备还不够，促进开放发展的人才、政策、要素支撑尚显不足。

（二）开放型经济体制建设的新要求

我国经济发展已经进入与世界深度互动、向世界深度开放的新起点。党的十九大作出"推动形成全面开放新格局"的重大部署，这要求四川要在更高层次更宽领域汇聚资源要素，借势借力发展，加快推进建设内陆开放型经济高地。当前，各省已从产品市场的全面开放演化为要素市场的全面开放，从产品竞争、政策优惠竞争演化为体制机制竞争，这对四川消除政策制度壁垒、实现规则文明提出了更高的要求。

1. 强化四川自贸试验区制度试验

国家将四川自贸试验区定位于建设西部门户城市开发开放引领区、内陆开放战略支撑带先导区、国际开放通道枢纽区、内陆开放型经济新高地、内陆与沿海沿边沿江协同开放示范区，这既是四川自贸试验区服务于国家战略的重要使命，也是四川构建开放型经济体制的验金石。按照全国"1+3+7"的自贸试验区差异化试验的要求，四川开放型经济体制更应聚焦于内陆地区实现大开放的制度创新，更应聚焦于在内陆地区形成更加合理的开放空间的制度创新，更应聚焦于形成内陆与沿海沿边沿江协同合作的制度创新。

因此，在四川自贸区建设中，应更注重两方面的内容：一是"通道＋平台＋耦合"。四川地处西部核心位置，是铁路、陆路、航路的全国枢纽，是沟通南北、连接东西的国家重要的联结点，其地理位置决定了四川服务于内陆、引领内陆开放的历史使命。这也要求四川要着力打造内陆物流平台、开放平台、创新平台、信息平台，形成国际物流大通道和国际数据大道，促进内陆诸省市间的政策互通、信息互换、监管互认、执法互助；要加快融入全球产业链、价值链、物流链中，将四川经济耦合于全球经济中，由单纯的招商引资升级为参与国际经济建设。二是"领创＋跟创＋复制"。自贸区打造"三区一高地"，就是要求创新开放型经济体制，要通过对接高标准的国际经贸规则，在法治环境规范、投资贸易便利、创新要素集聚、监管高效便捷、协同开放方面走出自己的路，形成一批特色创新成果。同时，我们也应认识到，自贸区的制度试验本身就是构建开放型经济体制的一部分，可复制、能复制、快复制是试验的重要目的之一。开放型经济新体制要求有更高的制度包容度，开放型经济体制的生命力不仅体现为区域制度的创造性，更为重要的在于其创造的制度具有强大的可复制性。未来，四川开放经济的竞争力会取决于是否能够将区域成功的制度创新在最短时间内、在尽可能广阔的空间内进行复制，这是形成区域先发优势的重要条件。

2. 加快形成对外开放制度高地

尊重经济发展规律和规则是建设开放型经济的应有之义。近年来，多哈回合贸易谈判停滞不前，贸易保护盛行，原有国际经贸规则支离破碎，WTO 所承担的三大职能："解决成员国贸易争端""制定多边贸易规则""组织多边贸易谈判"均受到严重挑战。但 TPP、TTIP、TISA、BIT 等谈判所提出的新规则正在影响着全球经贸关系。从战略层面上来看，虽然以TPP、TTIP 为代表的广覆盖、宽领域、高标准的区域经济合作协定的谈判暂时受到挫折，但它们所提出的包含私有产权保护、国有企业定位、自由平等的贸易投资、政府透明度等"21 世纪新议题"正在使全球经济从自由贸易转向"自由贸易＋规则贸易"。这些新"准入门槛"对于后发开放、力求进入国际经济体系的四川而言，无疑是一些"高门槛""难门槛"，而对发达地区来说却并不高，这也正是四川与发达地区在开放经济发展中的最重要的差距。要实现四川开放经济进入发达地区的行列，首先就是向规则看齐，四川在参与国内国外经济合作中，特别是与欧美发达国家开展国际经济合作时，要在充分尊重国情、省情的基础上，实现规则一致和规则互动，这不仅仅是四川深度融入"一带一路"所必须面对的规则难题，也是验证开放型经济体制先进性的重要标准。

3. 推动形成国际国内开放合作新机制

四川要走出转型发展的新路子，就需要坚持以"一带一路"建设为重点，精准把握全球科技革命和产业变革深刻调整大趋势，更好地发挥我省比较优势，更深层次地融入全球产业链、价值链、创新链，形成全球要素资源不断涌入、开放型世界经济深度嵌入的新格局。这对四川构建国内国外合作新机制提出了更高要求。当前，在国家"一带一路"建设中，西部已由"跟跑"开放迈上"并跑"甚至"领跑"前沿。这需要四川各地坚决破除内陆意识和盆地意识，从地理和空间概念的羁绊中解放出来，坚持内外并举，系统推进市场、产业、区域开放合作，打破地方保护、区域封锁、行业壁垒、企业垄断，在更大范围、更宽领域和更高层次上配置资源，参与国际分工和竞争合作。

三、构建开放型经济新体制

构建开放型经济新体制，是四川实现全面开发开放的战略选择。这需要四川立足省情、解放思想，积极推进国内国外合作，着力于弥补开放发展的制度短板，形成相对稳定的制度体系。

（一）着眼于政府管理便利化、法制化、市场化、国际化

要持续推进贸易便利化改革，创新口岸通关监管制度。清理现有的各种涉及开放的地方法规、政府规章、红头文件，对于各地新的政策、规则的订立、修改、废止应当严格遵循相应的程序，广泛听取社会各界的意见，特别是外商的意见。进一步明确政府的职能边界，通过权责分离，实现对政府权力的有效约束，在深化行政审批制度改革、精简行政办事程序的基础上，进一步完善和细化政府各法定机构的法律地位和职能，将一些专业性、技术性的公共管理和服务职能交与市场化主体去做。要探索和借鉴在国际投资、国际合作、争端解决中的经验和方法。对于一些重要的法律规则设计，特别是自贸区制度试验的法制规则，应尽快借鉴、学习和实施。比如，中国香港作为四川最大的投资来源地和重要的贸易伙伴，其在商业领域的立法已经与成熟的国际商业惯例及规则完全接轨，借鉴意义较大。又如，2016年12月30日，最高人民法院发布了《关于为自由贸易试

验区建设提供司法保障的意见》，其第 9 条规定，"在自贸试验区内注册的企业相互之间约定在内地特定地点、按照特定仲裁规则、由特定人员对有关争议进行仲裁的，人民法院可以认定该仲裁协议有效。"这些条款对于构建新的争端解决机制有着重要意义。

（二）着眼于合作制定陆上贸易规则

"四区一高地"的自贸区建设，除其招商引资、推动地方产业转型升级发展的功能外，其最重要的功能之一在于形成陆上贸易的标准、规则和体系。在"一带一路"建设中，南向通道的建设已逐渐成为主流认识，四川地处南向通道的核心位置，战略优势突出，在南向通道规则建设中具有相对较大的话语权。要充分发挥"蓉欧+"战略的外溢作用，在联通西向、东向、北向、南向经济走廊时，进一步强化与重庆、陕西、云南、贵州、广西等省市的合作，进一步融入长江经济带，加快合作打造南向大通道，突出四川的区位优势和资源优势，消化吸收高标准贸易规则，以构建亚欧非一体化重要枢纽地为着力点，探索试验内陆经济与海洋经济协调优化的高标准贸易规则。

要探索四川各开放口岸与自贸区建设的联动性。探索在商事便利、信息互助、物流服务等方面的联动模式；给予各地对自贸区特定业务的税收裁量权，降低企业所得税、免征间接税，缩小四川与世界各地的税收差距，吸引跨国公司开展离岸业务。主动对接 TTIP、BIT、TISA 等一系列国际规则，在产权保护、经济自由、平等竞争等方面尽快出台与国际规则接轨的实施细则，充分利用"一带一路"的战略对接，积极融入中国—中东欧"16+1"、中俄"两河流域"经济领域，深入研究四川融入中国—东盟经济领域的方式、重心和途径，尽快形成地方合作框架。

（三）着眼于内外开放体制的对接互动

要探索四川与周边各省市的开放体制对接，积极开展对外贸易的规则对接。探索"蓉新欧""渝新欧""西新欧"等协作形成内陆贸易运输规则，包括陆上贸易结算规则、保险规则、执法权等制度；探索形成跨区域开放经济的利益分享机制。要探索在人才引进、吸引外资、企业"走出去"等方面的合作规则，以跨区域的行业协会为平台，以分享利益为方式，避免区域恶性竞争，使开放经济有序发展。

参考文献

［1］四川省委省政府. 关于构建开放型经济新体制的实施意见［Z］. 2016-08-28.

［2］陈光浩. 坚定开放发展战略定力 着力提升四川开放型经济水平［N］. 四川日报，2017-07-03.

四川省改革开放40周年
经济社会发展调研报告

袁　威　张国毅[①]

摘要：改革开放40年以来，四川省地区GDP从只有184.61亿元发展到36 980.2亿元全国排名第六的经济大省，高居西部第一位。本文从改革开放以来四川各个领域的宏观数据入手，系统梳理了四川省经济社会发取得的巨大成就，并总结了经验启示；对于四川在经济社会发展方面所面临的历史机遇和现实挑战，本文也提出了针对性的对策建议。

关键词：改革开放；四川省；经济社会发展；经验启示

一、1978年以来四川省经济社会发展成就

（一）生产力水平

1. 地区生产总值

从1978年改革开放以来，四川省地区GDP一路攀升。特别是进入21世纪之后（见图1），四川的经济发展进入一个全新的阶段。从2000年的3 928.2亿元上涨到2017年的36 980.2亿元，增长了将近十倍，四川的经济建设成绩斐然。

2. 地区GDP增长率

自改革开放以来，四川省地区GDP增长率一直在3%~18%波动变化，最高为17.45%，均值为10.56%（见图2）。即四川经济发展受全国经济环境的影响，同时自身也保持着年均两位数的增长。这为四川的经济总量的不断递增奠定了坚实基础。

---

① 袁威、张国毅，中共四川省委党校。

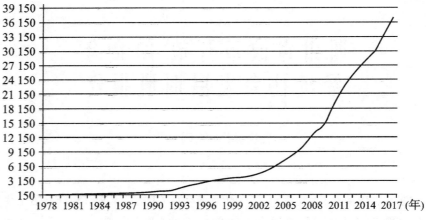

图1 四川省地区 GDP 走势图（单位：亿元）

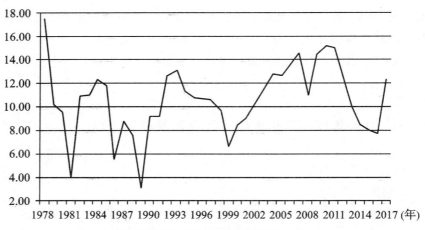

图2 四川省地区 GDP 增长率走势图（单位:%）

（二）经济结构

1. 三次产业占地区 GDP 比重

自改革开放以来，四川的第一、第二、第三产业结构发生了巨大的变化。如图3所示，第一产业占地区 GDP 的比重不断下降，由1978年的44.5%下降到2017年的11.6%；第二产业占地区 GDP 的比重呈缓慢上升态势，由1978年的35.5%上升到2017年的38.7%；第三产业占地区 GDP 的比重不断上涨，从1978年的20%上涨到2017年的近50%。第一、第二、第三产业占比的变化也显示着四川经济结构的基础正在不断优化。事实上，四川处于工业化中期向后期演进的阶段，产业重心持续后移，经济结构不断优化，服务业和消费占比根本性提升，2016 年第三产业比重首次超过第二产业，2017 年延续了上述趋势。伴随着供给侧结构性改革的深入推进，四川经济从快变量主导的增长向慢变量驱动的增长转变，经济韧性有所增强。

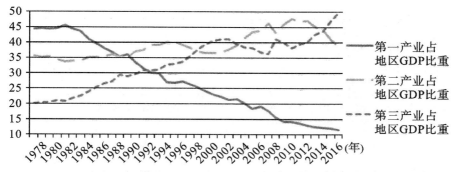

图 3　四川省第一、第二、第三产业占地区 GDP 比重走势图（单位:%）

2. 能源结构

从数值上看（见图 4），四川省煤炭消耗占比从 2009 年的 65.1%降至 2015 年的 45.2%，石油消耗占比从 2009 年的 14.3%提高到 2015 年的 26.1%，天然气消耗占比从 2009 年的 12.7%提高到 2015 年的 13.6%，电力消耗占比从 2009 年的 9%提高到 2015 年的 20.5%。

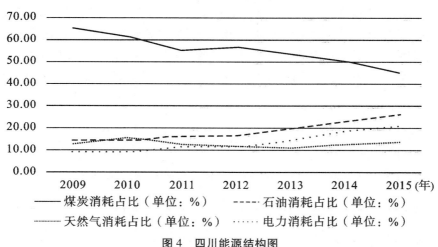

图 4　四川能源结构图

（三）宏观经济稳定

1. 财政盈余/赤字占地区 GDP 比重

财政赤字/盈余占地区 GDP 比重在一定程度上描述了本地区政府支持

11

当地发展的力度。如图 5 所示，四川财政从 20 世纪末就一直持续赤字，尤其从 2008 年开始，四川为支持灾后重建，扩大财政支出，以支撑社会经济的正常运行。

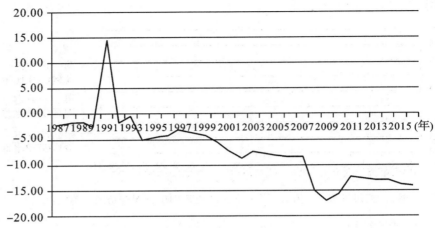

图 5　四川财政赤字/盈余占地区 GDP 比重（单位:%）

2. 一般公共预算收入占地区 GDP 比重

一般公共预算收入占地区 GDP 比重反映了政府控制国民经济的能力，但这一指标需要控制在合理范围内。过高将会挤占纳税人的利益，削弱国民经济的发展基础；过低则会降低政府对社会经济的宏观调控能力。从收集到的数据来看（见图 6），四川一般公共预算收入占地区 GDP 比重从 20 世纪末持续走低，直到进入新世纪才开始缓慢上升，这与四川的发展历程基本一致。20 世纪末，四川开始转变发展思想，扩大社会开支，降低收入

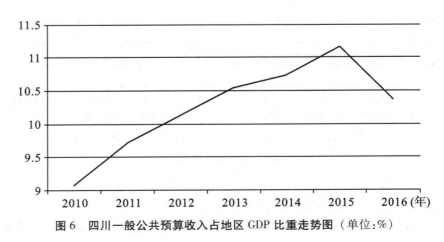

图 6　四川一般公共预算收入占地区 GDP 比重走势图（单位:%）

规模以强化社会发展基础。随着经济总量的不断攀升，四川一般公共预算收入也开始缓慢上升，其占地区 GDP 比重也开始不断上升，这表明四川的经济发展态势正处于持续稳定的上升之中。

（四）基础设施

1. 公路网密度

四川交通领域投资 2013—2017 年，连续 5 年居全国前列，枢纽优势再造为开放夯实了基础。截止目前，公路和等级公路里程分别近 33 万千米和 28 万千米，均居全国首位；高速公路里程 6 820 千米，居全国第二；进出川大通道达 30 条。全方位、宽领域、多层次的开放合作体系正在形成。

如图 7 所示，四川公路网密度呈不断上升趋势。数据显示在十多年时间里，四川公路网密度翻了近两番。不断攀升的公路网密度为四川社会经济的发展打下了坚实的基础。

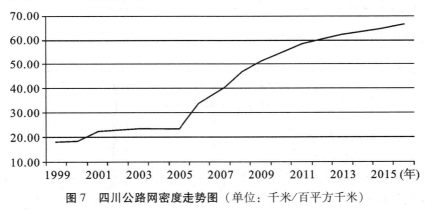

图 7 四川公路网密度走势图（单位：千米/百平方千米）

2. 铁路网密度

铁路网密度是反映一个地区物资运输和旅客往来的物质基础，是长距离交通运输能力的综合指标。如图 8 所示，四川铁路网密度逐年上升，不断扩张的铁路规模为四川省的发展打下了牢固基础。

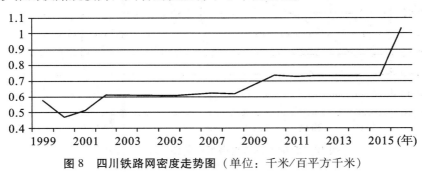

图 8 四川铁路网密度走势图（单位：千米/百平方千米）

13

3. 互联网普及率

移动互联网用户数反映了当地及时通讯交流的便利程度。如图 9 所示，2013—2017 年，四川移动互联网用户数呈井喷式增长。这一方面反映了四川人民生活水平的提高；另一方面，表明四川即时通讯交流的基础也在不断夯实。

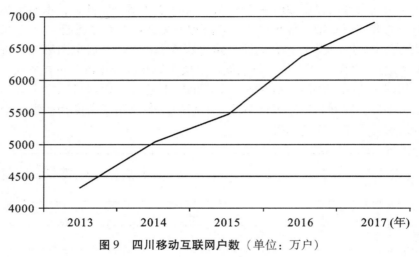

图 9 四川移动互联网户数（单位：万户）

（五）基础自然资源

1. 人均耕地面积

人均耕地面积集中描述了人类对土地的依赖程度。如图 10 所示，四川人均耕地面积在 0.12 公顷左右浮动。近年来，四川人均耕地面积在逐年下降，这也是农业现代化发展和城镇化发展的综合结果。随着社会经济的发展，四川人均耕地面积会进一步走低。

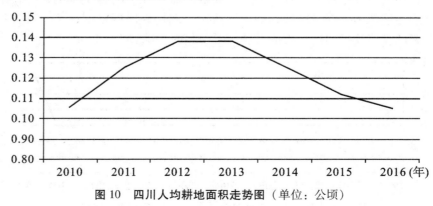

图 10 四川人均耕地面积走势图（单位：公顷）

2. 人均能源储备

伴随着经济的快速发展和人民生活水平的不断提高，能源消费总量也在迅速增加，主要表现为人均能源消费量逐年增加，导致一次能源消费总量的快速增加；另外，石油、天然气等在所有一次能源消费中所占比重越来越大，这要求人均能源储备必须要适应未来人均能源消耗的需要。从四川的情况来看，能源储备主要是煤炭、石油、天然气、铁矿石等，近年来人均能源储备保持在 110 吨左右，对未来能源消耗的支撑较为坚实，如图 11 所示。

图 11 人均能源储备情况（单位：吨）

（六）健康与基础教育

1. 人口增长率

人口增长率集中描述了本地区人口结构的变化。如图 12 所示，四川

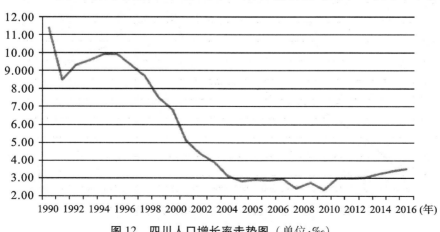

图 12 四川人口增长率走势图（单位：‰）

人口增长率从 20 世纪末开始不断走低，近几年国家开始全面放开"二孩"政策，增长率逐步回升。这与国家的人口宏观形势相一致，即表明四川将国家的人口政策认真贯彻落实，有效改善人口结构。

2. 万人专任教师数

万人专任教师数表明社会总人口中从事主体教学工作的总人口。从搜集到的数据来看，四川万人专任教师数从 2000 年的 76.05 人增加到 2016 年的 102.84 人，四川的社会教育资源正在不断丰富，如图 13 所示。

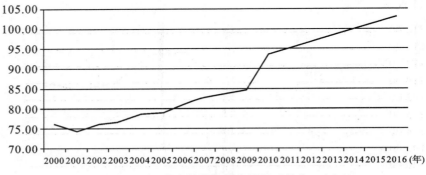

图 13　四川万人专任教师数走势图（单位：人）

（七）健康与基础教育

1. 高中及以上学历人口比重

高中及以上学历人口比重反映了社会人口的学历结构。如图 14 所示，四川高中及以上学历人口比重走势有起有伏，这表明四川社会人口的教育结构依然在不断改善之中。

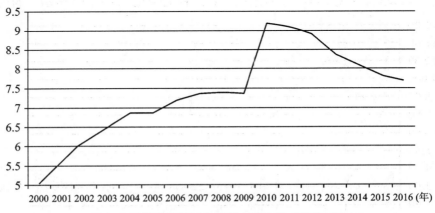

图 14　四川高中及以上学历人口比重（单位:%）

2. 万人在校研究生数

万人在校研究生数集中表现了当地社会的科研人力资源。从搜集到的的数据来看，四川万人在校研究生数，从 2002 年的 2.37 人逐步上升到 2017 年的 10.2 人，增长接近 4 倍，如图 15 所示。四川万人在校研究生数不断升高，为四川社会的发展注入了新鲜血液，是四川不可多得的财富。

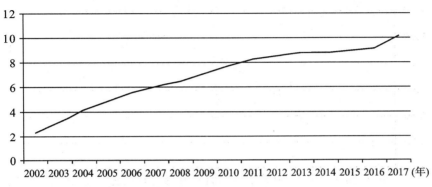

图 15　四川万人在校研究生数（单位：人）

（八）财政

1. 财政收入占地区 GDP 比重

财政收入占地区 GDP 比重一方面刻画了地方政府的财力充足程度，另一方面也反映了当地的宏观税负。如图 16 所示，四川财政收入占地区 GDP 比重随着时间在波动。这一现象表明四川政府在根据本地区社会经济运行的情况因势利导，根据市场运行状况降低宏观税负或者市场好转时充实财政以便调控市场。

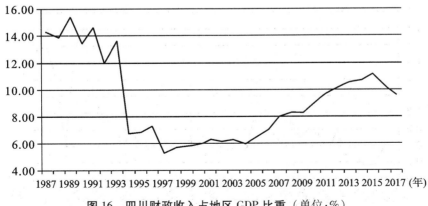

图 16　四川财政收入占地区 GDP 比重（单位:%）

2. 税收收入占地区 GDP 比重

税收收入占地区 GDP 比重描述了宏观税负状况。四川税收收入占地区 GDP 比重反映了四川宏观经济市场的变化（如图 17 所示），2007—2014 年，税收收入随着经济总量的扩大而上升；2014 年之后，随着一系列的减税政策落地，四川税收收入逐步下降换来了经济结构的不断改善。

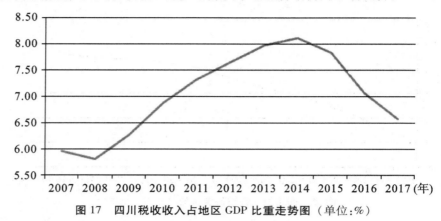

图 17　四川税收收入占地区 GDP 比重走势图（单位:%）

（九）金融市场

1. 金融行业增加值占地区 GDP 比重（含保险业）

金融行业增加值占地区 GDP 比重（含保险业）反映了当地金融行业的发展状态。如图 18 所示，四川金融行业增加值占地区 GDP 比重（含保险业）在起伏中呈现略微上升趋势，这表明四川金融行业发展态势随着全省的经济总量规模的扩大而扩大，两者之间存在正相关关系，金融行业（含保险业）正发挥助力经济发展的积极作用。

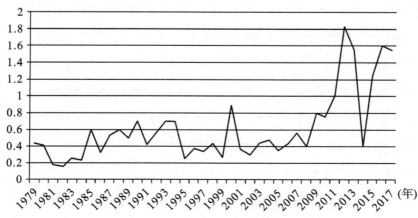

图 18　四川金融行业（含保险业）增加值占地区 GDP 比重（单位:%）

2. 上市公司数量

上市公司数量是当地经济发展潜力与金融市场活力的体现。如图19所示，近年来四川上市公司数量总体呈上升态势。这一方面是四川社会经济发展的成果表现的一种方式，另一方面说明四川金融市场的活力也在不断增强。

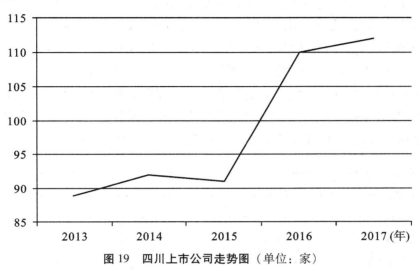

图19 四川上市公司走势图（单位：家）

（十）环境与可持续发展

1. 地区单位GDP废水排放量

地区单位GDP废水排放量集中反映了当地经济发展对水资源的依赖程度。如图20所示，近年来四川经济总量不断攀升，但是地区单位GDP废水排放量却不断下降，这一现象表明四川地区正致力于经济结构的转型，

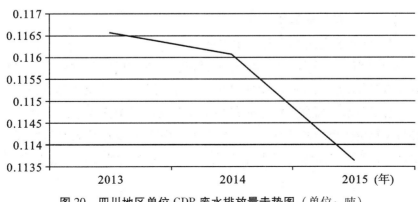

图20 四川地区单位GDP废水排放量走势图（单位：吨）

由牺牲环境以发展经济逐步转向保护环境以发展经济。尽管这一过程依然有待进一步向前发展，但四川地区仍在努力推进，将经济发展从大量资源消耗中解脱出来。

2. 地区单位 GDP 一般工业固体废物产生量

随着工业生产的发展，工业废物数量日益增加，尤其是冶金、火力发电等工业排放量最大。由于"三线建设"，四川拥有许多工业企业，工业废物数量庞大，种类繁多，成分复杂，处理相当困难。不过，根据数据显示（如图 21 所示），四川地区单位 GDP 一般工业固体废物产生量呈现不断下降的趋势。这一现象表明四川正着力于实现工业企业的转型，不再忽视环境的影响，而是将环境的可承受能力纳入监测范围内，并与四川工业企业的发展相结合。环境的承受能力成为工业发展的硬约束。

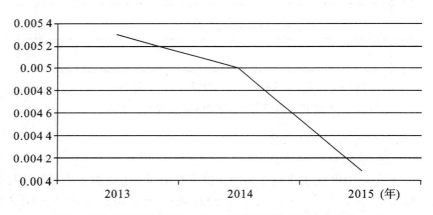

图 21　四川地区单位 GDP 一般工业固体废物产生量（单位：吨）

（十一）高科技与创新

1. R&D 经费支出占地区 GDP 比重

R&D 经费是指全社会实际用于基础研究、应用研究和试验发展的经费支出。如图 22 所示，四川 R&D 经费支出占地区 GDP 比重逐年攀升，即四川全社会用于基础研究、应用研究和试验发展的经费连年上涨。从搜集到的数据来分析，四川的研发投入十分巨大。R&D 是支撑社会经济发展的基础性力量，扩大 R&D 经费支出有利于社会创新，增大社会创新创造的几率。

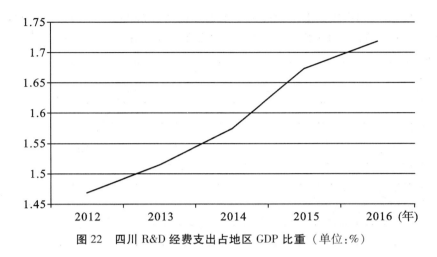

图 22　四川 R&D 经费支出占地区 GDP 比重（单位:%）

2. 高新技术企业年末从业人员数

高新技术企业年末从业人员数一方面描述了高新技术企业的就业吸纳率，另一方面刻画了本地区高新技术企业的发展规模。如图 23 所示，四川高新技术企业年末从业人员数在浮动中逐年上升，尤其 2012—2013 年，四川高新技术企业年末从业人员数陡增。从这一数据反馈的信息来看，四川的高新技术企业进入了一个全新的发展阶段。

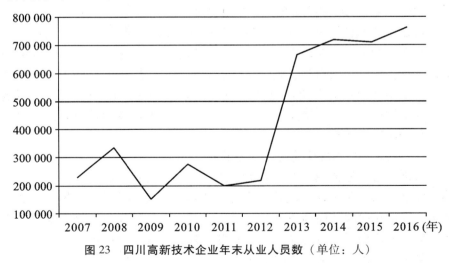

图 23　四川高新技术企业年末从业人员数（单位：人）

3. 高新技术产业主营业务收入占地区 GDP 比重

高新技术企业主营业务收入占地区 GDP 比重集中体现了高新技术企业的规模以及经济结构的转变情况。如图 24 所示，四川高新技术企业主营业务收入占地区 GDP 比重呈现波动中上升的趋势，即四川地区的高新技术企业规模在不断扩大的同时社会经济结构也在不断优化。

图 24　四川高新技术企业主营业务收入占地区 GDP 比重（单位：%）

二、四川经济社会发展存在的问题

（一）四川发展不平衡不充分问题突出

习近平总书记指出，四川作为西部地区的重要大省，在全国发展大局中具有重要的地位。四川发展站在了新的起点上，处于一个大有可为的历史机遇期。但是，人口多、底子薄、不平衡、欠发达仍然是四川最大的省情，发展不平衡不充分仍然是四川发展面临的最突出问题。其主要表现有：四川发展与全国水平还有差距、农村发展与城市发展还有差距、民生改善与人民期盼还有差距等。

（二）四川经济高质量发展动力不足

习近平总书记强调，"推动高质量发展，是我们当前和今后一个时期确定发展思路、制定经济政策、实施宏观调控的根本要求"。我国经济已经由高速增长阶段转向高质量发展阶段，四川在转型发展、创新发展、跨域发展等方面做了大量的探索，并取得了较好的成绩，但仍然存在一些问题。其中的突出问题有：产业体系层次结构不优、高新技术产业产值不高、传统产业转型升级不够等。

（三）成都西部中心城市地位受到挑战

成都是四川发展的"稳定器"和"发动机"，对治蜀兴川全局具有标志性意义，成都的发展质量和水平在一定程度上决定了全省的发展质量和水平。近年来，成都作为省内首位城市的地位不断提升，但作为西部中心城市的地位面临弱化风险。其主要表现为：首位城市虹吸效应减弱、经济发展质量不高、成渝"双核"失衡加剧等。

（四）四川经济社会对外开放程度不深

四川经济社会对外开放程度不深，四川省委书记彭清华因此提出，"要进一步解放思想，破除盆地意识，以全局思维和全局视野，研究谋划新形势下四川全面开发开放问题，走出一条内陆地区扩大开放的路子"。其主要的方向有：四川"盆地意识"有待突破、交通基础设施建设有待加强、招商引资体制机制有待完善等。

（五）四川贫困地区文化扶贫问题凸显

近年来，四川贫困地区各级党委政府把基层公共文化服务体系建设融入精准扶贫整体战略全局，覆盖城乡、惠及贫困群众的公共文化服务体系整体成型。但是，在基础设施大发展的同时，贫困地区文化扶贫在整体规划、体系运行、扶贫实效等方面还存在一些问题。其突出表现为：文化扶贫拉力与动力失衡、文化扶贫供给与需求错位、文化扶贫方式与目的矛盾等。

三、进一步深化改革开放的政策建议

（一）推动四川建设多点多极的区域发展体系，解决四川发展不平衡不充分的问题

一是突破性发展川南城市群，加快形成第二经济增长极。其途径主要有：对接国家战略融入亚太，构建综合立体交通枢纽；对接多点多极支撑发展战略，构建特色省域中心城市；对接区域协同发展要求，形成强大的川南增长极等。

二是做强做大绵阳科技城，尽快实现"次级突破"。主要路径有：种好"试验田"，推动军民融合发展；深度挖掘科技富矿，加快转换发展动能；明确经济发展重点，建设现代化经济体系等。

三是积极探索撤乡并镇，加快培育和做强县域经济。对于空间、人口、经济规模低于全国平均水平甚至低于我省平均水平的乡镇可考虑大胆撤并，通过优化资源配置，全面提高基础设施和公共服务水平，显著增强优质资源聚集力等，加快培育壮大主导产业，形成实力较强的县域经济增长点，进一步夯实县域经济底部基础。

四是完善五大经济区、四大城市群协调发展机制。以全省"一盘棋""一体化"的大战略、大思路，按照国家主体功能区的划分，建立和完善政府推动与市场主导有机结合的区域协调发展体制机制，统筹协调五大经济区、四大城市群、市（州）以及县（市、区）的发展。

　　（二）实现由"高速度"向"高质量"发展，解决四川经济高质量发展动力不足的问题

　　解决这一问题的主要途径有：立足国际国内产业和科技发展趋势，大力发展新经济；明确成都为首位城市同时也是总部经济这一概念，优化产业空间布局；加快城市群和经济区发展，做大区域经济板块。

　　（三）强化成都作为四川首位城市的区域带动作用，强化成都"新一线"城市地位

　　一是抓紧建设成都国家中心城市，带动成都城市群进而成都经济区整体跃升；二是推动天府新区跨越发展，打造新兴高端增长极；三是建设大成都都市圈，建设成德绵创新特区。

　　（四）努力消除四川"盆地意识"，深化四川经济社会对外开放程度

　　一是加强和扩大产业投资特别是工业投资；二是更加注重激发市场主体的活力；三是高标准严认证打造"四川造"品牌；四是联动考虑劳动力供给、房价控制和城市扩张；五是建立具有比较优势的体制机制来加强人才引进培养；六是抓好区域产业的资源配置与包容监管。

　　（五）以破除贫困地区文化贫困为抓手，重塑四川"文化"高地形象

　　一是加快建设文化强省，顺应人民美好生活需要；二是推进文化治理能力现代化，提升公共文化服务效能；三是传承弘扬巴蜀文化，凝练彰显四大城市群文化主题；四是擦亮农业大省的"金字招牌"，走乡村文化兴盛之路。

改革开放以来四川生态文明
建设历程及成就研究

陈　钊①

摘要：论文认为改革开放以来四川省生态文明建设分为 1978—1998 年、1998—2012 年、2012 年以来三个阶段，改革开放以来四川生态建设取得了巨大的成就。并分析了四川当前生态文明建设存在的问题，提出了今后四川生态文明建设的方向。

关键词：四川；生态文明；建设成就

一、改革开放以来四川生态文明建设历程

（一）第一阶段：1978—1997 年

第一阶段是生态文明管理体制建立与重点生态工程建设阶段。

一是设立相关机构。20 世纪 80 年代初，四川省的环境保护工作根据国家环境保护机构设置的要求设立环保局，并开展相应工作。原有的农业厅、林业厅、国土厅、水利厅等相关部门均根据各自管理范围，承担一定的生态环境管理与保护责任；为加强水土保持工作，在水利厅下设立水土保持局。

二是执行多项国家重点生态工程建设。1989 年我国为综合治理江河而首次实施了大规模林业生态工程——"长江中上游防护林工程"，规划造林 667 万公顷，以恢复和扩大森林植被，遏制水土流失。同年，四川省委省政府做出了"绿化全川"的重大决定，从此开始了数十年的绿化四川之路。四川是长江中上游防护林工程建设重点地区，并积极参与"长江中上游防护林工程"建设。为配合水土流失治理，1989 年国家也实施了"长江水土保持重点工程"，简称"长治"工程，四川也是重点区域。

---

① 陈钊，中共四川省委党校。

三是开展环境污染的监测与防治，防止重大污染问题发生。通过重点监测和管理企业污染和重点污染源污染、适度治理重点污染、积极执行"三同时"制度等，把四川污染控制在了一定程度内，制止了恶性污染事故的发生，保障了经济社会的发展。

（二）第二阶段：1998—2012 年

第二阶段是生态保护与长江上游生态屏障建设阶段。该阶段特点是生态文明建设持续推进，生态建设从以治理为主向治理与保护结合并举推进；污染治理由控制污染向控制、治理并举推进，推进污染排放的减量化；生态文明建设重视与经济结构的调整。

一是以保护和治理大力推进生态建设。生态建设改变了以前只注重治理不注重保护的局面，而是以保护为主、结合治理推进建设。1998 年，我国长江流域发生洪灾，四川颁布《四川省天然林保护条例》，决定于 1998年 9 月率先在全国实行天然林禁伐政策。而这项改革措施，很快在全国推广，1998 年 10 月，全国实行天然林禁伐政策。天然林禁伐是我国生态环境保护的重大改革，也是我国生态保护的重要转折。该改革措施提出后，原来承担伐木任务的森工局全部转变职能，从伐木演变为护林。续天然林禁伐之后，1999 年，四川与陕西、甘肃两省在全国率先实施退耕还林工程，同时实施退牧还草工程。退耕还林工程主要将不适合耕种的坡耕地转变为林地，种植林木，这项工程极大地保持了四川的水土、保护了四川的生态环境。

二是环境污染进入治理阶段。在四川省国民经济和社会发展"十一五"规划中，提出单位生产总值能源消耗比"十五"期末降低 20% 左右、万元工业增加值用水量降低到 200 立方米以下等多个约束性指标。而四川"十二五"规划纲要提出单位工业增加值用水量降低量、单位生产总值能源消耗和二氧化碳排放降低量、主要污染物排放减少量、森林蓄积量等指标达到国家要求的目标，并提出非化石能源占一次能源消费量的比重明显提高。为了治理四川的水污染，2003 年省委省政府提出了"还三江清水"目标，开始治理岷江、沱江、嘉陵江的水质，采取了一系列措施整治水污染。

三是建设长江上游生态屏障。四川在"十五"规划中就提出建设"长江上游生态屏障"，建设长江上游生态屏障和建设西部经济强省被列为 21世纪前 10 年的两大目标。并提出"生态环境明显改善，5 年初见成效，10年大见成效"。提出到 2005 年森林覆盖率达到 28%、城市建成区绿化覆盖率达到 28% 的目标；并且流入长江的泥沙量得到有效控制，大中城市空气质量稳定在 II 级，全省主要江河干流达到Ⅲ类水质标准，长江干流出川断面达到 II 类水质标准。为了加强生态环境，2007 年，四川编制了《四川生态省建设规划纲要》，为四川生态环境建设指明了方向。

（三）第三阶段：2013 年以来

第三阶段是生态文明建设完善阶段。四川省根据中央部署，生态文明建设进入了完善阶段。

一是生态文明体制改革继续深化。2014 年，四川取消了 58 个重点生态功能区县和生态脆弱的国家扶贫开发重点县地区生产总值及有关考核；2016 年 7 月，四川省委发布了《中共四川省委关于推进绿色发展建设美丽四川的决定》；2016 年 9 月，四川省人民政府办公厅印发《大规模绿化全川行动方案》，提出到 2020 年，全省森林覆盖率达到 40%，林木覆盖率达到 50%，国土绿化覆盖率达到 70%，实现全川绿水青山、蓝天净土，基本建成长江上游生态屏障；2017 年提出把四川建成长江上游生态屏障核心区和绿色发展先行区、长江流域的战略腹地和重要增长极。

二是推进生态文明建设与经济建设协调发展。2013 年，四川省委提出实施创新驱动发展战略；近年来四川通过优化产业布局，高水平规划建设先进制造业基地、战略资源开发基地、清洁能源基地等，培育壮大战略性新兴产业。党的十八大以来，四川关停了 753 处小煤矿，不再审批建设 5 万千瓦以下的小水电，淘汰落后产能企业 1 488 户。

三是继续加大污染治理。习近平总书记 2016 年 1 月、2018 年 4 月分别在重庆、武汉召开了长江经济带发展座谈会，明确提出"要坚持共抓大保护、不搞大开发"，水污染治理尤其重要。2013 年以来，四川省 88 座非法码头全部停止运营，非法采砂得到全面有效的遏制，1 745 个规模以上长江入河排污口得到清理。目前，10 个出川断面水质全部达到国家考核标准，长江干流四川段和金沙江流域优良水质率达 100%[①]。

四是继续推进生态环境建设。提出全面落实主体功能区规划，加快完善生态补偿、自然资源有偿使用等制度机制，牢牢守住生态资源消耗上限、环境质量底线和生态保护红线。2016 年，四川率先将 30.42% 的国土面积划定为生态保护红线，这是一条不可逾越的空间开发管制界限，是四川生态环境建设和长江上游生态屏障建设的核心。继续加大天然林保护和退耕还林工程建设，在重要生态功能的有效保障上，四川统筹山水林田湖草系统治理，实施生态保护修复重大工程，推进大规模绿化全川行动，推

---

① 钟华林. 优化产业布局 突出生态优先 四川加快构建长江上游生态屏障［N］. 经济日报，2018-05-14.

进石漠化、荒漠化、水土流失综合治理，扩大退耕还林还草，开展大熊猫国家公园试点。

二、当前四川生态文明建设存在的不足

（一）生态环境仍未满足人民群众日益增长的需要

我国已进入中上等收入水平国家的行列，人民对美好生活的需求日益提升，特别是对美好生态环境的需求日益提高，对清新的空气、美好的生态环境、清洁的水、安全的食品等需求日益高涨，而居民的这些要求目前还难以得到满足。目前四川的污染形势仍然较为严峻，特别是城市雾霾、城市空气污染成为了当前居民关注的重点，而目前的状况还难以满足人民群众的需要。2016 年，四川废水排放达到 35.28 亿吨，居全国第 6 位。由于水体污染，岷江、沱江等河流仍然有较多污染，河流清洁仍然还需要做较多工作。2016 年，四川排放废气中二氧化硫、氮氧和粉尘分别达到48.83 万吨、45.10 万吨和 27.27 万吨，分别居全国第 9 位、第 12 位和第14 位。

（二）经济发展与生态文明建设仍然存在矛盾

2016 年，四川地区人均 GDP 仅 4 万元，仅为全国平均水平的 70% 左右，虽然全国已进入中上等收入水平，而四川仍然属于中等收入水平。因此，发展仍然是四川的第一要务，但发展面临着进一步破坏和影响生态环境的压力。作为长江上游生态屏障，四川仍然要约束自身的产业发展，对环境污染大和生态破坏严重的产业要禁止发展；并且四川大量地区被划为限制和禁止开发区，也制约了这些地区的产业发展。高新技术产业没有污染或污染少，但四川发展高新技术产业面临人才资源不足、产业基础不强、产业竞争力偏弱、产业体系不完善等问题，难度很大。四川产业中资源性产业仍然较多，对环境影响大，产业转型升级压力较大。

（三）生态文明体制改革仍需继续推进

生态环境管理体制也有待完善。限于生态环境的压力，四川部分地区取消了地区 GDP 考核，但取消地区 GDP 考核的范围仍然不能满足四川长江上游生态屏障建设的要求，仍然需要扩大。虽然环境方面的相关法律较多，但环境保护机构对本区域有关企业的破坏和污染环境的行为也存在履行职责难的问题。生态补偿机制仍然没有完善，对河流上游地区的生态补偿机制仍然没有规范，仍然存在诸多自然资源管理缺失、管理不到位、管理不明等现象，导致对自然资源的破坏。环境执法权力偏弱，对破坏生态

环境的行为的惩罚还没有完善，存在未处罚或处罚过轻的现象。

三、四川生态文明建设方向

（一）加强生态保护与污染治理，深化建设长江上游生态屏障

更加强化建设长江上游生态屏障，这既是四川发展的屏障，也是全国的生态屏障，是四川在全国生态价值的体现，也是四川生态文明建设的主要职能。为此四川应建设四大屏障：一是长江上游水源保障的屏障，建成长江流域最为重要的天然水源涵养"水库"。为此要继续扩大天然林保护，继续退耕还林还草，增加森林面积，尽力将全部林地恢复为森林，不断提高四川森林覆盖率，提高四川对长江的调节能力。二是长江流域控制水土流失的屏障。继续加大水土流失治理，通过工程与生物措施继续加大水土流失治理；以退耕还林还草、耕地休耕、农田整理等措施，加强水土保持；努力治理草原沙化，尽力恢复草原，提高国土绿色植被覆盖率；努力减轻对长江干流泥沙淤积的压力。三是污染防治的屏障。通过城镇绿化、城镇和乡村居民点的全域污染治理，集中处置垃圾、治理污水、控制企业污染、控制汽车尾气排放等措施治理四川的污染；控制农业生产中农药、化肥等的使用，治理农村养殖污染，控制农村污染；通过节能降耗、加大新能源汽车和清洁能源使用、使用节能电器和节能照明等措施，加强四川能源管理，提高四川能源利用效率，减轻能源污染的压力；努力保障对长江供给的水源清洁。四是生物多样性保护的屏障。通过天然林保护、恢复自然植被、建设更多的自然保护区、扩大自然保护区面积等措施，使全部分布于四川的重点动植物、典型生态系统均得到保护，建成长江流域最具活力、最具多样性的生态系统，保障长江流域的生态活力。

（二）加快经济与生态的协调，推进绿色发展

通过供给侧结构性改革，实施创新发展战略，建立四川现代经济体系，实现四川向高质量发展转型，摆脱四川经济对资源、环境的过度依赖和消耗，推进四川经济与环境协调发展。为此四川要尽力发展高新技术产业、战略性新兴产业、先进制造业，使四川形成以高新技术产业、战略性新兴产业、先进制造业为支柱的经济体系；推进互联网、大数据、人工智能的发展及其与实体经济的深度融合发展；支持传统产业优化升级，提升传统产业的资源利用效率，减少甚至消除传统产业污染；加快发展现代服务业，减轻产业对资源环境的依赖；支持循环发展、低碳发展、绿色发展，努力实现经济发展与环境的协调；加强科技、金融等对绿色经济、环

保产业的融合，支持绿色消费、资源节约、环境友好的生产与消费行为；加快区域创新体系建设，建立以企业为主体、市场为导向、产学研深度融合的技术创新体系；加强对中小企业创新支持，加快科技型中小企业的孵化与扶持，促进科技成果的转化。

（三）深化生态文明体制改革，完善生态文明管理制度

坚决执行中央关于生态文明体制的改革，加强生态文明建设的组织领导，落实中央各项生态文明建设的体制改革；设立国有自然资源资产管理和自然生态监管机构，行使所有国土空间用途管制和生态保护修复职责，统一行使监管城乡各类污染排放和行政执法职责；完善生态补偿机制，使生态保护行为得到科学、规范的补偿；加强环境保护机构的监管和执法职能，推行生态管理机构的垂直管理，建立完善的环境和污染的监督体制；建立环境监管中的公众参与机制，提高公众参与的积极性；构建国土空间开发保护制度，完善主体功能区配套政策；加强环境立法，加大对环境破坏和违法行为的惩处，坚决制止和惩处破坏生态环境的行为；尽快建立大熊猫国家公园。

经济体制改革40年：
四川人口受教育程度变动问题研究

徐林　谭靖萍　严涵　吴江伟①

摘要：人口受教育程度是人口质量的一项重要指标，人口受教育程度变动也是人口变动的核心内容。中国经济体制改革40年，深刻影响了中国社会发展的方方面面。人口要素是社会经济发展的重要因素之一，四川作为人口大省、西部经济高地，本文对中国经济体制改革40年来四川人口受教育程度变动问题的研究很有意义。本文以分析中国经济体制改革40年间四川人口受教育程度变动趋势和特征为主线，探析40年间四川人口受教育程度变动的原因，并在此基础上对四川未来人口受教育程度变动进行合理预测，以便服务于未来四川人口与经济的协调发展。

关键词：人口受教育程度；经济增长；居民收入；教育投入

一、人口受教育程度变动的现状

人口受教育程度是指一定时点的人口接受文化教育程度的组合情况，由一国的经济和教育发展水平决定，对一国的经济和社会发展有重要作用。研究人口受教育程度主要通过人均受教育程度和人口总量来实现，两大指标的综合是反映一国或地区人口质量的重要指标，是研究地区经济发展的前提条件。

（一）人口总量变动

2017年年末四川省总人口9 172万人，较1978年的7 071.90万人（1978年四川省常住人口数据，已扣除重庆人口）增加了2 100.10万人，年平均增加53.85万人，年均增长0.67%。参照全国"三普""四普""五普""六普"的数据，中国经济体制改革40年来，四川省人口总量的

---

① 徐林、谭靖萍、严涵，中共四川省委党校；吴江伟，四川省工程咨询研究院。

变动有以下特点：1978—1980 年，计划生育政策刚刚开始，四川人口增长速度依然很快，三年间四川总人口净增长了 820.6 万人，年均增加 274 万人。1981—2014 年，由于计划生育国策的严格推行，四川人口增长逐渐乏力，但是总人口数依然处于增长的趋势。主要是第二次人口生育高峰期间出生的人口陆续进入生育年龄，加之 20 世纪 80 年代初婚姻法的修改造成许多青年提前进入婚育行列，导致四川省的人口增长呈现低速增长的趋势。1981—2014 年，四川省总人口净增长 1 266.60 万人，年均增长 38.38 万人；2015—2018 年，随着生活节奏的加快、养育成本的增加、生育观念的转变和社会养老成本的高涨，四川省的人口变化也形成了新的趋势，四川总人口增长不断降低，2015 年较 2014 年甚至出现了人口负增长，人口增长缓慢甚至负增长对地方经济发展的负面影响也在不断显现。

（二）人均受教育程度变动

首先，人均受教育程度显著提高。截至 2017 年年底，四川省人均受教育年限达到 8.62 年，相比 2010 年增加了 0.46 年，相比 2000 年增加了 1.56 年，相比 1982 年增加了 4.20 年。同 1982 年第三次全国人口普查相比，每 10 万人中具有大学教育程度的人口由 431 人上升为 9 924 人，增加了 9 493 人；每 10 万人中具有高中教育程度的人口由 3 972 人上升为 13 453 人，增加了 9 481 人；每 10 万人中具有初中教育程度的人口由 15 389 人上升为 32 716 人，增加了 17 327 人；每 10 万人中具有小学教育程度的人口由 41 466 人减少为 31 968 人，减少了 9 498 人。

其次，人均受教育程度低于全国平均水平，且差距扩大。截至目前，四川省每 10 万人中具有小学文化程度的人口为 31 968 人，比全国平均水平多了 7 612 人；每 10 万人具有初中、高中、大学文化程度人口分别为 32 716 人、13 453 人、9 924 人，分别比全国平均水平少了 2 917 人、1 897 人、2 521 人。四川省人口中，文化程度为高中（中专）及以下人口与全国平均水平之间的差距减小，文化程度为大学及以上人口与全国平均水平之间的差距却在增大。

最后，人口受教育程度分布不均衡。参照"三普""四普""五普""六普"的数据，地、市、州之间，低学历主要分布在甘孜州、阿坝州、凉山州三州地区，这三州地区的低学历人口占比较高，相比而言，成都市的低学历占比为全省最低；甘孜州、阿坝州、凉山州三州地区的中高学历人数和占比都在增加；四川省大部分地区的中高学历人数则更少，其中，绵阳、乐山、自贡、雅安四市中高学历人口占比相对较大。

二、人口受教育程度变动的原因

四川省人口受教育程度变动总体表现出人均受教育年限延长，人均受教育程度低于全国受教育程度人均水平且差距在不断扩大，人口受教育程度分布不均衡、分性别人均受教育程度同步上升且性别差距不断缩小等特征。四川省人口受教育程度的变动是多重因素共同作用的结果，这些因素通过影响四川省人口受教育程度间接作用于四川省经济增长。总体来说，影响四川省人口受教育程度变动的原因至少有以下几个方面：

（一）经济发展对人口受教育程度的影响

2000年以后，四川省人均教育支出从78.70元增加到2 500元。但教育支出净增长扩大的同时，同全国人均教育支出平均水平相比，四川省人均教育支出依然处于低位，2017四川省人均教育经费支出少于全国平均水平约500元，2010年两者之间的差距为209.86元，扩大了290.14元，且四川省人均教育支出与全国平均水平差距还在不断扩大。四川省因为经济发展落后影响了地区教育支出的提升，导致地区人均受教育程度长期低于全国平均水平。

（二）教育资源分布不均衡对人口受教育程度的影响

四川欠发达地区师资力量较为薄弱，影响教育发展。巴中、达州、广安等欠发达地区，师资力量相对薄弱，从幼儿园到高中在校学生总和除以教师总和的比例由高到低来看，巴中、达州、广安三地的比例均排在前四位，学生与教师的比例均高于全省平均水平。高等教育资源的不均衡更是严重，成都集中了全省最重要的几所名校，几乎所有的高等院校集中于成都，没有在成都的高校有很强的意愿迁往成都，这更加造成了全省教育资源的分配不均。

（三）观念转变和社会进步对不同性别的人口受教育程度的影响

随着人们对性别观念的逐渐转变，男女之间受教育的公平性有所增强，女性受教育的机会明显增加，受教育程度明显提高。截至目前，四川省小学生、中学生、大学生在校男女性别比分别为0.87、1.08、1.09，比2010年分别下降0.24、0.09、0.42个百分点，特别是大学受教育程度的女性占比已经超过男性，并且之间的差距还在不断扩大。以上数据表明四川省高素质的女性人口正在不断增长，高素质的女性人口的增加更加有利于四川省整体人口受教育程度的提升。

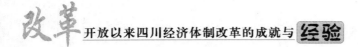
三、未来人口受教育程度变动对经济增长的影响

四川未来人口受教育程度变动将受到诸多因素的影响，同时未来人口受教育程度也会影响社会发展的其他因素，特别是对经济增长的影响。本节将在合理预期未来四川省人口受教育程度变动的影响因素的基础上，对四川省人口受教育程度变动如何影响经济增长进行预判。

（一）未来人口受教育程度变动的影响因素

为了预判四川省未来人口受教育程度变动如何影响经济增长，应在分析人口受教育程度的影响因素及其变动趋势的基础上，首先对人口受教育程度变化趋势进行合理预期。在未来一段时间内对四川省人口受教育程度产生较明显影响的因素包括以下 3 点：

（1）经济增长与人口受教育程度

1978—2017 年，四川省经济总量从 184.81 亿元增长到 36 980.2 亿元，经济发展水平得到了极大提升，特别是 2008 年后，四川省在全国的经济排名一直在提升，2017 年四川省经济总量在全国各省排名第七，相比 2008 年提升了 4 个名次。经济增长对四川省人口受教育程度提升带来的促进作用将会越来越大，四川省的人均受教育程度水平将会不断提升，与全国的差距也会不断缩小。

（2）人口净流出与人口受教育程度

2012 年，四川省农村劳动力共转移 2 414.6 万人，其中省外输出 1 117.3 万人，省内输出 1 291.9 万人，首次实现了省内输出超过省外输出的历史性转变。可以预计未来四川省的人口流向将会有一定改变，人口净流出将会减少，越来越多的四川人会选择就近流动在家就业，越来越多的外省流动人口将会流入四川省，特别是四川省作为西部经济中心的地位越来越强化之后，本地高素质的人口不再外流、甚至回流，外地高素质人口不断流入，这必将促进四川省整体人口受教育程度的提升。

（3）居民人均收入、教育投入与人口受教育程度

四川省已有的数据和研究证明，人均收入对人均受教育程度的影响随时间变化逐步增强，教育投入对人均受教育程度的影响随时间变化逐渐减弱。近年来随着四川省经济的发展，居民人均收入有了显著提升，2017 年四川省农村居民人均纯收入、城镇居民人均可支配收入分别达到 12 227 元和 30 727 元，人均收入的快速增长直接影响着人口受教育程度的提高。可以预见，随着未来四川省经济发展的不断加速、不断增加居民收入执政理

念的深入贯彻，四川省未来居民人均收入将会快速提高，这必将大大促进四川省人口受教育程度的提升。

（二）未来人口受教育程度变动对经济增长的影响

从四川省人口受教育程度变动的角度来说，未来四川省经济增长可能受到以下影响：

（1）人均受教育程度总量不足与未来经济增长

人口增速的减缓势必造成四川省人均受教育程度总量增速的减缓，进而引起经济增长的放缓。四川省一直是人口净输出大省，近几年随着四川省作为西部经济中心的地位越来越强化，人口回流加速，但依然无法改变四川省人口净流出的现状，在短期内大量的人口流出省外的现状不会被扭转。这必然会影响四川省人均受教育程度总量增速的减缓，不远的将来必然会出现人均受教育程度不足以支撑四川省的经济发展规模的现象，进而引起经济增长的放缓。

（2）教育投资增长缓慢、教育资源分布不均衡与未来经济增长

近年来，四川省教育投资虽有较大的增长，但由于起点低、人口基数大，人均教育经费还处于较低的水平。研究表明，如果增加对教育的投资使学龄前儿童入学率提高一个千分点，就可以使人均 GDP 提高 0.36 至 0.58 个百分点[①]。未来四川省如不能将社会文教费用的支出占比增长速度提升到和经济增长速度一样，甚至高于经济增长速度，四川省人口受教育程度的提升将举步维艰。另外，四川省教育资源分布不均衡也影响着四川省人口受教育程度的提升，巴中、达州、广安等欠发达地区，中小学师资力量相对薄弱。高等教育资源分布不均衡现象更是严重，成都集中了全省最重要的几所名校，且四川省内非成都的高校普遍具有很强的迁往成都的意愿。

（3）地区间人口受教育程度差异与未来经济增长

前文已经证明四川省地区之间人口受教育程度差异巨大。比如"三州"地区与成都市相比，低学历人口所占比例很高，虽然近年来，各地区的人口受教育程度都有所提升，但是原来人口受教育程度相对高的地区提升速度明显高于低的地区，地区间的人口受教育程度差距再次被拉大，对经济的发展产生不利影响。四川省幅员辽阔，有 21 个地市州，经济发展水平存在较大差距。

---

① 王学义，谭政. 四川省人口素质现状与影响因素［J］. 四川省情，2013（11）：14-15.

改革开放40年农村人口流动特征探究

严 涵[①]

摘要：改革开放以来，随着工业化、城镇化的大步向前，无数农民离开土地"扎根"城市，用勤劳和汗水为城市建设添砖加瓦。进入新时代，在乡村振兴战略的带动下，大批农村外出务工人员"回流"，用新的技术与眼界为乡村发展注入活力。本文将农村人口流动分为四个阶段，通过不同时期的背景，着力分析各阶段农村劳动力的流动特点。

关键词：经济体制改革；乡镇企业；新生代农村外出务工人员；新人口红利

改革开放40年，是中国工业化、城市化不断向前推进的40年，是经济体制不断改革发展的40年。商品与要素市场的快速成长，使得自主性迁移成为人口流动的主要方式，并产生了规模庞大的农村流动人口。农村的人口流动主要群体是农民，主要流动方向是从农村流向城市或经济发展较好的沿海地区，主要从事的是低端制造业、服务业工作。像这样的农村流动人口，人们普遍称为"农村外出务工人员"，即户籍在农村、身在城市从事非农产业工作6个月及以上的劳动者[②]。

如果举办一场关于改革开放40年的颁奖礼，"杰出贡献奖"毋庸置疑应颁给农村外出务工人员，这份荣誉于他们来说是实至名归的。根据中国统计局的数据推算，1978—2017年这40年间，第一、第二、第三产业占全国GDP的比重平均约为15%、45%、40%，其中在2013年第三产业所占比重首超第二产业，即40年间有34年第二产业都对经济增长做出了最大贡献。目前，我国产业工人约有2亿人，80%以上集中在第二产业，其中约80%的工人从事建筑业和制造业，约60%的工人服务于大中型企业，约30%的工人属于技术型。农村外出务工人员在产业工人中约占60%，共

---

① 严涵，中共四川省委党校经济学教研部。

② 国家统计局. 2016年国民经济实现"十三五"良好开局［EB/OL］. http://www.stats.gov.cn/tjsj/zxfb/201701/t20170120_1455942.html.

有 1.2 亿人，主要从事一线生产工作。根据国家统计局的数据，2017 年共有农村外出务工人员 2.8 亿人，这意味着还有 1.6 亿农村外出务工人员未被计入产业工人，但他们也在为社会创造财富。马克思认为劳动创造价值，那么改革开放以来增加的社会财富其主要创造者正是农村外出务工人员。

40 年来农村的人口流动不断变化，不同时期具有不同特点。本文将农村人口流动划分为 4 个阶段。

一、1978—1983 年：离土不离乡

1. 背景

1978 年，每 1 000 名中国人中仅有 180 人生活在城镇，由于自身沉重的就业压力，城市劳动力市场迟迟未对农村地区开放。20 世纪 80 年代初，国家严格控制农民外出务工，各地大量清退农村外出务工人员和计划外用工。户籍制度改革进程缓慢很大程度上正是因为决策者担心进城农民成为城市负担。

作为农村经济体制改革的第一步，家庭联产承包责任制的广泛推行极大提高了农民的生产积极性以及农业劳动生产率，加之农产品收购价格的上升，农民的关注点主要放在了恢复发展农业生产上。

农业生产力得到释放的同时，产生了一大批农村富余劳动力。改革开放初期，经济正逐渐复苏，乡镇企业如雨后春笋般悄然兴起。政府积极鼓励农村富余劳动力进行"离土不离乡"式的转移，为增加就业及财政收入，政府也大力扶持乡镇企业发展壮大。[①]

2. 特点

（1）流动人口极少

由于实行严格的户籍管理，全国流动人口数量很少，产业基础是乡村工业化，空间载体是小城镇发展。[②] 到 1982 年，流动人口仅有 657 万人，仅占全国人口的 0.66%，人们几乎感觉不到流动人口的存在。

（2）人口就地转移

土地的平均分配带来了普遍的劳动力投入过密，此时的农村人口流动

---

① 李俊. 我国改革开放以来的人口流动与农村社会结构变迁［J］. 兰州学刊，2011（10）：56-62.

② 王庆明，曹正汉. "离乡不离土"：中国土地制度与新型城镇化研究评述［J］. 中国社会学年鉴 2011—2014，2016（7）.

大多发生在农业生产率较高并且乡镇企业发展较好的地区，通过经营家庭副业和就近进入当地乡镇企业的方式实现就地转移，此所谓"离土不离乡，进厂不进城"。

（3）兼业转移为主

进入第二、第三产业的农村劳动力绝大多数都未放弃原有的承包土地，农忙时在家务农，农闲时外出打工。兼业发展是现代经济发展的伴随性现象。随着非农产业在农村地区的不断发展，农业收入在农民总收入中的占比进一步下降，对农业依赖程度逐渐减弱。

3. 小结

根据当时的国情，城市设施的承受能力薄弱，若按照直接进入城镇的常规化身份转变，城市就会因为人口超载而崩溃。"离土不离乡"不仅有助于加快农村非农产业发展、提高农民收入、改善农民生活，对于促进城镇化建设也有着巨大的现实意义。

在离土不离乡的初期阶段，农村人口流动对拉动农业生产的作用有目共睹；其后，亦农亦工的人口数量占到农村总人口的70%以上，农业发展反而受到抑制。这是由于我国农业尚未实现规模种植，普遍的兼业经营难以实现农业的规模效益，更无法提高农业生产效率。

二、1984—2000 年：离土又离乡

1. 背景

1984 年中共中央发布文件，准许农民"自筹资金、自理口粮"进入城镇务工经商，这标志着实行了近 30 年的限制城乡流动的就业管理制度开始松动。初期，农民进城只能从事政府提供的限定性工作，以包工、临时工的非正规雇佣方式进行不被负责再生产的劳动。随着改革开放的不断深入，阻碍劳动力流动的壁垒被进一步突破，农村富余劳动力对于满足沿海地区劳动密集型经济发展的重要性迫使政府对劳动力流动的态度由单纯限制转为规范控制。农村劳动力在不改变其身份、不影响城市公共产品供给的情况下，开创了"离土又离乡"的农村人口流动新模式。

农村经济体制改革对生产力的释放逐渐减弱，政府对农业的扶持力度也不断衰减，农业税负增加，农民收益持续缩减。1984 年国家经济体制改革的重心转向城市，城乡收入差距越来越大，一部分农民开始倾向于非农职业。

1984—1988 年，乡镇企业发展到达顶峰，解决了 9 545.46 万人的就

业，其中绝大多数都是农村富余劳动力。1989 年开始，国家加大了宏观调控力度，抑制经济过热发展，乡镇企业由于缺乏技术与创新、政府支持力度锐减等原因而陷入发展困境，将大量被就地吸纳的农村劳动力重新抛出。1990 年乡镇企业数与职工数出现双下降。而沿海地区乘着改革开放的东风迅速发展其外向型经济，大城市也得以不断扩张，劳动力需求日益增加。由于东部沿海与中西部地区差距显著，区域经济发展表现出极端不平衡，使得农业比较收益进一步下降，农村劳动力跨区域异地转移就此拉开了帷幕。

2. 特点

（1）流动数量巨大

改革开放初期，农村外出务工劳动力还不足 200 万人，到 1989 年就已增加到 3 000 万人，同年由于大量的跨区域就业的农村外出务工人员春节返乡，首次形成了蔚为壮观的"民工潮"。1992 年邓小平同志南方讲话后，经济发展进入新一轮高潮，农村外出人口数量也进一步扩大，1993 年农村外出务工劳动力达到 6 200 多万人，相比 1989 年增加了 3 200 多万人，其中跨省流动的将近 2 200 万人。1994 年农村外出务工劳动力为 6 000 万人，1998 年达到 8 000 万人。

（2）流动方向集中

国家实施改革开放后，将东南沿海各大城市开放成为经济开放区，带动了东南沿海的经济发展，农村流动人口中跨县及省际的流动比例大大提高，此时农村人口基本集中向东南沿海地区外流，表现出"孔雀东南飞"现象。

（3）职业身份分离

虽然长期工作在城市，但农村外出务工人员的身份依旧是"农民"。城市只是欢迎农村劳动力，并不欢迎农村劳动者。农村外出务工人员在经济、文化、心理等方面都与农村保持着密切联系，并没有顺利转化为城市居民。城市发展在很大程度上必须依靠廉价的农村劳动力，而农村外出务工人员却因为城市户籍制度而无法分享自己的建设成果。[①]

3. 小结

到 2000 年年底，农村劳动力有 4.98 亿人，传统务农劳动力有 3.55 亿人，从事非农产业的劳动力有 1.4 亿人，农村劳动力仅有 28% 从事非农产业，若按当时的生产方式和市场需要，传统农业只需要 1.5 亿人劳动力，

---

① 邢华. 中国农民工的社会流动问题研究综述［J］. 经济研究导刊, 2016（1）: 136-194.

这意味着还存在 2.05 亿人的富余劳动力可以进入城市从事非农产业。[①]

随着跨区域流动成为农村外出务工人员流动的主要形式，不同地方政府对于农村人口流动的态度也不尽相同。对于农村外出务工人员输出地，由于农民外出务工能缓解人地矛盾，留出空间促进本地经济发展，所以当地政府积极鼓励劳动力外出；对于农村外出务工人员输入地，尤其是那些本身就承受着巨大就业压力的城市，当地政府为了维持社会稳定，将外来农村外出务工人员视为抢夺城市就业机会与福利资源的"不良分子"，进而针对农村外出务工人员实行限制及歧视性的准入政策，进入城市的农村外出务工人员成为了不平等竞争中没有权利的弱势群体；对于以劳动密集的外向型经济为主的地区，地方政府是欢迎外来农村外出务工人员的，对其进行歧视和隔离控制更多是为了维持外来劳动力的弱势地位、维持外来劳动力的廉价与被动。[②]

三、2001—2011 年：人口流动多元化

1. 背景

2001 年政府提出"加速城市化"，并指出除个别特大城市外，其他城市都要改革就业制度和户籍制度。2006 年，国务院发出《关于解决农村外出务工人员问题的若干意见》，要求逐步建立城乡统一的劳动力市场和公平竞争的就业制度，建立保障农村外出务工人员合法权益的政策体系和执法监督机制，建立惠及农村外出务工人员的城乡公共服务体制和制度。

2. 特点

（1）新生代农村外出务工人员成为主体

随着人口结构的变化，农村人口流动的主体也有了转变，新生代（或称第二代）农村外出务工人员成了主角。如果说第一代农村外出务工人员是"非农非工"，那么新生代农村外出务工人员则是"全职非农"。与第一代农村外出务工人员不同，新生代农村外出务工人员受教育水平较高，他们多是在接受过中等教育后外出打工，具有明显的年轻化、知识化、技能化特征；缺少务农经验，没有农业劳动技能；家乡情结弱化，习惯并依恋城市生活。新生代农村外出务工人员外出打工也不全部是为了赚钱，打工动机趋于多元化，他们更多是为了追寻自身价值与生活意义。

---

① 黄平. 近年来农村人口流动的思考 [J]. 中国党政干部论坛，2002（9）：26-28.

② 宁夏，叶敬忠. 改革开放以来的农民工流动——一个政治经济学的国内研究综述 [J]. 政治经济学评论，2016（1）：43-62.

（2）农村人口流动的方向多元化

同上一阶段的"民工潮"不同，这一时期频繁出现"民工荒"与"返乡潮"。由于沿海地区农村外出务工人员工资并未随着地区经济发展而提高，加之各种歧视性待遇，使得农村外出务工人员们开始"用脚投票"，保护劳动者的地区就不会有民工荒，而一些不善待劳动者的地方出现民工荒也就不难理解。农村外出务工人员就业的区域选择不再局限于东部沿海，随着经济的快速发展，越来越多的大城市成为对农村外出务工人员极富吸引力的选择。在回流农村外出务工人员中，也出现了多元化的特征。农村外出务工人员因为年龄、家庭、婚姻、健康或者讨薪失败、工伤等原因返乡，其中有一部分，尤其是较年轻的群体，习惯了城市生活而选择再次进城；留在农村中的返乡农村外出务工人员利用在外学习到的技术或者积存的资金在农村或附近乡镇进行现代化农业或工商业投资，他们把新技术、新观念带回了农村。①

3. 小结

新生代农村外出务工人员中的大多数都不愿意回到农村，但又普遍缺乏适应现代化生产的素质，"留不下、回不去"的尴尬境地让部分新生代农村外出务工人员产生了迷茫与焦虑心理，给社会秩序造成一定困扰。

从独自外出到夫妻一起外出打工再到举家外出，农村人口流动已呈现出以家庭为单位的迁移趋势。不同于一般意义上的劳动力流出，举家迁移有着更深刻的人口城市化含义。

农村人口大量外流，尤其是青壮年外流，对农村发展造成了巨大影响。农村凋敝、农业萎缩开始显著，留守儿童、妇女、老人在生产生活、受教育和安全保护等方面存在诸多问题与困难，已经严重影响到了农村经济社会的健康发展。

四、2012年至今：新的人口红利

1. 背景

自2012年开始，中国经济增速放缓，2012—2014年的GDP增速分别为7.9%、7.8%、7.3%，标志着经济增长步入"新常态"。新常态下，我国的就业形势和经济结构的调整有了更大的不确定性，农村人口流动也随之变化。"十八大"后，中国农村实行土地确权与土地流转，农村经济活

---

① 《中国农民工战略问题研究》课题组. 中国农民工现状及其发展趋势总报告 [J]. 改革，2009（2）：5-27.

力得到提升。越来越多的外出务工多年的农民，带着资本、技术、项目以及新的眼界与思想回到家乡，他们被称为"城归"。

2. 特点

（1）总量趋于稳定

2012年开始，农村人口流动呈现先增后降的态势，2015年流动人口总量首次出现下降，之后几年延续了下降趋势，但势头减弱，2015—2017年我国流动人口总量依次为2.47亿人、2.45亿人、2.44亿人。总体来说，农村流动人口总量趋于稳定。

（2）流出与回流并存

如今在国内，人口基本是可以自由流动的。从近年来流出地的监测数据来看，15岁及以上的农村户籍人口中，从未外出人口、返乡人口、外出人口分别占57.5%、9.9%和32.6%，而在外出人口中有23.4%的返乡，约占其四分之一。随着产业由东部向中西部迁移，安徽、四川两地农村外出务工人员回流现象突出，而黑龙江则几乎没有人口回流。

（3）本地务工增多

2011年，在重庆市域内流动的本地农村外出务工人员首次超过了流向其他省份的人数，就在几年前，重庆70%的人口都涌向外省。2012年，四川省地方政府大力宣传鼓励本地农村外出务工人员留在家乡就业，而很多本地农村外出务工人员考虑到交通费和沿海更高的生活开销，这些离家更近、环境更熟悉的少数高薪工作更富有吸引力。2013年，全国本地农村外出务工人员增长数量和速度均快于外出农村外出务工人员。随着国家大力发展中西部地区，调整产业在区域间的布局，中西部地区农村劳动力的就地就近务工得到提速。

3. 小结

为促进实施乡村振兴战略，政府进一步支持农村外出务工人员返乡创业，一批又一批的外出务工人员选择回到家乡。"城归"的出现给农村带来了变化，激活了农村活力，极大促进了农村第一、第二、第三产业的发展，为农村不断累积人气，活跃起农村区域市场，而这正是我们新的"人口红利"。

在我国农村居民的家庭收入组成中，工资性收入仍是最主要的收入来源。随着经济步入新常态以及各地产业结构的调整，在沿海地区及大城市的就业越来越困难，回流农村外出务工人员无论是创业还是就近到"城归"创办的企业中就业，都对于农民就业增收意义重大。

土地确权基础上有了土地流转，规模经济才能实现，农民不再是一种

"身份"，而是一种"职业"。很多地方的农民开始学习家庭农场的思维，在政府的支持与帮助下，学习先进的种植生产技术、经营管理方法。比起走出去，越来越多的农村人口选择留下来。

40 年来，亿万农村外出务工人员从农村走向城市，释放了"人口红利"，重塑了城乡关系，推动了城乡巨变，为改革开放的中国源源不断地注入活力。当下，越来越多的农村外出务工人员带着资金、技术、项目返乡创业、就业，形成我国新的"人口红利"。

在充分认识到农村人口流动对我国发展起到积极作用的同时，也应注意打破城乡分割，实现国内劳动力市场一体化是必然趋势，这可能会对城市就业造成一定冲击，因此需要未雨绸缪，做好中长期规划，协调好本地劳动力与外来的农村劳动力的供给问题。同时，为返乡农村外出务工人员提供平台和帮助，不断优化其创业环境，健全农村金融体系，一边为农村劳动力转移创造新路径，另一边为乡村振兴注入新活力。

参考文献

［1］李俊. 我国改革开放以来的人口流动与农村社会结构变迁［J］. 兰州学刊，2011（10）：56-62.

［2］王庆明，曹正汉."离乡不离土"：中国土地制度与新型城镇化研究评述［J］. 中国社会学年鉴 2011—2014，2016（7）.

［3］黄平. 近年来农村人口流动的思考［J］. 中国党政干部论坛，2002（9）：26-28.

［4］邢华. 中国农民工的社会流动问题研究综述［J］. 经济研究导刊，2016（1）：136-194.

［5］宁夏，叶敬忠. 改革开放以来的农民工流动——一个政治经济学的国内研究综述［J］. 政治经济学评论，2016（1）：43-62.

［6］《中国农民工战略问题研究》课题组. 中国农民工现状及其发展趋势总报告［J］. 改革，2009（2）：5-27.

始终坚持以经济建设为中心

——改革开放以来党的经济建设指导思想演进初探

杨亦乐　易顺[①]

摘要： 改革开放 40 年来，以邓小平、江泽民、胡锦涛、习近平为主要代表的中国共产党人，始终坚持以经济建设为中心这一基本国策不动摇，不断解放和发展生产力，逐步形成了丰富的经济思想，并以此为指导，推动了国民经济持续、快速、健康、可持续发展，人民生活水平不断提升，党和国家事业取得了全方位成就和历史性变革，"两个一百年"奋斗目标正在实现。

关键词： 以经济建设为中心；邓小平理论；"三个代表"重要思想；科学发展观；习近平新时代中国特色社会主义经济思想

以经济建设为中心，是我党在社会主义初级阶段基本路线的中心，是党和国家事业兴旺发达、长治久安的根本要求。改革开放 40 年来，以邓小平、江泽民、胡锦涛、习近平为主要代表的中国共产党人，始终把经济建设摆在中心位置，作为一项基本国策长期坚持，并在不同阶段形成了丰富的经济思想，指导着不同时期的经济建设，推动社会生产力不断解放和进步，推动经济持续健康发展，推动党和国家事业取得全方位成就和历史性变革。

一、邓小平理论中关于经济建设的论述：解放生产力、发展生产力

面对"十年浩劫"带来的经济发展陷入停滞、民生极度困难，以邓小平同志为主要代表的中国共产党人，把党和国家的工作重心转移到经济建设上来，做出改革开放决策，强调在深刻回答"什么是社会主义、怎样建

---

①　杨亦乐、易顺，成都外国语学校高新校区。

设社会主义"过程中，邓小平理论对经济建设进行了系列论述。

这一系列论述，把生产力的发展作为一条贯穿始终的主线，高度重视生产力的发展，把是否有利于发展社会主义社会的生产力、是否有利于增强社会主义的综合国力、是否有利于提高人民生活水平作为衡量工作的标准。强调科学技术是第一生产力，把发展科学技术放在首要位置，指出"四个现代化"，关键是科学技术的现代化。没有现代科学技术，就不可能建设现代农业、现代工业、现代国防，要尊重知识、尊重人才，推动科学技术发展，确保生产力得到解放和发展。把"解放发展生产力、消灭剥削，消除两极分化，最终达到共同富裕"作为社会主义本质，批判了公有制是社会主义本质的论点，强调必须大力发展个体经济、实行包产到户、发展乡镇企业、允许私营经济发展、发展外资企业、搞活国营大中型企业，逐渐形成了以公有制为主体、多种经济成分共同繁荣的局面。同时，在生产发展的基础上，允许一部分人、一部分企业、一部分地区先富起来，带动其他地区、其他人富起来，最终实现共同富裕。把计划经济和市场经济都作为一种经济手段，深刻指出"计划多一点还是市场多一点，不是社会主义与资本主义的本质区别"，强调"改革是中国发展生产力的必由之路"，必须坚持市场取向的改革，充分发挥市场机制对资源配置的基础作用，完善市场经济体制下的宏观调控体系，科学运用计划机制对资源配置的引导作用，从根本上改变束缚生产力发展的经济体制，建立起具有中国特色的、充满生机和活力的社会主义经济体制。把"整体推进、重点突破"作为一项基本原则，在农村改革和对外开放取得成功的基础之上，加快城市改革和整体改革步伐，一方面维持国有经济良性运转，另一方面把主要精力放在其他方面寻找新的增长点上，分三步走，逐步解决人民的温饱问题、实现人民生活达到小康水平、确保人均国民生产总值达到中等发达国家水平。

通过努力，在这一时期，社会生产力获得新的解放，我国经济建设上了一个大台阶，11亿人民的温饱问题基本解决，中国的社会主义制度显示了强大的生命力。

二、"三个代表"重要思想中关于经济建设的论述：始终代表中国先进生产力的发展要求

20世纪90年代，世界多极化和经济全球化的趋势在曲折中发展，国内市场经济秩序有待继续整顿和规范，以江泽民同志为主要代表的中国共产党人，在进一步回答"什么是社会主义、怎样建设社会主义"过程中，形成了"三个代表"重要思想。

"三个代表"重要思想中，把发展作为党执政兴国的第一要务，深刻指出我国正处于并将长期处于社会主义初级阶段，要解决人民日益增长的物质文化需要同落后的社会生产之间的矛盾，必须把发展作为第一要务，聚精会神搞建设、一心一意谋发展。必须把人作为生产力中最具决定性的力量，把科学技术作为先进生产力的集中体现和主要标志，把创新作为一个民族进步的灵魂，调动一切积极因素，发展先进生产力。必须抓住机遇、珍惜机遇、用好机遇，全面建设更高水平的小康社会，使经济更加发展、民主更加健全、科教更加进步、文化更加繁荣、社会更加和谐、人民生活更加殷实。把建立社会主义市场经济体制作为改革目标，继续坚持社会主义与市场经济相结合，既发挥市场经济的优势，又发挥社会主义的优越性。继续坚持和完善以公有制为主体、多种所有制经济共同发展的基本经济制度，使各种所有制经济在市场竞争中发挥各自优势，相互促进、共同发展。继续坚持和完善以按劳分配为主体、多种分配方式并存的分配制度，把按劳分配与按生产要素分配结合起来，调动广大人民的劳动积极性，实现全体人民的共同富裕。继续坚持在国家宏观调控下发挥市场对资源配置的基础性作用，健全统一、开放、竞争、有序的现代市场体系，促进商品和生产要素的自由流动。继续坚持对外开放，既"引进来"又"走出去"，充分利用国际国内两个市场、两种资源。把持续、快速、健康作为发展原则，实施宏观经济政策，抑制通货膨胀、防止通货紧缩，实现经济总量平衡和结构优化，使经济始终平稳发展。把"三农"放在经济工作的首位，加快建设现代农业，大力发展农村经济，稳步推进农村改革，增加农民收入。加快转变经济增长方式，从粗放型向集约型转变，统筹考虑人口、资源、环境等因素，优化升级产业结构。实施"西部大开发"战略，努力建设经济繁荣、社会进步、生活安定、民族团结、山川秀美的西部地区，促进区域协调发展。积极扩大内需，调整投资和消费的关系，逐步提高消费在国内生产总值中的比重，优化经济比例关系。

通过努力，在这一时期，我国国内生产总值达到 95 000 多亿元，年均增长 9.3%，经济总量居世界第 6 位，中华民族和中国人民以强劲的姿态迈入了 21 世纪。

三、科学发展观：促进经济社会和人的全面发展

进入 21 世纪，世情、国情、党情继续发生深刻变化，以胡锦涛同志为

主要代表的中国共产党人，在深刻回答"实现什么样的发展、怎样发展"过程中，形成了促进经济社会和人的全面发展的科学发展观。

这一思想，把发展作为第一要义，深刻指出发展对于全面建设小康社会、加快推进社会主义现代化具有决定性意义。必须继续坚持以经济建设为中心，实施科教兴国战略、人才强国战略、可持续发展战略，把握发展规律、创新发展理念、转变发展方式、破解发展难题，进一步解放和发展生产力，努力提高发展质量和效益，实现又好又快发展。把"以人为本"作为核心，深刻指出"以人为本"是我们党新时期的执政理念和核心要求，以最广大人民的根本利益为本，强调党的一切奋斗和工作都是为了造福人民，最终实现发展为了人民、发展依靠人民、发展成果由人民共享。要始终着力于促进人的全面发展，在满足人民对物质文化需求的同时，提高人的素质，促进人的发展，促进人与人、人与社会、人与自然的协调和和谐，逐步实现共同富裕。要切实维护人民的权益，把最广大人民的根本利益作为一切工作的出发点和落脚点，想群众之所想、急群众之所急、办群众之所盼。要提高人民的积极性和创造性，尊重群众主体地位，发挥人民首创精神，最广泛、最充分地调动一切积极因素。把全面协调可持续作为基本要求，强调发展是全面的发展，不是片面的发展，不是单一的发展，更不是唯一的发展，而是坚持以经济建设为中心，全面推进经济建设、政治建设、文化建设、社会建设的发展，最终实现经济发展和社会全面进步。强调发展是协调的发展，是统筹城乡、区域、经济社会、人与自然、国内和对外的发展，更加注重农业、农村、农民的发展，积极推进东北、中部、西部的协调发展，积极推进科技、教育、文化、卫生、体育等社会事业发展，注重人与自然和谐发展，统筹国内发展和对外开放的发展。强调发展是可持续的发展，促进人的发展与自然的和谐，经济发展和人口、资源、环境的和谐，提升发展质量。把统筹兼顾作为根本方法，正确认识和妥善处理中国特色社会主义事业中的重大关系，既总揽全局、统筹规划，又要抓住牵动全局的主要工作、事关群众利益的突出问题，着力推进、重点突破，最终实现经济社会和人的全方位发展。

通过努力，在这一时期，我国经济总量跃升到世界第2位，人民生活水平、居民收入水平、社会保障水平迈上一个大台阶，中华民族伟大复兴展现出了光明前景。

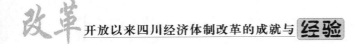

四、习近平新时代中国特色社会主义经济思想：推动经济高质量发展

党的十八大以来，面对纷繁复杂的国际国内形势，以习近平同志为核心的党中央，在系统回答"新时代坚持和发展什么样的中国特色社会主义、怎样坚持和发展中国特色社会主义"的过程中，逐步形成了习近平新时代中国特色社会主义经济思想。

这一重要思想，把"坚持加强党对经济工作的集中统一领导"作为根本原则，深刻指出五年来我国经济取得的成就，最根本的在于以习近平同志为核心的党中央正确领导、在于习近平新时代中国特色社会主义经济思想的科学指引。要进一步增强"四个意识"，坚决维护以习近平同志为核心的党中央权威和集中统一领导，不折不扣推动党中央关于经济工作的各项决策部署落实落地。要进一步坚持和完善党领导经济工作的体制机制，进一步发挥党委领导把方向、谋大局、定政策、促改革的核心作用。要进一步提升各级领导干部做好新时代经济工作的能力和水平，用习近平新时代中国特色社会主义经济思想武装头脑、推动实践、指导工作。

把"坚持以人民为中心的发展思想"作为经济发展的根本目的，深刻指出人民对美好生活的向往就是我们党的奋斗目标，我们党来自人民、根植人民、服务人民，为人民谋幸福，是中国共产党人的初心。深刻指出人民是决定党和国家前途命运的根本力量，我们党制定任何一项经济政策、推进任何一项经济改革，都必须尊重人民首创精神，依靠人民创造历史伟业。深刻指出实现全体人民共同富裕是经济建设的前进方向，从现在到2020年，是全面建成小康社会决胜期，从2020年到2035年，基本实现社会主义现代化，从2035年到本世纪中叶，建成富强民主文明和谐美丽的社会主义现代化强国。深刻指出必须把群众路线融入经济建设全过程，始终保持同人民的血肉联系。

把"供给侧结构性改革"作为一条主线，要正确处理政府与市场的关系，使市场在资源配置中起决定性作用；正确处理短期与长期的关系，既要解决经济运行风险等当前突出的矛盾和问题，又要在战略上坚持持久战；正确处理减法与加法的关系，深化去产能、去库存、去杠杆，扩大有效供给和中高端供给；正确处理供给与需求的关系，把供给侧管理和需求侧结合起来，协调推进。要提高要素质量和配置效率，增强劳动力素质、技术有效供给能力、金融服务实体经济能力，推进土地制度、资源环境制度等改革。要提升企业发展水平和要素，推进国有企业改革，大力发展集体经济和非公有制经济，优化所有制结构，提升和增强企业创新能力和竞争力。要促进产业转型升级，大力推进农业供给侧结构性改革，振兴制造业，提高服务供给水平，壮大新兴产业。要注重创新驱动，把其作为发展的第一动力，推动以科技创新为核心的全面创新。

把"实现经济高质量发展"作为根本途径，在发展思路上，坚持适应把握引领经济发展新常态，深刻认识经济发展从高速增长转为中高速增长、经济结构不断优化升级、要素驱动和投资驱动转为创新驱动等新特征，立足大局、把握规律。在体制机制上，坚持使市场在资源配置中起决定性作用，加快市场基础性制度建设，完善有利于促进公平竞争的规则体系，落实公平竞争审查制度，深化"放管服"改革，坚决扫除经济发展的体制机制障碍，更好地发挥政府作用。在宏观调控上，坚持适应我国经济发展主要矛盾变化，完善宏观调控，坚持质量第一、效益优先，推动经济发展质量、效率、动力变革，提高全要素生产率，加快建设实体经济、科技创新、现代金融、人力资源协同发展的产业体系，构建有效经济体制。在战略部署上，坚持问题导向部署经济发展新战略，主动寻找问题、找准问题本质，继续推进创新驱动战略、乡村振兴战略、区域协调发展战略、可持续发展战略，着力解决当前与未来、农村与城市、发达地区与落后地区、人民对美好生活的向往与发展不平衡不充分等难题。在策略方法上，坚持正确策略和方法，坚持稳中求进总基调，保持战略定力，坚守底线思维，发扬钉钉子精神，稳打稳扎走好每一步。

党的十八大以来这五年，国内生产总值达到 82 万亿元，稳居世界第 2 位，对世界经济增长贡献率超过 30%，党和国家事业全面开创新局面。

纵观改革开放 40 年，党的全部理论和实践主题是坚持和发展中国特色社会主义，而走好中国特色社会主义道路的根本路径是坚持以经济建设为中心。这既是我们党带领人民建设中国特色社会主义的基本经验，更是我们党取得举世瞩目巨大成就的根本规律。我们坚信，在习近平新时代中国特色社会主义经济思想的正确指导下，小康社会必将全面建成、新时代中国特色社会主义必将取得伟大胜利、中华民族伟大复兴中国梦必将实现！

参考文献

［1］《党的十九大报告辅导读本》编写组. 党的十九大报告辅导读本［C］. 北京：人民出版社，2017.

［2］中共中央文献研究室. 党的十八大以来重要文献选编（上、中、下）［C］. 北京：中央文献出版社出版，2013、2016、2018.

［3］邓小平. 邓小平文选（第二、三卷）［M］. 北京：人民出版社，1995.

［4］江泽民. 江泽民文选（第一、二、三卷）［M］. 北京：人民出版社，2006.

［5］胡锦涛. 胡锦涛文选（第二、三卷）［M］. 北京：人民出版社，2016.

［6］吴敬琏. 邓小平经济思想的战略意义［N］. 人民日报，1994-08-22.

［7］曾炎培. 深入学习江泽民同志的经济建设思想［N］. 人民日报，2006-08-20.

［8］江西省邓小平理论和"三个代表"重要思想研究中心. 科学发展观的理论地位与实践指向［N］. 人民日报，2008-07-23.

［9］王子晖. 亮眼！习近平新时代中国特色社会主义经济思想［N］. 新华网，2017-12-22.

［10］鞠立新. 习近平新时代中国特色社会主义经济思想的内涵、逻辑和特质［N］. 光明网，2018-01-27.

［11］范文. 习近平新时代中国特色社会主义思想的理论框架［J］. 国家行政学院学报，2018（3）.

改革开放 40 年城镇化发展的回顾与启示

张国平[①]

摘要： 本文回顾了 1978—2018 年 40 年间我国城镇化发展的主要经过及其相关经济背景，提出了对后工业化时期新型城镇化发展的若干见解。

关键词： 城镇化；发展；回顾；启示

改革开放 40 年使得中国的经济社会面貌发生了翻天覆地的巨大变化。作为世界上人口最多和最大的发展中国家，在从传统的农业大国向现代工业大国转变的过程中，同步开启了时间跨度长达数十年、史无前例的大规模城镇化进程，数以亿计的农村人口逐步脱离农村，进入城市谋生活。这一宏大的社会变迁景观被诺贝尔奖获得者、著名经济学家斯蒂格利茨称之为 21 世纪人类社会最伟大的两个变化之一。经过 40 年的发展，我国的城镇化率已从 1978 年的 17.9% 上升到 2017 年的 58.52%，增长了两倍多，人口构成从当初的 8 亿农民、近 2 亿城镇人口发展到现在的不到 6 亿农民、8 亿多城镇人口，迄今为止已实现了动态超过 5 亿人口的城镇化，取得了令世界瞩目的社会发展成就。

中国的城镇化过程既符合世界城镇化的普遍规律，又表现出因我国国情和社会状况迥然所产生的独特性。经济的繁荣发展是城镇化的基础，迈向现代化工业强国的道路必然促进城镇化水平的提升。回顾改革开放以来城镇化的历程，一路走来并非一帆风顺，在取得发展硕果的同时依然存在许多矛盾和问题，中间走过弯路也还有许多不完善的方面。从中梳理，可以总结有益的经验、发现不足，并给我们带来更多积极的参悟与启示，为后工业化时期城镇化的新发展指示方向。

一、改革开放 40 年我国城镇化历程回顾

1978 年党中央召开的十一届三中全会拉开了我国改革开放的大幕，市

---

① 张国平，达州市委党校经济学教研部。

场经济被借鉴引入到了中国经济社会发展中，并与我国实际情况相结合催生形成了有中国特色的社会主义市场经济，随着这一基本经济制度的逐步成熟和完善，全社会广大人民群众的积极性和创造力被极大地激发和调动起来，大大地解放和促进了我国生产力发展。经济的起飞与繁荣使得我国的城镇化从之前的几乎停滞状态转入到一个新的发展时期。以下就改革开放以来的四个 10 年分段而述：

第一阶段：1978—1988 年。改革开放的春风吹遍神州大地，人们内心对财富的渴望犹如冰封已久的大江刚刚解冻般开始跌跌撞撞地涌动翻滚起来。以深圳为首的南方沿海省市凭借先天的地理优势，掀起了第一波外商向大陆的投资浪潮，首先成为经济起飞并快速发展的地区。随着农村土地承包制的实行和计划经济框架的打破，全国各地的集市日渐兴旺，生活服务业迅速成长，温州生产的小商品开始向全国各地铺开经营。在几乎没有规则又毫无经验的状况下，满足国民需要和国民生产的各类轻重工业、各类商业物质贸易正如火如荼兴起，这期间，乡镇企业异军突起，但国营企业仍占据主体，民营经济正处于萌芽状态中。伴随经济的膨胀，新一轮的城镇化也开始了。由于之前很长时期对于生产发展的忽视，国内各种物资一直短缺，生活物资十分匮乏。城乡差别很大，尤其在生活的物资条件方面，农村更加艰难拮据，"当城里人"成为那个时代绝大多数农民一生梦寐以求的理想，最早走出来的是有想法、有胆量或有一技之长的一些青壮年农民，他们进城务工、搞运输、做小生意甚至当包工头等，在参与社会建设发展、为社会出力的同时也使自己的腰包渐渐鼓了起来，成为了先富起来的部分人，并逐步在城市中立足下来。由于我国严格的户籍制度，那时他们还不可能取得城市户口，通过读书考学方式脱离农村的仅是新生代中很少部分的人，更多的人去到劳动密集型产业正蓬勃兴起、到处是"三资"企业的广东等沿海省市当务工人员。这一阶段城市流动人口猛增，但实现向城市完全转移的较少，城镇化处于规模较零散的快速增长期。

第二阶段：1988—1998 年。经过短暂的停滞，邓小平同志的南方讲话又掀起了新一波的经济发展热潮，在国家的鼓励下，不少单位职工也积极"下海"，投身商海创业打拼。商品越来越丰富多彩，各种品牌的产品开始攻城掠地，从沿海城市向内地省市拓展其市场空间。人数规模越来越庞大的"打工潮"成为春节前后中国社会的独特景观。大多数国有企业由于自身体制和计划经济时代形成的臃肿低效，在市场竞争中渐渐难以立足甚至被淘汰出局，"抓大放小"的国有企业改革使得各地方大大小小的传统国有企业以关、停、并、转的方式退出市场经济舞台，或以改制的股份制企业身份重新立足于市场之中。我国经济持续保持着两位数百分比的高速增长，经济总规模（即 GDP）进入世界前列，但增长质量还较差、无效成分较多。这个阶段的城镇化发展并未与经济发展速度相一致，以致国内某些著名经济学家极力呼吁政府加大对城镇化的主动作为。实际上，出现这种状况不过是中国特殊国情所形成的阶段性暂时现象，在 20 世纪 90 年代表现得更为突出。其一，从 1980 年开始实施的计划生育政策对城镇户籍的人口的自然增长基本发挥了完全的约束效用，但由于受传统观念影响深且处于农村环境的考虑，农村的计划生育政策对人口增长约束较差，多数新组成的农村家庭子女超过两个，这种状况使得我国农民的总人口数一直居高不下，城镇化因而变得更为任重道远；其二，20 世纪 90 年代的农民虽然以自己的勤劳获得了不低于城市就业者的收入，但他们的思想仍然保留着传统的观念、心思还没有完全进入"城镇化"，所以大多数人把自己辛苦挣的钱用在农村老家的宅基地上盖新房了（以当时的情况，他们在城市买得起房但还是无望取得城市户籍）。即使各方面条件和环境较差、也无法完全融入，从乡村到城市生活的人仍然越来越多，城市的规模在逐步扩张中，城市建设开始加速，经济发达的珠三角地区率先出现了城市群。但城市规划水平仍然低下、科学性不够，重复建设、不规范建设现象比较普遍，环境污染破坏十分严重。

第三阶段：1998—2008 年。进入世纪之交，以买入标的物为抵押贷款购买房屋的模式——按揭制度自中国香港引入内地，由此唤醒了中国大陆潜力巨大无比的房地产市场。20 世纪 90 年代后期结束的"房改"可以说是给之前全国实行的住房分配制度划上了一个完满的句号。住房的市场化时代正式到来，大量的房地产企业如雨后春笋般应运而生，开始了又一轮更大的财富饕餮盛宴。中国人历来把"住"看成是生活最起码的基础，"居者有其屋"几乎是每个成年人首要的生活目标，人们乐意预支未来的收入去买房、为自己和家人打造一个生活的安乐窝。不可限量的市场空间使得房地产业迅速成为各行业中耀眼的龙头产业，由此也带动了各个地方的经济增长。二十多年的粗放式发展过度地耗费了大量的物质资源，煤和其他各种矿产资源等原材料价格持续暴涨。尽管 2008 年我国 GDP 排名已位居世界第三，但面临着资源耗费严重的经济粗放增长模式已难以为继、经济结构调整升级的必要性日益迫切的状况。信息技术的创新应用逐渐成为新兴产业引领市场。房地产业的兴旺发达填补了经济发展动力的不足，但房价的逐节攀升无形中慢慢提高了农民进城的"门槛"。随着九年义务教育的普及和高校的大规模扩张，农村新生代中相当一部分人通过读书求学自然进入城市，而没能够上大学的年轻人在心理上已经认同了城市，大多不愿再回到农村，他们选择务工或做其他营生等多种方式在城市中渐渐安顿下来，其中大部分流向了就近的中小城市或乡镇。政府开始重视城镇化发展并积极推进城镇化，城市的规划和建设水平在不断提高，城市交通等基础设施建设、城市环境的治理打造和城市服务业的发展日新月异，吸引了越来越多的农村人走向城市，城镇化年均增速保持较高水平。

第四阶段：2008—2018 年。经济慢慢降速但仍保持较高增长，2010 年我国经济总规模超过日本，成为世界第二大经济体。2017 年我国人均国民收入达到 8 836 美元，正在跨出"中等收入陷阱"。经历了美国的次贷危机给全球经济带来的萧条后，世界经济又慢慢步入了新一轮的增长，我国经济增长依然强劲，逐步成为世界第一的制造业大国，创造出若干世界第一的工程奇迹。得益于以互联网应用为中心的信息技术创新发展走了世界前列，我国的互联网经济规模正在迅速膨胀，成长为新的经济增长源，创新正成为达成"中国制造 2025"目标、经济结构优化产生质的飞跃的有力手段。这 10 年间，城市发展进入新的提速阶段，城市规模进一步扩张发展，各种最新的科技创新成果被运用到了城市建设中，加快了我国城市智能化和现代化步伐，生态文明建设被提到了相当重要的高度。在全国经济较为发达的地区，出现了多个大大小小的新城市群和经济带。2009 年开始，房地产重回到新的上升通道，房价和地价频频创出新高，在城市生活品质提高的同时，进入城市谋生将面临更大的生活压力。2014 年，《国家新型城镇化规划（2014—2020 年）》出台。多项惠农政策的贯彻使得一些农村新生代又回到农村搞起了规模种养殖业，或结合当地特色农副产品产业开展乡村休闲旅游服务等。因为享有农村土地和房屋相应权益潜在价值，农村户口日渐成为香饽饽，已经城镇化的人群中有很大部分人仍然拥有农村户籍并以此为自豪。

从当今农村的实际情况来看，青壮年劳动力已经很少，转移农村富余劳动力到城市的目标已基本实现，城镇化的步伐已逐渐跟上了我国的经济发展水平。这标志着我国城镇化发展已经取得了阶段性的重大成果。

二、对我国后工业化时代城镇化发展的启示

城镇化仍在途中，如今正步入快速发展阶段的中后期，估计再经过大约 10 年的发展，就将进入趋于缓慢的成熟发展阶段。要客观地认识我国的城镇化发展中尚存在的不足和问题，寄希望于在未来的发展中去消化

解决。

党中央提出的新型城镇化融入了"以人为本、品质提升、生态文明"等核心内涵，是先进发展理念具体而充分的体现，为今后若干年我国的城镇化发展指明了方向。过去 40 年的城镇化发展有着明显的中国特色与时代特征，在这宏大而漫长的发展过程中，从认识到实践两方面积累了大量的经验教训，这些总结对于我国后续的城镇化发展有什么启示呢？这正是值得我们深思的。在我看来，要切合新型城镇化的要求实现更优的发展目标，以下几点是需要特别重视的：

第一，由于是否拥有自住房屋已经成为衡量城镇化品质的重要因素，城市高企的房价与城镇化发展产生了显著的矛盾，给城镇化带来了一定的阻力。我国人口还处于高峰期，尤其全社会新晋的成年人几乎都需要在城市中生活安家，因此对于房产的刚性需求与改善需求在较长时期依然较为强劲。此外，虽然我国城镇居民人均居住建筑面积已达 40 多平方米，与法、德等发达资本主义国家相近，但其中很多 20 世纪修建的房屋由于品质结构差，面临被逐步拆迁重置的状况，所以尽管采取了多种调控，大部分城市的房价在近几年仍将处于高位徘徊。必须把防止房价的炒作攀升作为地方经济社会稳定的重要一环予以有力的掌控。

第二，以信息化为主流的各种科技应用创新成果的大量采用为城市建设的现代化升级提供了有力的技术支持，就此方面而言，我国的城市发展正走在世界的前列。智能化、便捷化将使得城市生活品质得到大大提升，我们还应当拓展领域、继续做大做强。"只有当城市成功的时候，整个国家也才会成功"，这是世界城镇化发展的普遍经验所形成的共识。

第三，社会保障体系还不够完善和规范，传统户籍制度落后于社会发展需要，有待改革。由于来自农村的城镇化居民中有很大部分仍然持有农村户口，因此在办理缴纳社保的金额和渠道与城镇户籍居民是不同的，领取的标准也不一致，这隐含着一定程度的不公，未来可能形成较大差别。因此，社会保障体系有必要进一步升级完善。与之紧密关联的传统户籍制度也给部分城镇化居民在就业、子女上学以及一些手续办理等方面带来了很多困难和不方便的地方，这与城市发展相应需要提升的社会管理水平和效率已很不相适应，应积极改革以消除人为的非完全城镇化，以适应未来社会发展的要求。

第四，在城市人口不断增加的趋势下，要更多更好地满足居民吃、穿、住、行以及娱乐、健身、休闲、旅游等各方面日益增长的生活消费需求，必须大力促进第三产业的发展，现代服务业正在实现一步步的转型升级，已经出现了许多新的业态，有的尚处于探索萌芽阶段。一方面，城市的繁荣离不开经济的支撑，服务行业还具有很大的成长潜力空间，是地方经济的重要组成部分；另一方面，发达的服务业可以使城市更加繁荣，优质服务助力于人们生活的同时也提升了城市的品质，让城市变得更为宜居。从宏观和可持续发展的角度看，与"互联网+"相结合的现代服务业发展恰好契合于国家的未来产业导向。

第五，我国城镇化迥异于其他国家的情况是大中小城市及小城镇的同步发展，当然其中发展步子最小的是小城镇，但仍然符合世界城镇化的普遍规律：大城市超前发展、扩张速度快且流入人口多，中、小城市及小城镇依次第之。小城镇对于农民的本地城镇化有着独特而重要的意义，无论怎样的城镇化都需要以当地经济为依靠。通常，相对于城市来说，缺乏其他产业支持的小城镇其经济更为孱弱，因而生活条件亦次之，所以城镇化发展缓慢在情理之中。经济水平决定着小城镇的发展程度，但并非每个小城镇都有作为旅游休闲目的地而打造成特色小镇的先天之利或潜质。在普遍意义上来讲，如何才能够实现经济上的彻底改观呢？长远来看，通过促进当地农村农业合作组织化与资本化的深度融合来推动实现高度的农业产业化，是提振和夯实小城镇经济的根本之道。走向农业产业化，可以使土地资源集约地规模化使用，有利于提高效率，并在市场化运作下取得相应良好的经济效益，为小城镇经济繁荣与良好的可持续发展提供了长期的可靠保障，收入上去了、稳定了，才能更好地留住人，逐渐缩小与城市的差别。

第六，新型城镇化需要更多地建设美丽的城市，生活居住环境的品质关系着人们的生活品质和幸福感，城市环境的美化是建设美丽中国的重要一环。要客观承认，由于以前的低水平规划、不合理规划，许多地方在城市建设发展上都留下了不少的遗憾，那些曾经作为城市独特符号和地标的历史遗存建筑几乎被拆毁殆尽，只求速度不顾质量的粗制滥造建设已疏离了"百年大计"的初衷。当我们重新审视才发现，那些教训的产生固然由于当时各方面水平的局限，但观念的落后才是城市规划建设误入歧途的根源。今天我们终于意识到，美好环境是美好生活不可或缺的重要组成部分。生态文明并非仅仅是广袤农村的绿水青山，与人们朝夕相伴的城市更需要良好的生态环境。为什么要去城市？在更舒适美好的环境中生活是城镇化——农民进城最充分实在的理由。建设打造优美的城市环境是实现高品质城镇化所必需的，也是让城市焕新魅力、长盛不衰的源头所在。

参考文献

［1］中华人民共和国国家发展和改革委员会. 国家新型城镇化规划（2014-2020年）［EB/OL］. http://www.gov.cn/zhengce/2014-03/16/content_2640075.htm.

［2］国家统计局. 中国城市化率统计数据［R］. 北京：中国统计出版社，1949—2013.

甘孜州改革开放 40 年的经验启示

付志康①

摘要：经过 40 年的改革开放，甘孜州取得了前所未有的辉煌成就，也经受了各式各样的艰难困苦和磨砺，这些都是我们的宝贵财富。随着中国特色社会主义新时代的到来，改革也逐渐进入深水区。需要我们对过去改革的经验教训进行梳理、总结，助力深化改革的持续推进。甘孜州 40 年改革实践背景下，基本的经验启示主要是：坚定党的领导、不断解放思想、始终以人为本、科学把握"三件大事"、矢志践行绿色理念五个方面。

关键词：改革开放；甘孜州；经验启示

习近平总书记曾经指出，"改革开放是当代中国发展进步的活力之源，是我们党和人民大踏步赶上时代前进步伐的重要法宝，是坚持和发展中国特色社会主义的必由之路。"

1978 年党的十一届三中全会开启我国改革开放进程以来，甘孜州与全国一道进行的改革事业已经走过了 40 年的光辉岁月。40 年来，甘孜州的经济社会发展全方位"静悄悄发生了根本性变化"。不惑之年，正是承上启下、继往开来之际。在这个新的历史起点，我们有必要回望来路，总结经验，为进入新时代开启新征程打下更坚实的基础。

甘孜州 40 年改革开放的经验启示集中体现在以下方面：

一、坚定党的领导

改革开放的伟大决策是中国共产党总结新中国成立以来正反两方面的经验教训和世界社会主义实践历史基础上做出的，是对社会主义一般规律的客观认识和实践反映。中国共产党是改革开放的实践探索者、理论创新者、顶层设计者，又是向前推进者、校正纠错者。没有中国共产党的坚定

---

① 付志康，中共甘孜州委党校。

领导,就没有今天的辉煌成就和巨大成功,也不会有更加辉煌的改革未来。

40 年来,甘孜州的改革历程历尽艰辛。由于先天不足后天乏力,甘孜州的经济发展水平长期处于全国全省的尾段,社会发展程度严重不足。在这种环境下,我们在改革中面临的问题更加复杂、矛盾更加突出、任务更加艰巨。但是无论如何,40 年改革风雨历程,甘孜州坚定党的领导,没有一丝一毫的动摇。在政治上,始终和中央保持一致,不折不扣地贯彻党的基本路线,坚定不移走中国特色社会主义道路,确保了改革的正确方向;在经济上,坚持以市场为导向的改革,逐步建立健全社会主义市场经济体制机制,促成了稳定、持续、健康的经济发展;在社会事业上,既与全国同步推进各项改革措施,又结合甘孜州实际,因地制宜落地落实,最大程度地保障了民生。坚定党的领导,这是我们最宝贵的改革经验。

二、不断解放思想

如果说改革是发展的关键,那么解放思想就是改革的源泉。改革开放战略决策是我们党解放思想的结果,解决改革中的问题要以解放思想为前提,深入推进改革更是离不开思想的大解放。改革 40 年来,甘孜州历届州府领导以及各级干部、群众不走封闭僵化的老路,坚持解放思想不停息。勇于摒弃陈旧、错误的思想观念,善于立足州情创新性地学习先进经验、树立先进理念,做到了求真务实,与时俱进。比如甘孜州发展战略的演进,大致经历了"以黄金为龙头"到"超常规、跳跃式发展"再到今天"六大战略"的过程。其间的每一次蜕变,都无不是一次更紧密结合甘孜实际的思想解放成果,无不是一次与时俱进的观念革新和理念创新。坚持解放思想不停歇,难在锐意进取,贵在开拓创新。当今时代,能不能创新思维,率先抓住发展机遇往往成为事业成败的关键。在这方面,最典型、最引以自豪的就是甘孜州在全国第一个提出并实施了"全域旅游"发展战略,勇于推进理论和实践创新,抓住了机遇,取得了优异的社会经济效益。如今正强力推进"四个转变",加速全域旅游提档升级,相信未来一定会获得更大的成效。

三、始终以人为本

中国共产党人的初衷和使命就是为中国人民谋幸福,为中华民族谋复兴。习近平总书记指出，人民对美好生活的向往就是我们的奋斗目标。长期以来，甘孜州的改革坚持以人民为本不变心。一方面，谋划改革思路，推进改革举措，竭力以人为本。把是不是为人民谋福利作为改革的出发点，把能不能给人民带来福利作为改革的落脚点和判断改革成功与否的唯一标准，贯彻了全心全意为人民服务的宗旨。另一方面，充分发挥群众的首创精神，紧紧依靠人民推动改革。各级干部持之以恒地深入基层一线，倾听群众呼声，化解百姓问题，与人民同甘共苦，团结奋斗。始终坚信广大人民群众的聪明才智、辛勤劳动是改革发展的根本动力，是取之不尽用之不竭的力量源泉。如果我们的改革不以人为本，改革就会失去方向和目标，失去依靠和力量。反之，正是由于40年来死死咬住以民为本不变心，甘孜州的改革才得以不断向前推进，改革成果才日益得到彰显，继续深化改革也才有了不竭的动力保障。当前，全州上下正勠力同心，攻克贫困堡垒，奋力实现甘孜人民脱贫致富全面小康的美好愿景。这是我们始终以人为本的又一有力注解。

四、科学把握"三件大事"

如何认识和处理改革、发展、稳定三者的关系，一直贯穿改革全过程，这不仅是一个敏感的政治理论问题，更是一个复杂艰难的实践课题。改革是动力，发展是目的，稳定是前提。科学把握这三件大事，把它们有机统一起来，统筹协调处理好三者关系，是甘孜州改革以来得到的重要宝贵经验。稳定对甘孜州而言是一种双重考验：一方面，要对经济、社会领域的改革进行全局谋划顶层设计，防止根本性、方向性的错误，避免经济、社会层面的不稳定；另一方面，要把"维持稳定"放在突出位置，坚定不移地捍卫政治、社会层面的稳定。稳定是前提，没有稳定的政治、经济、社会基础，改革举措就不能有序推进，改革目的就不能达到。但是如果为稳定而稳定，就会迷失改革目标，实现不了改革目的。我们改革的目的是发展，只有发展基础上的稳定才是牢固的稳定、持久的稳定、真正的稳定。正是有了这样的认识，甘孜州在40年的改革中，始终坚持发展主题、保持专注发展，统筹稳定、改革工作，牢牢树立了抢抓机遇、加快发展的战略思想。以这个战略思想为引领，改革40年后，甘孜州的特色产业欣欣向荣，工业经济迈上新台阶，全域旅游开启新格局，脱贫攻坚再战再胜，干群收入不断提高，甘孜州的综合实力得到显著增强，社会稳定和长治久安也得到巩固和保障。

五、矢志践行绿色理念

回顾过去，毋庸讳言，甘孜州在改革前期，为了加快经济增长，在一定程度上走了一条破坏生态环境的道路。乱挖、乱采、乱伐现象比比皆是，土地沙化、水土流失、草场退化等状况不一而足，对自然生态环境造成了极大破坏。尽管明知这种做法的危害，但在保护与增长的两难选择中，为了完成 GDP 目标，我们还是选择了后者。1998 年特大洪灾后，国家做出了实施天然林资源保护工程的重大决策，旨在通过天然林禁伐和大幅减少商品木材产量解决我国天然林的休养生息和恢复发展问题，不久又陆续实施了"退耕还林""退牧还草"工程，甘孜州均是重点实施地区之一。至此，甘孜州的改革踏上了保护环境、绿色发展的征途。然而，要践行绿色理念并不是一件容易的事。它要求我们全体甘孜人厘清思想，明白只有保护好环境，实现人与自然和谐共处，人类才能永续生存和发展的客观规律；要求我们不仅要在当代人中培育绿色发展理念，还要把绿色理念代代相传，发扬光大；要求我们在践行绿色理念时，既要有着眼长远、顾全大局的视野，又要有牺牲短期利益、局部利益的胆识，还要有矢志不渝将绿色理念践行到底的决心。

众所周知，甘孜州长期依赖"木头财政"。实施天然林资源保护工程后，州县财政收入几近归零。在巨大的压力面前，甘孜州硬是"咬定青山不放松"，不仅在经济发展层面，更是在政治站位高度，全面认真落实各项改革措施，全力实施生态文明建设战略。做出了创建全国"生态大州"的长运规划，大力倡导"甘孜州最大的资源就是生态资源"观念，出台了"四个最严"制度、森林资源保护管理 16 条措施、被称为史上最严的《甘孜藏族自治州环境保护条例》，持续推进"山植树、路种花、河变湖（湿地）"工程等。正是由于念兹在兹，矢志践行绿色理念，生态环境保护意识和绿色发展理念越来越深入人心，甘孜州全境的生态环境得到了极大改善，经济社会发展已然步入人与自然和谐共生，健康发展的良性循环轨道。

改革开放 40 年，甘孜州取得了前所未有的辉煌成就。同时，改革也并非一帆风顺，历经了无数艰难波折，有许多教训值得我们深刻反思和记取，改革还在不断深入向前推进。我们倍加珍惜今天的幸福生活，由衷感恩党的领导，盛赞这场伟大的改革，祈愿祖国更加繁荣、甘孜更加美丽。

改革与突破：凉山州农业跨越发展40年

陈星仪[①]

摘要：凉山州是传统农业大州，农业是凉山州的基础产业，农业发展很大程度上关系着凉山州的经济社会稳定、协调和全面可持续发展，也承载着凉山州农业转型发展和脱贫攻坚两大重任。改革开放以来，凉山州农业生产力水平得到了大幅发展，改变了过去农业发展极度落后的状态，为凉山州经济社会发展做出了突出贡献。在改革开放40年之际，凉山州农业应吸取经验，担起历史新使命，谱写凉山州农业发展新篇章。

关键词：改革开放；凉山州；农业

凉山州是全国最大的彝族聚居区，也是四川省民族类别最多、少数民族人口最多的地区。由于历史、自然和社会经济条件的制约，中华人民共和国刚成立时，凉山州农业生产力水平低下，农业生产方式落后，许多二半山区还延续着刀耕火种的原始耕作方式。新中国成立以后，特别是党的十一届三中全会以来，凉山州各族人民在民族平等、团结的基础上，坚持改革开放，坚决从凉山州实际出发，依托得天独厚的农业资源优势，使凉山州的农业发生了翻天覆地的变化。

一、凉山州农业的改革与突破

没有粮食，吃不饱，这是1978年的凉山州农村的普遍现象，这一年，凉山州农民每天只能够挣到4角8分钱[②]，人均一年的纯收入不到70元，农民年人均从集体分配口粮在200千克左右。同年，农民的年人均生活费必须支出是109.26元，超支近30元；年人均消费粮食达286千克，也就是说，国家必须为每个农民返销86千克的粮食。与此同时，农民劳动没有积极性，因为生产什么、怎么生产都是从州到县到公社再到队一级一级

---

① 陈星仪，中共凉山州委党校。
② 凉山彝族自治州地方志编纂委员会. 凉山彝族自治州志［M］. 北京：方志出版社，2002.

安排好了的，收获的粮食也作为公粮的形式统一交给国家。

（一）凉山州农业改革前奏

1978 年 12 月 18 日至 22 日，党的十一届三中全会在北京举行。全会确立了解放思想、实事求是的指导思想，作出了实行改革开放的新决策。党的十一届三中全会刚刚闭会，凉山州就在昭觉、西昌分别召开万人大会，以少有的、最隆重、庄严的形式庆祝党的十一届三中全会的召开。凉山州也开始了民主改革之后又一次改革与突破的飞跃。如果说民主改革是解放了凉山人民的人身自由，彝族人民实现了政治平等，那么始于 1978 年的改革开放是解放了凉山人民的思想，让凉山人民进入了一个全新的、以自身健康成长和需要为中心的发展新时期。凉山州的改革开放同全国一样从农村开始，从土地开始！

1979 年，一种新的农业生产组织形式在凉山州首先出现，这就是大田粮食生产上的分组作业、联产计酬、包产到组的责任制。1979 年 4 月，凉山州委发出《关于农村人民公社生产队建立生产责任制问题的通知》，要求全州农村推行"包工到组，联产计酬"，以及定产、定工、定投资、定奖赔的生产责任制。1979 年年底，全州有 61%[①]的生产队实行了包产到组，这一年许多吃粮靠返销的农民家里的粮食开始多了起来，吃饭问题解决了。1981 年，在当时的西昌县新宁公社 5 大队 1 小队（现在的西乡马平坝村一组），出现了一种比包产到组更彻底的生产组织和分配形式——包产到户。通过这些改革的破冰之旅，凉山州的农业改革与突破出现了前奏。

（二）凉山州农业改革突破

1981 年 3 月，根据四川省委关于凉山州大部分地区可以有引导地放手实行包产到户的指示精神，中共凉山州委部署在 11 个少数民族聚居县和 6 县 1 市的少数民族地区及汉族地区的贫困社队，可以放手大胆地推行包产到户。

1982 年，全州所有生产队，除个别生产队实行专业承包、联产计酬外，全部实行了包产到户。实行家庭联产承包责任制，极大地调动了农民的积极性，生产和收获都有了很大的提高。凉山州又适时地调整了农业生产方针，改"以粮为纲"为"林业为主、农牧并重、多种经营、全面发展"，这种"决不放松粮食生产，积极发展多种经营"的方针得到了进一步的巩固。凉山州花大力气搞活和梳理流通渠道，开放了农贸市场，稳步

---

① 凉山彝族自治州地方志编纂委员会. 凉山彝族自治州志［M］. 北京：方志出版社，2002.

地开放了农产品价格等，从而让凉山州农村经济体制改革不断深化，使得大农业的观念在凉山干部群众中生根发芽。农村经济体制改革奠定了凉山州农业经济发展的基础，凉山州农业发展迎来了一个黄金期。

二、40 年辉煌成就，凉山州农业跨越发展

改革开放 40 年是凉山州农业发展最快、农村变化最大、农民增收最多的时期，是农业农村经济快速发展的"黄金期"。特色优势产业加速发展，农业经济效益不断提高，为凉山州实现农业强州提供了坚实的保障。

（一）脱贫攻坚首战告捷

改革开放以来，凉山州上下倾心倾力，扎实开展扶贫工作。特别是党的十八大以来，习近平总书记多次关心凉山州深度贫困问题，特别指出，"彝族兄弟对中国革命是有重要贡献的，要继续加强政策支持，加大工作力度，确保彝区与全国全省同步实现全面小康"。国家《关于支持四川省凉山彝族自治州云南省怒江傈僳族自治州甘肃省临夏回族自治州加快建设小康社会进程的若干意见》、国土资源部支持凉山扶贫攻坚"19 条"等特殊支持政策先后出台。四川省委、省政府在凉山实施"彝区十项扶贫工程"，量身制定支持彝区"17 条具体措施"，省级财政累计落实资金121.22[①]亿元。目前，凉山州实现 15 个贫困县摘帽、3 769 个贫困村退出、108 万贫困人口脱贫；贫困发生率从 11.5% 下降到 2.7%；累计为 206.2 万农村群众解决安全住房问题；建成国省干线 1 196.4 千米、农村公路10 628.3 千米，西昌市到各县主干线实现畅通；落实民族地区 15 年免费教育，创办"一村一幼"幼教点 3 070 个、招收幼儿 11.5 万名；培养新型农民，创办"农民夜校" 3 745 所；新农合参合率稳定在 99% 以上。走出了一条凉山州脱贫攻坚新路子，为凉山州实现农业强州打下了坚实的基础。

（二）农业产业化进程加快，市场化程度提高

一是特色优势产业粗具规模。凉山州具有发展特色优势农业产业的优越资源条件，特色产业主要以"果薯蔬草药"五大富民产业、"1+X"生态产业为重点。目前，凉山州经济作物种植规模达到 250[②] 万亩（1 亩 ≈ 666.7 平方米，全书同），总产达到 440 万吨，蔬菜 115 万亩，重点发展沿江晚熟芒果和高二半山特色小水果。蔬菜、水果、中药材、蚕茧产量分别达到 291 万吨、139 万吨、1.5 万吨、52.5 万吨；核桃基地 360 万亩、华

---

① 数据来源于 2017 年凉山州政府工作报告。
② 数据来源于《凉山州经济社会发展概况（2017 年度）》。

山松 45 万亩、青（红）花椒 50 万亩、油橄榄 5 万亩；猪、牛、羊、禽出栏分别达到 467.78 万头、32.18 万头、313.62 万只、1 783.15 万只；肉蛋奶产量分别达到 46.35 万吨、2.8 万吨、4.94 万吨；水产养殖面积达到 2 万公顷，产量达到 3 万吨。凉山州特色产业发展势头良好，成为了推动农业和农村经济发展的重要支撑。

二是农业市场化程度提高。目前凉山州土地承包经营权确权登记面积超过 300 万亩，累计培育家庭农场 6 607 个①、农民合作组织 6 064 个、重点龙头企业 202 家，165 个村启动农村集体资产股份合作制改造试点。2017 年，全州村集体经济经营性收入达到 2.9 亿元。集体经济通过"公司+基地+农户""公司+专业合作社+农户"等模式，发展订单农业，不断延伸产业链，增强了产业发展后劲和可持续发展能力。

（三）农业科技推广水平逐步提高

一个上连县市、下伸村社，网络与功能较为完整的凉山州基层农业技术服务体系初步形成。高山地区地膜覆盖栽培技术、杂交水稻和杂交玉米的大面积推广，水稻旱育秧、抛秧、机插秧、小麦机条播、水果套袋等的应用，以及施肥水平的提高、农业机械的发展、高效低毒农药和除草剂等广泛应用，使凉山州种植业产量实现飞跃。

（四）农业生产基础设施及基础条件不断改善、发展后劲增强

目前全州已建成标准农田 178.1② 万亩，占耕地统计面积的 34.8%；建成库容 6.58 亿立方米的大桥水库、总库容 9 146 万立方米的 5 座中型水库、小一（二）型水库 262 座、小型水利工程 3 719 处、蓄水量 1 238 万立方米的 422 800 口微型水利设施，总蓄引供水能力 27.5 亿立方米；有效灌面 194.31 万亩、保证灌面 145.56 万亩；建成通乡柏油路 800 千米，通村硬化路 3 000 千米。为农业可持续发展和农民增收创造了必要条件，提供了基础保障。

（五）产业结构调整取得新进展

针对凉山州不同区域、不同自然条件、不同经济发展条件，制定实施了《安宁河谷特色农业发展规划》《凉山州八大特色农业产业发展规划》，通过不断调整优化农业产业结构，推进优势作物向优势产区集中，推进发展优势作物产业带，推进特色优势农产品基地建设。特色优质农产品比重显著提高，烟、薯、茧、菜、果、花等一些特色优质农产品在全省名列前茅，在全国农业博览会屡获大奖，"大凉山"农产品品牌知名度不断提升。

---

① 数据来源于凉山州供销合作社调研。
② 数据来源于凉山州农委调研。

总之，农业产业结构调整加快了特色农业发展，促进了农民收入增加。

（六）标准化生产及品牌建设水平有所提高

新制定烤烟、粳稻、苦荞茶、苹果等 10 余项地方标准，修订马铃薯、苦荞、蚕茧、石榴、脐橙、洋葱等 38 项地方标准。获得国家农产品地理标志登记保护产品 10 个，185 个农产品荣获有机食品、绿色食品、无公害农产品认证，57 个特色农产品生产基地获绿色、无公害农产品基地证书，成功创建全国规模最大（236.1 万亩）的绿色食品原料马铃薯标准化生产基地。推进"大凉山农产品"品牌建设战略，通过西博会、农博会等多种平台，推介凉山优势资源、优良企业、优质产品，打造"大凉山优质特色农产品"，品牌建设取得成效。

三、改革开放 40 年，实践经验最珍贵

（一）坚持改革开放，是推动凉山州农业跨越发展的强大引擎

以实行农村家庭联产承包制为突破口，提高农业生产力，扩大农业对外开放，探索和建立了推动凉山州农业发展新跨越的体制机制，极大地解放和发展了农业生产力。经过 40 年的发展，我们知道改革开放是引领凉山州农业发展的强大引擎，只有进一步深化改革、扩大开放，才能有效解决凉山州农业发展中存在的深层次矛盾和问题，不断推动凉山州农业发展跃上新的台阶。

（二）政策扶持是凉山州农业发展的重要支撑

凉山州农业生产发展与国家宏观调控政策密切相关。中华人民共和国成立初的土地改革、改革开放以后实行的家庭承包责任制，都极大地调动了农民生产的积极性，推动了凉山州农业生产的快速增长。2004 年以来，中央连续出台了 15 个指导农业农村工作的文件，逐步构建起了完善的农业补贴政策体系；省委省政府关于促进民族地区跨越式发展的意见，开启了凉山州农业再上新台阶的新纪元，把发展民族地区农业生产放在现代农业建设的首位，为推动凉山州农业生产发展注入了新的活力。

（三）基础设施建设是凉山州农业生产发展的根本保障

凉山州地处川西南横断山系东北缘地带，立体气候显著，冬半年长期晴朗干燥，降水稀少，阳光充足；5 月末 6 月初，西南季风和东南季风带来大量降水；自然灾害频繁，农业生产波动明显。改革开放以来，凉山州加强五小水利工程（小水窖、小水池、小泵站、小塘坝和小水渠工程）建设，推进农业综合开发、以工代赈、现代农业烟水配套、土地整理等农业

基本建设项目，建成了一批高产稳产、旱涝保收的高标准农田，农业抗御灾害的能力增强。

（四）科技推广是凉山州农业生产发展的内在动力

改革开放以来，特别从1999年起，凉山州在全省率先实施了民族地区增产增收工程，突出抓好良种良法配套、农机农艺结合和节本增效同步，着力强化优质高产良种、科学播种、测土配方施肥和病虫害综合防治等现有关键技术的集成推广，探索出一条依靠科技、提高单产、增粮增效的成功道路，创造了凉山州农业生产历史上最好的发展时期。

（五）行政推动是凉山州农业生产发展的组织保障

发展民族地区农业生产是一项系统工程，没有强有力的组织领导和行政推动，难以实现稳定发展。凉山州强化了政府对发展民族地区农业生产的领导，把民族地区特色农业发展列入扶贫攻坚的重点工作。成立了农业生产专家组，协调指挥高产创建工作。优化了民族地区农业生产的环境和氛围，为促进民族地区农业生产稳定发展提供了有效保障。

四、担起历史新使命，谱写凉山州农业发展新篇章

40年改革开放，我们已站在新的历史起点上，正面临着前所未有的新机遇、新挑战。我们纪念改革开放40周年，就是要担起历史赋予的伟大使命，坚定不移推进改革开放，以改革创新精神把凉山州建设成农业强州。

（一）努力在进一步解放思想、改革开放上实现新突破

凉山州农业过去的发展成就得益于解放思想、改革开放。面对农业发展新形势、新机遇、新挑战，我们必须进一步解放思想和改革开放，始终以解放思想为先导，以加快发展为第一要务，大胆探索，勇于开拓，以新的思路和理念破解凉山州农业发展难题。

（二）推进凉山州农业供给侧结构性改革，实现农业强州

农业农村基础设施薄弱，农业科技、人才支撑不强和农村劳动力素质不高是凉山州农业发展最大的短板。农业供给侧结构性改革以"调结构、补短板、强效应、育主体、增动能"为重点，在构建农业产业体系、生产体系、经营体系上下功夫，提高土地产出率、资源利用率、劳动生产率，增强农业综合生产力，凉山州迫切需要推进农业供给侧结构性改革，加快从农业大州向农业强州的转变进程。

（三）抓住历史性机遇，实现凉山州乡村振兴

党的十九大报告明确指出，我国要乘势而上开启全面建设社会主义现

代化强国的新征程，须实施乡村振兴战略，把农业农村的发展摆到国家战略的位置进行决策部署。党的十九大提出的"乡村振兴"战略规划之所以具有划时代的意义，就在于正式宣告了中国农村所面对的空前的历史性发展机遇，未来农村的发展必将是一次轰轰烈烈、大浪淘沙的宏伟革命。凉山州应抓住这个历史性机遇，因地制宜找到适合自己的发展路子，实现产业兴旺、生态宜居、乡风文明、治理有效、生活富裕的乡村振兴，谱写凉山州农业发展新篇章。

（四）强化基础服务能力和服务体系建设，提高生产指导服务水平

在凉山州农业未来发展中，应着力强化基础性服务，开展新品种新技术试验展示，组织多种形式的巡回指导、技术观摩、培训和宣传，提高凉山州农业生产技术到位率。推进基层农技推广体系改革，强化公益性服务，发展专业化服务队、农民专业合作社等新型服务组织，促进统一供种、农资供应、技术指导、病虫害防治和机收等社会化服务，为凉山州农业生产稳定发展提供有力保障。

（五）培养新型职业农民，增添农业发展新动能

"谁来种地"和"怎样种地"是农业现代化的关键。习近平总书记用"爱农业、懂技术、善经营"九个字勾勒出了新型职业农民的鲜明特征。改革开放40年，站在新时代的关口，要着眼于凉山州现代农业发展的具体要求和乡村振兴战略的实施情况，注重培养新型职业农民的科学种田能力、市场竞争意识，助推凉山州农业高质量发展。

参考文献

［1］徐泰华. 有的放矢注重实效：凉山州农村劳动力职业技能培训调查［J］. 四川劳动保障，2011（7）.

［2］龙德波. 科学发展观在凉山农业发展上的实践和探索［N］. 凉山日报，2012-06-22（A06）.

［3］余世学. 凉山彝族自治州农业生产现状及发展对策建议［J］. 产业·市场，2012（10）.

［4］董应龙. 凉山彝区经济社会跨越式发展探析［J］. 攀枝花学院学报，2012（6）.

［5］陈炎兵. 实施乡村振兴战略 推动城乡融合发展［J］. 农村经济，2017（12）.

［6］刘浩，赵晓霞. 凉山彝族地区反贫困研究［J］. 当代中国史研究，2013（4）.

砥砺奋进中的中国（绵阳）科技城

——绵阳经济社会发展40年主要成就与启示

邹　滢①

摘要： 绵阳是国务院批准建设的中国唯一科技城。1978 年，党的十一届三中全会吹响了改革开放的集结号。在党中央的正确领导下，绵阳经济社会发展取得了令人瞩目的成就。究其原因，有如下启示：党的领导，是经济发展的根本保证；改革开放，是经济发展的重要途径；科技创新，是经济发展的不竭动力；以人民为中心，是经济发展的最终目的。

关键词： 改革开放；经济；绵阳

　　40 年改革开放，40 年砥砺奋进，40 年腾飞发展。绵阳各族人民团结一致、自强不息，经济社会各项事业取得了快速发展，经济实力明显增强，科技成就令人瞩目，人民幸福指数不断提升。如今的绵阳，在中国共产党的坚强领导下，这座依山傍水的西部城市高楼鳞次栉比，树木绿化成荫；公路、高铁、空港立体交叉，四通八达；湿地公园、博物馆、图书馆、体育馆镶嵌其中；国家科技城建设和幸福美丽绵阳建设并驾齐驱，改革开放的步伐让这块古老的城市焕发出了蓬勃生机。绵阳人提出的"美丽抬头可见，幸福触手可及"不再是句口号。

一、改革开放以来绵阳经济发展的主要成就

1. 经济总量显著扩大

　　改革开放以来，绵阳经济走上了快速发展的道路，期间先后经过几个持续时间较长的上升周期，使经济总量实现了历史性跨越。2017 年地区生产总值（GDP）达 2 074.75 亿元，雄踞四川第二位，是 1978 年的 168.68倍。人均 GDP 由 1978 年的 267 元上升到 2017 年的 43 015 元，是 1978 年

_____

① 邹滢，中共绵阳市委党校。

的近 161.10 倍。科技城实现二三产业增加值 1 476.88 亿元，增长 9.9%。绵阳经济总量居全省第二位的地位，这源于科技城经过多年的建设和发展，虹聚效应开始彰显。2018 年地区生产总值预计增长率为 9%。

2. 经济结构不断优化

1978 年绵阳三次产业结构的比重分布为 50.3：24.9：24.7，这说明绵阳仍处于传统的单纯以农业发展拉动经济增长的低水平产业结构之列。改革开放后，绵阳在强化农业基础地位的同时，不断发展工业经济和第三产业。2017 年三次产业结构比为 14.1：40.4：45.5，这表明绵阳经济已经进入了依靠第三产业和第二产业"双轮驱动"的格局，着重发展电子信息、汽车、新材料、节能环保、高端装备制造、生物六大"两新"产业，进一步促进了绵阳经济的发展，产业结构正在向国际先进水平大步迈进。

3. 中国（绵阳）唯一科技城

2001 年 7 月，国务院正式批复了《绵阳科技城发展纲要》，科技城建设全面展开。作为我国重要的国防科研和电子工业生产基地，这里有锻铸"两弹一星"等国之利器的中国工程物理研究院等 18 家国家级科研院所，还有蜚声中外的电子产业巨头长虹、九洲等，以及京东方、汉能等超大项目的落户，创新资源富集。在《中国区域创新指数报告（2017）》中，绵阳市从第 11 位上升到第 8 位，成为西部唯一一个进入全国创新投入指数前 10 位的非省会城市。《绵阳市城市总体规划（2005—2020）》为绵阳城市发展定位：中国科技城、西部制造业基地、四川副中心城市。

4. 对外开放步伐加快

对外贸易迅速发展。仅最近 20 年间，进出口贸易总额就由 1997 年的 1.3 亿美元上升到了 2017 年的 16.98 亿美元，是 20 年前的 13.06 倍。引资工作成效显著，拉法基、沃尔玛、艾默生、华润四家世界 500 强直接投资设立公司，总投资 1.99 亿美元，到位外资 1.3 亿美元。西门子、英杰华、IBM、沃尔玛、宏利保险、宝马、麦当劳七家世界 500 强企业设立了分支机构和办事处。2017 年合同引进内资项目 696 个，国内省外到位资金 686.58 亿元。绵阳机场吞吐量每年呈现 60% 以上增长，机场 T2 国际航班楼开始投入建设，这都是绵阳经济越来越活跃的标志。

5. 人民生活水平变化巨大

2017 年绵阳城镇居民人均可支配收入 31 822 元，农村居民人均可支配收入 14 752 元，较之改革开放初的增幅均在 70 倍以上。随着城乡居民收入的增加，消费质量得以改善，消费结构发生明显变化。恩格尔系数在 40 年间由 60% 以上下降至 40% 以下，绵阳城乡居民的平均消费水平正在由温饱型向富裕型加快转变。2017年绵阳实行了农村义务教育学校学生免费午餐计划，惠及近20万孩子；建立了四川规模最大的居家养老信息服务平台，覆盖人数超过10万人，对市民的养老提供"一键服务"，有需要按一下，全部上门解决。"美丽抬头可见，幸福触手可及"，改善民生看得见、摸得着。

6. 城市文明程度显著提高

2017年绵阳广播覆盖率99.59%，电视覆盖率99.58%，城区数字电视转换率100%；公共图书馆10个、文化馆10个、乡镇综合文化站277个，城市社区（街道）文化中心17个，博物馆纪念馆9个，美术馆2个；体育场馆16个。近10年来，绵阳先后获得国家卫生城市、国家园林城市、国家环保模范城市、中国优秀旅游城市、联合国改善人居环境最佳范例城市、中国宜居城市等10余项荣誉称号。绵阳已连续两届保持"全国文明城市"称号，这个称号是一个地方实现经济社会持续健康发展的"无形资本"和战略资源，是一座城市核心竞争力的重要体现。

二、绵阳经济发展40年来的主要经验与启示

1. 始终坚持党的领导，是经济发展的根本保证

中国共产党的领导是中国特色社会主义最本质的特征。没有共产党，就没有新中国，就没有新中国的繁荣富强。党政军民学，东西南北中，党是领导一切的。历史表明，中国共产党的领导，是中国人民取得革命、建设与改革的根本保证。改革开放以来，中国经济发展取得的巨大成就，同中国共产党不断提高自身领导水平与执政水平，不断解放思想、实事求是、与时俱进，逐渐形成了一套以发展经济为核心的路线、方针、政策；正确处理各种社会矛盾，努力化解消极因素，创造和谐稳定的社会环境是分不开的。

2. 大力推进改革开放，是经济发展的重要途径

改革开放是党在新的历史条件下领导人民进行的新的伟大革命，是决定当代中国命运的关键抉择，是坚持和发展中国特色社会主义、实现中华民族伟大复兴的必由之路。只有改革开放，才能发展中国、发展社会主义、发展马克思主义。40年来的经验证明，坚持以经济建设为中心，不断深化经济体制改革的各项举措的正确性，通过对外开放，引进一批国际先进技术和管理经验，从而有力地促进了绵阳经济结构的合理调整和经济效益的不断提高，使经济焕发出勃勃生机和活力，并取得了一个又一个辉煌

71

的胜利。

3. 重视科技教育创新，是经济发展的不竭动力

改革开放 40 年来绵阳经济获得快速发展的一条主要经验就是真正认识到了"科学技术是第一生产力""百年大计、教育为本"的重要性。绵阳是全国、全省国防科技资源最为富集的地区之一，目前拥有国家级科研院所 18 家。其中，中国工程物理研究院、中国空气动力研究与发展中心、中国燃气涡轮研究院是绵阳的"三件宝"。另外，绵阳还有如西南科技大学等高等院校 14 所、国家重点实验室 8 个、国家工程技术研究中心 5 家、国家企业技术中心 8 家、两院院士 26 名、各类专业技术人才 20.7 万人，R&D 经费支出占 GDP 比重达 7%，科技进步综合水平指数达 68%，位居全国同类城市前列。

4. 坚持以人民为中心，是经济发展的最终目的

党的十九大报告指出，必须坚持以人民为中心的发展思想，不断促进人的全面发展、全体人民共同富裕。把人民对美好生活的向往作为奋斗目标，依靠人民创造历史伟业。改革开放 40 年来，绵阳始终把切实改善人民生活放在经济发展的最终目的来考虑，才使得我们的各项改革事业能不断推进。尤其是近几年来，绵阳各级市级领导班子努力践行"以人为本"的科学发展观理念，不断加大对民生改善方面的投入。在制定各项改革措施时，都把城乡人民生活水平的提高放在重要位置加以考虑，许多工作都走在了全省前列。

按照习近平总书记来川视察时的重要讲话精神和 2017 年国务院批复的《绵阳科技城"十三五"发展规划》，未来五年绵阳经济发展的总体目标：经济保持中高速增长，年均增速 8% 以上，地区生产总值 2 450 亿元左右，基本建成国家军民融合创新改革示范区、创新驱动发展特色示范区和西部经济发展新兴增长极。40 年的经验与启示将成为顺利实现这一目标，谋求更好更快发展的宝贵财富。

参考文献

［1］绵阳市统计局. 2017 年绵阳市国民经济和社会发展统计公报［R/OL］.（2018-03-29）. http://www.my.gov/cn/bmwz/942957664655114240/20180329/2227100.html.

［2］习近平. 决胜全面建成小康社会 夺取新时代中国特色社会主义伟大胜利——在中国共产党第十九次全国代表大会上的报告［R］. 北京：人民出版社，2017.

［3］科技部，四川省人民政府. 绵阳科技城"十三五"发展规划［EB/OL］. http://www.gov.cn/zhengce/content/2017-04/14/content_5185852.htm.

基于中国改革开放 40 年的内生逻辑：由高速度增长转向高质量发展

罗　莲[①]

摘要： 追求高速增长是世界上"赶超型"国家的普遍特征。中国经济在改革开放的初期和改革开放后的一个时期强调高速度增长是非常必要的。持续 30 多年的高速度增长，中国经济取得了巨大的成功。在经历了 40 年改革开放后，中国经济正由高速度增长转向高质量发展。高质量发展是中国经济进入新时代的必然选择和显著特征，是新时代解决中国一切问题的关键，是新时代的硬道理。由高速度增长转向高质量发展这一重大历史性转变，既是中国经济应对外部挑战的被迫选择，更是中国经济基于改革开放 40 年的内生逻辑和主动的经济战略选择。

关键词： 改革开放 40 年；高速度增长；高质量发展；内生逻辑

1978 年召开的中国共产党十一届三中全会，作出了决定当代中国命运的关键抉择，开启了中国改革开放的历史进程。这是 20 世纪和 21 世纪人类社会历史发展进程中最重大事件，它深刻改变了中国，同时也深刻影响了世界。2018 年是我国改革开放 40 周年，中国经济正由高速增长转向高质量发展，这一历史性转变正是基于中国改革开放 40 年大趋势下的内生逻辑。

一、追求高速增长是世界上"赶超型"国家的普遍特征

在发展经济学看来，追求高速度增长在经济起飞和快速摆脱贫困阶段既是很难避免又是非常必要的。纵观世界经济发展规律，从低收入国家迈向中等收入国家进而迈向高收入国家，大都经历从追求高速度增长到追求高质量发展的方向性、整体性转变，这一转变具有普遍性，是经济发展规

---

① 罗莲，攀枝花行政学院。

律使然。

一般而言，一国或地区在工业化早期的经济增长，主要依赖于资源、土地、人口等初级生产要素持续、大量的投入来维持，而要保持较长时期的持续的经济增长，最终还是需要依靠技术的进步和经济发展质量与效率的提升；否则，极有可能跌入中等收入陷阱。从20世纪60年代以来，全球100多个中等收入经济体中只有十几个成功进入高收入经济体。那些取得成功的国家和地区，正是在经历一个时期的高速增长阶段后适时地实现了从高速度增长阶段转向依靠高质量发展阶段。从国际上看，第二次世界大战后包括日本、韩国等在内的一批成功追赶型经济体，都是在经历较长时间的高速增长、人均收入达到11 000国际元（以购买力平价指标）左右时，无一例外地出现了增长速度回落，进入增长阶段转换期。显然，这一现象具有较强的普遍性和规律性。究其原因有两方面：一方面，随着地区工业化、城市化进程的推进，农业人口向非农产业转移接近完成，劳动年龄人口数量趋于稳定或下降；另一方面，劳动力、土地、环境等要素成本又明显上升等，使得速度增长难以为继，即刘易斯拐点出现。近年来，我国逐步调低经济增长指标，特别是党的十八大以来，中国经济逐步由高速增长阶段转向高质量发展阶段，这是基于国情并主动顺应客观经济发展规律的需要。

二、中国经济在改革开放的初期和之后一个时期强调高速度增长是非常必要的

在40年前改革开放伊始和改革开放后的一个时期，中国经济面临的主要是短缺经济的困扰，经济发展的主要矛盾是数量缺口。为了能迅速摆脱贫困、缩小与发达国家的差距，我国投入大量资本、人力、资源、能源等，实现了30多年的高速稳定增长，经济增长速度从两位数以上到"八九不离十"，从"七上八下"到六点五以上，取得了巨大的高速度增长红利，也包括改革开放的制度性红利、市场红利、人口红利、资源环境红利及投资红利等。在2008年金融危机后，虽然经济增速呈下降趋势，但始终保持世界经济增速领先地位，甚至在世界金融危机时期，中国依然实现了"保八"的目标。伴随中国改革开放的继续推进和经济高速扩张，中国经历了举世瞩目的历史性大转折和大发展，经济总量已经成为世界第二大经济体，中国取得人类历史上最快的经济发展和社会进步——让13亿人进入小康社会，令数亿人脱离贫困，民众基本生活得到与经济发展基本同步的

改善。同时，我国制造业逐渐壮大、民族品牌逐渐崛起、质量水准逐渐提升，中国经济和中国企业的竞争力及在世界经济格局的地位已经发生了翻天覆地的变化。总之，经历改革开放近 40 年的发展，我国国民经济持续快速健康发展，综合国力显著提升，国际影响力和民族凝聚力大大增强，社会政治稳定，人民生活总体上即将全面小康，正在向更高的社会主义现代化强国目标迈进。正如习近平主席在博鳌亚洲论坛 2018 年年会开幕式上的主旨演讲中指出的，"今天，中国已经成为世界第二大经济体、第一大工业国、第一大货物贸易国、第一大外汇储备国。40 年来，按照可比价格计算，中国国内生产总值年均增长约 9.5%；以美元计算，中国对外贸易额年均增长 14.5%。中国人民生活从短缺走向充裕、从贫困走向小康，现行联合国标准下的 7 亿多贫困人口成功脱贫，占同期全球减贫人口总数 70%以上。"毫无疑问，这是中国经济发展成功的重要标志，也是中国改革开放成功的重要标志。

显然，举世瞩目的发展成和持续的经济高速增长是分不开的。改革开放 40 年来，我国经济实现了 30 多年接近 10%的年均增长速度，这在世界经济发展史上是罕见的。中国经济在改革开放的初期和之后的一个时期强调高速度增长是具有合理性、必然性和必要性的，通过高速度增长快速实现量的积累，这对于一个在经济起飞、快速摆脱贫困阶段的发展中国家特别是发展中的人口大国是很难避免的，也是非常必要的。毕竟经济基础决定上层建筑，经济是一个国家的命脉，没有经济基础就没有上层建筑，一个发展中的大国的一些根本需要必须通过经济增长来满足，许多根本问题需要通过经济增长来解决。

三、中国经济持续近 30 多年的高速度增长的特殊背景分析

改革开放 40 年来，我国经济实现了 30 多年接近 10%的年均增速，创造了人类历史上经济增长的一个奇迹。中国经济持续 30 多年高速增长是在特殊的背景下产生的，既有全球化的国际环境，更有国内改革开放的环境，既包括经济体制改革所带来的市场经济体制释放的社会生产力效应，也包括全球化背景下的全球自由贸易红利，相对充足廉价的简单劳动力供应和其他低廉的要素成本、环境成本等。

首先，从国内环境来看。改革开放以来 30 多年接近 10%的年均增长速度的特殊背景主要包括：由于我国所处的发展阶段以及由此所决定的后发优势，包括劳动力、土地、资源等生产要素成本低的优势、巨大的市场

需求空间优势、资源环境承载力强的优势，以及发展的早期阶段中外技术水平差距比较大、资金及技术引进潜力大的优势等。这些中国特有的优势与改革开放带来的市场经济活力相结合，释放了巨大的生产力和社会活力，实现了 1979—2012 年长达 34 年平均 9.98% 的超常经济增长，创造了世界经济增长史上的奇迹。

其次，从国际环境来看。经济全球化是当今世界经济发展不可逆转的趋势和潮流。在 1978 年党的十一届三中全会后，中国启动并实施了改革开放的国策，与此同时，伴随西方发达国家产业升级、产业转移的浪潮兴起，两者的不期而遇为中国经济的高速度增长创造了历史性机遇。在出口导向战略的国际贸易中，中国出口产品以低端产品为主，以贴牌加工为主要形式，以低人力成本、低要素价格为主要竞争优势，中国产品实现了真正的全球化，中国也成了全世界最大的贸易国，是世界第一大制造国家，成为名副其实的"世界工厂"。

时过境迁，从如今面临的实际环境看。尽管经济全球化仍然是当前国际经济关系最重要的趋势之一，但金融危机之后，全球化受到发达国家再工业化和贸易保护主义的影响，主要发达经济体大力推进"再工业化"，采取减税等政策促进高端制造业回流，更多新兴经济体也加快了工业化步伐。如同中国改革开放初期一样，利用劳动力低成本优势吸纳制造业投资，加剧了低端制造业和世界市场竞争，金融危机和欧债危机也刺激了我国主要出口国家的经济消费能力锐减，致使世界经济总需求显著衰减，供求不均衡的产销矛盾日益尖锐，我国出口和引进外资都面临严峻挑战。一方面，我国经济市场化和国际化推动着资本拥有者和管理及技术人才在高收入方面的探顶竞争；另一方面，国内普通劳工的工资福利水平和环境成本明显上升。显然，我国制造业低成本优势已经大为削弱，在这样的国际经济背景下，中国唯有培育新的竞争优势，创新发展动力，从高速度增长转向高质量发展，才能摆脱在价值链中低端徘徊的窘境，才能在国际经济竞争包括产业竞争、产品竞争、质量竞争中胜出。因而，高质量发展是新的国际环境下增强我国国际竞争力的必然选择。

最后，再从国内环境的变化看。历经改革开放近 40 年的快速追赶，我国综合国力大幅提升，同时人口结构、供需结构、投资率、储蓄率、出口贸易、生态环境等支撑高速增长的因素发生深刻变化，有些甚至是根本性的变化。我国传统要素优势有的已经大大减弱，过去长期以来忽略环境代价，依托国内简单劳动力生产廉价商品，以此打开国际市场的发展策略，到现在已接近尽头，难以继续支持高速度发展。如果不能培育新的比较优势，创新发展动力，我国的竞争力就会进一步弱化，发展进程就会受阻。而培育新的比较优势、再造发展新动力的关键就是要通过创新发展，优化经济结构、提高发展的质量和效益，走高质量发展道路。

四、由高速度增长转向高质量发展是解决新时代主要矛盾的必然要求

进入新时代，中国经济正从高速度增长转向高质量发展。与高速度增长阶段相比，高质量发展具有新的特征和要求。高质量发展是符合创新、协调、绿色、开放、共享新发展理念的发展。具体而言，创新要成为发展的第一动力，协调要成为发展的内生需要，绿色要成为发展的普遍形态，开放要成为发展的必由之路，共享要成为发展的根本目的。总之，高质量发展是能够更好满足人民日益增长的美好生活需要的发展，是适应中国社会主要矛盾转化的一个必然要求。

从经济发展质量的角度来看，改革开放 40 年，在经历了长达 30 多年的高速经济增长后，中国经济主要领域数量缺口已经基本填满，中国经济在取得骄人成就的同时，发展不平衡不充分的一些突出问题尚未根本解决，还存在发展质量和效益不高，创新能力不强，实体经济水平有待提高，生态环境保护任重道远等问题。尤其是从供需结构矛盾看，国内供需结构性矛盾非常突出，"住"和"行"主导的需求结构向多样化、高端化、服务化转换，在经历了"井喷式"扩张的传统低端制造业，在市场需求变化的情况下面临严重的产能过剩。随着人口红利逐渐减弱，我国原有的低成本竞争优势逐步消失，生态环境约束进一步强化，传统经济增长方式下的经济高速增长弊端充分显现，在这种情况下，继续依靠要素高强度投入、产能大规模扩张和消费排浪式递进来拉动经济高速增长，已经难以为继。

随着居民收入水平的提高和消费品供给的日益丰富，人们对生活质量的需求提升，人们对生命质量的需求提升。人们需要更高质量的产品和更优质的商业服务，需要更高效、更温馨的公共服务，对发展质量有了更高的要求。广大群众在解决了温饱问题、告别了短缺经济之后，需要的不是低水平的满足，而是既有更高层次的物质文化生活的需求，也有民主、法治、公平、正义、安全、环境等方面的不断提升和完善的需求。由于高品质产品供给能力不足，我国中高端购买力通过"海淘"、境外消费等形式持续外流。我国社会主要矛盾已经发生变化，正如党的十九大指出的，我国社会主要矛盾已经从落后的社会生产和人民日益增长的物质文化需求之

间的矛盾转为不平衡、不充分的发展和人民对美好生活的向往之间的矛盾。主要矛盾变化在现实中有很多表现，例如，传统行业严重产能过剩和中高端供给不足的矛盾并存，低端产能过剩和无效供给的大量存在，产品质量安全事件尤其是食品安全问题时有发生。另外，国内市场急需的部分技术含量高、附加值高的技术装备和产品、重要原材料、关键零部件、高端装备、优质农产品则长期依赖进口，特别是一些重大设备生产的母机、高端医疗仪器、高级精密仪器以及核心元器件等主要依靠进口，这不仅成为我国工业发展的瓶颈，在一定程度上还影响着我国制造业的安全。

显然，我国经济发展的突出问题，已经从强调数量快速扩张，转为强调质量和品牌信誉提高，从强调"有没有"转为强调"好不好"，从求温饱到求环保，从求生存到求生态，从先富带后富到共建共享。人民期盼更高质量的供给满足更高质量的需求。顺应我国社会主要矛盾的转化，高质量发展的着力点必然转化为质的提升，推动高质量发展，其实质就是满足人民日益增长的美好生活需要的发展，是解决新时代主要矛盾的必然选择。

五、结语

作为发展中大国，发展是第一要务，发展是硬道理，发展是解决我国一切问题的基础和关键，这是颠扑不破的绝对真理。进入新时代，发展是仍是第一要务，但发展必须是高质量发展，高质量发展是新时代解决中国一切问题的关键，这是新时代的硬道理。从高速度增长转向高质量发展，既是中国因应外部挑战的需要，也是中国主动的经济战略选择，更是基于中国改革开放 40 年的内生趋势与内在逻辑。

参考文献

[1] 王一鸣. 高质量发展十策 [N]. 北京日报，2018-04-02.

[2] 史正富. 超常增长 [M]. 上海：上海人民出版社，2013：34-56.

[3] 王湘穗. 中国奇迹的奥秘 [M]. 北京：党建读物出版社，2014：38-42.

我国改革开放40年政府与市场关系调整历程及对四川的启示

罗若飞[①]

摘要：我国改革开放的40年，也是经济体制改革、政府与市场关系调整的40年，通过梳理党的历次中央全会的决议，发现我国政府与市场的关系发生了根本性的转变，市场对资源配置开始起决定性作用，政府更好地发挥了宏观调控作用。这些成效和经验对四川在新时代科学处理政府与市场的关系具有三个方面的重要启示：党的领导作引领，相机决策抓关键，协作分工求长效。

关键词：改革开放；政府与市场；领导；启示

政府与市场的关系是指它们在经济发展中对资源配置的作用大小及相互作用，是经济体制的核心内容。这一关系，是资本主义产生以来，世界各国不得不面对的、影响国家和社会全局的一组重大关系。西方国家先后出现了市场为主、政府为主、政府与市场相结合等几种典型的资源配置模式，但分别出现了"市场失灵""政府失灵""政府与市场双失灵"等问题。笔者认为，我国在建设社会主义市场经济的过程中，也无法避开政府与市场关系的处理。事实上，我国改革开放的40年，也是政府与市场关系调整的40年。本文通过梳理改革开放40年间党的历次中央全会决议，展示我国政府与市场关系调整的历程和成效，启迪我们对我国在新时代调整政府与市场的关系进行深入思考。

一、我国调整政府与市场关系的重大决策

党中央多次通过召开中央全会，把经济体制改革作为整个改革开放过

[①] 罗若飞，中共宜宾市委党校。

程中的中心任务来抓，把政府与市场的关系作为经济体制改革的核心内容予以调整。

（一）接力制定发展战略和规划

党中央根据世情、国情、民情的发展变化和改革开放的进程，先后提出了长远发展战略和多个国民经济和社会发展的阶段性规划建议。如党的十二届四中全会通过了"七五"计划建议，党的十三大提出了我国经济建设分"三步走"的战略部署，党的十三届七中全会通过了十年规划和"八五"计划建议，党的十四届五中全会通过了"九五"计划和2010年远景目标建议，党的十五届五中全会通过了"十五"计划建议，党的十六届五中全会通过了"十一五"规划建议，党的十七届五中全会通过了"十二五"规划建议，党的十八届五中全会通过了"十三五"规划建议，党的十九大作出了分"两步走"，全面建成社会主义现代化强国的战略部署。

这些战略和规划建议，不仅使我国国民经济和社会事业的发展逐渐由单纯的以经济建设为中心转变为当前的经济、政治、文化、社会、生态"五位一体"的发展格局，使国家的面貌发生了根本性的变化，政府的职能由直接管理经济事务逐步转变为着重抓资源配置、宏观调控、市场监管、公共服务，市场机制更加健全，市场规模更加壮大，市场秩序更加规范。

（二）渐进推动经济体制改革

党的十一届三中全会要求大胆下放权力、精简机构，按经济规律办事，重视价值规律，解决政企不分、以党代政、以政代企等问题[1]。党的十一届四中全会作出的《中共中央关于加快农业发展若干问题的决定》，要求依法保护公社、大队和生产队的所有权和自主权[1]。党的十二大首次提出了建设中国特色社会主义和"翻两番、奔小康"的目标，要求正确贯彻计划经济为主、市场调节为辅原则[2]。党的十二届三中全会通过了《中共中央关于经济体制改革的决定》，把改革的重点由农村转到城市，以增强企业活力为中心环节，首次突破了计划经济与商品经济的对立，要求必须自觉依据和运用价值规律，建立公有制基础上的有计划的商品经济，明确要求政企分开[3]。党的十三大提出了社会主义初级阶段理论，指出社会主义有计划商品经济的体制，是计划与市场内在统一的体制；要求加快建立和培育社会主义市场体系，逐步健全以间接管理为主的宏观经济调节体系；要求政府下放权力、转变职能。会议对政治体制改革作出了安排部署，要求党政分开、权力下放、改革政府机构，着力转变政府职能[4]。党的十三届三中全会作出了治理整顿的工作安排，通过了《关于价格、工资改革的初步方案》。按照"国家调控市场，市场引导企业"的要求，使绝大多数商品价格由市场调节[5]。党的十三届八中全会通过了《中共中央关于进一步加强农业和农村工作的决定》，要求把"家庭联产承包为主的责任制、统分结合的双层经营体制"作为我国乡村集体经济组织的一项基本制度长期稳定下来[6]。党的十四大要求建立和逐步完善社会主义市场经济体制。党的十四届三中全会通过了《中共中央关于建立社会主义市场经济体制若干问题的决定》，要求围绕建立社会主义市场经济体制的基本框架，进行一系列体制改革和政策调整[6]。党的十五大提出"使市场在国家宏观调控下对资源配置起基础性作用"，建立比较完善的市场经济体制[2]。党的十五届三中全会通过了《中共中央关于农业和农村工作若干重大问题的决定》，要求面对当前亚洲金融危机的冲击和经济全球化的挑战，总结农村改革 20 年的经验，加快建立适应社会主义市场经济的农村经济体制[2]。党的十五届四中全会通过了《中共中央关于国有企业改革和发展若干重大问题的决定》。党的十六大提出全面建设小康社会，要求"在更大程度上发挥市场在资源配置中的基础性作用，健全统一、开放、竞争、有序的现代市场体系"[6]。党的十六届三中全会通过了《中共中央关于完善社会主义市场经济体制若干问题的决定》，强调按照"五个统筹"的要求，更大程度地发挥市场在资源配置中的基础性作用，为全面建设小康社会提供强有力的体制保障[7]。党的十七大要求加快转变经济发展方式，推进经济结构战略性调整，从制度上更好发挥市场在资源配置中的基础性作用，促进经济又好又快发展[7]。党的十七届三中全会通过《中共中央关于推进农村改革发展若干重大问题的决定》，要求充分发挥市场在资源配置中的基础性作用，健全符合社会主义市场经济要求的农村经济体制[2]。党的十八大要求全面深化经济体制改革，更大程度更广范围发挥市场在资源配置中的基础性作用，建立中国特色社会主义行政体制，按照"五位一体"的总体布局，全面建成小康社会[8]。党的十八届三中全会通过了《中共中央关于全面深化改革若干重大问题的决定》，对全国各方面改革进行了顶层设计，要求紧紧围绕使市场在资源配置中起决定性作用深化经济体制改革[1]。党的十九大指出中国特色社会主义进入了新时代，要求以习近平新时代中国特色社会主义思想为指导，构建市场机制有效、微观主体有活力、宏观调控有度的经济体制[9]。

　　通过持续加力的改革，我国经济体制改革取得了逐步深化、逐渐健全、更加顺畅、更加高效的效果：由纯计划经济体制转变为社会主义市场经济体制，由闭关锁国转向了全面的、高水平的对外开放，由政府管理一切经济事务转变为市场对资源配置起决定性作用，政府着力于加强资源配置、宏观调控、市场监管和公共服务。

（三）全力推进政府机构改革

党的十二大报告要求实现干部的革命化、年轻化、知识化、专业化，使国务院在 1982 年把 100 个部门裁掉了 39 个，人员编制从 5.1 万人减少到 3 万人，干部队伍明显年轻化。党的十三大报告把政府机构改革作为政治体制改革的重要举措之一，要求机构改革必须抓住转变职能这个关键，使国务院部门、直属机构在 1988 年由 67 个减为 60 个，国务院人员编制减少 9 700 多人，淡化了经济上的微观管理职能。党的十四届二中全会通过了《关于党政机构改革的方案》，要求以适应市场经济发展为目标，以政企分开为中心，转变职能、理顺关系、精兵简政、提高效率[9]，使国务院部门、直属机构在 1993 年从 86 个减少到 59 个，人员减少 20%。党的十五届二中全会通过了《国务院机构改革方案》，要求建立适应社会主义市场经济体制的有中国特色的行政管理体制，使国务院组成部门在 1998 年由 40 个减少到 29 个，基本实现了中央政府机构、人员都减半的目标。党的十六届二中全会通过了《关于深化行政管理体制和机构改革的意见》，确定了国务院机构改革的重点是深化国有资产管理体制改革，完善宏观调控体系，健全金融监管体制，继续推进流通管理体制改革，加强食品安全和安全生产监管体制建设[10]。这次改革以加入 WTO 为背景，谋求决策、执行、监督三权相协调，使国务院组成部门在 2003 年由 29 个减少到 28 个。党的十七届二中全会通过了《关于深化行政管理体制改革的意见》，按照建设服务政府、责任政府、法治政府和廉洁政府的要求，加快推进政企分开、政资分开、政事分开、政府与市场中介组织分开，从制度上更好地发挥市场在资源配置中的基础性作用，更好地发挥公民和社会组织在社会公共事务管理中的作用[11]，使国务院组成部门在 2008 年设置为 27 个，实行了大部制。党的十八届二中全会通过了《国务院机构改革和职能转变方案》，要求深入推进政企分开、政资分开、政事分开、政社分开，健全部门职责体系，建设职能科学、结构优化、廉洁高效、人民满意的服务型政府[12]，使国务院设置组成部门在 2013 年为 25 个[13]。党的十九届三中全会通过了《中共中央关于深化党和国家机构改革的决定》和《深化党和国家机构改革方案》，以加强党的全面领导为统领，以国家治理体系和治理能力现代化为导向，以推进党和国家机构职能优化协同高效为着力点[7]，是改革开放以来最全面、最深入的一次机构改革。

八次机构改革，均以适应社会主义市场经济发展的需求为主要目的，不同程度地进行了职能转变、简政放权，提高了政府工作效率，降低了经济发展的成本。

（四）逐步解决"市场失灵"的问题

在改革开放之初，尽管市场还处于被排斥状态，但在着重推行以经济建设为中心的发展战略过程中，逐步衍生了"市场失灵"的问题，使经济、政治、文化、社会、生态等建设出现了一些失衡的问题。党中央及时作出决策，予以有效应对。例如，党的十二届六中全会通过了《中共中央关于社会主义精神文明建设指导方针的决议》，要求适应社会主义现代化建设需要，培育有理想、有道德、有文化、有纪律的社会主义公民，提高整个中华民族的思想道德素质和科学文化素质[14]。党的十四届六中全会通过了《中共中央关于加强社会主义精神文明建设若干重要问题的决议》，要求在牢牢把握经济建设这个中心，把物质文明建设搞得更好的同时，切实把精神文明建设提到更加突出的地位，进一步开创新形势下精神文明建设的新局面[7]。党的十六届六中全会通过了《中共中央关于构建社会主义和谐社会若干重大问题的决定》，要求推动社会建设与经济建设、政治建设、文化建设协调发展[15]。党的十七届六中全会通过了《中共中央关于深化文化体制改革推动社会主义文化大发展大繁荣若干重大问题的决定》，对深化文化体制改革、发展文化事业、繁荣文化产业等作出了安排。党的十八届四中全会通过了《中共中央关于全面推进依法治国若干重大问题的决定》，把建设中国特色社会主义法治体系，建设社会主义法治国家作为依法治国的总目标。

这些决策，使我国各级政府切实担起了精神文明建设、文化建设、社会建设、法治建设的责任，为市场经济的发展营造了良好的环境条件。

二、对新时代四川科学处理政府与市场关系的启示

过去的 40 年，正是由于党的坚强有力的领导，我国改革开放才取得了举世瞩目的成就，为国际社会提供了中国方案、贡献了中国智慧，我国政府与市场的关系才由过去的"大政府零市场"的水火不容的关系转变为了现在的"强政府强市场"的相容互动的关系（如图 1 所示）。

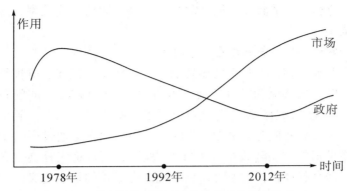

图1　我国改革开放以来政府与市场关系变化

但是，国内外形势风云变幻，国内外市场频繁波动甚至发生金融危机乃至经济危机，这难免会给我国造成巨大冲击，四川该如何面对？在搞经济建设的同时，四川该如何坚持中国特色社会主义道路，在建设社会主义现代化强国的新征程中保持"一路平安"？笔者认为，这需要继续以依法治国为基础和前提，科学地处理好政府与市场的关系。过去40年的成效和经验是我国的宝贵财富，它对四川在新时代科学处理政府与市场的关系有以下几个方面的启示：

（一）党的领导作引领

党的引领作用是由党的地位和作用决定的。党的十九大明确指出，党是领导一切的，党的领导是全面的领导。因此，在新时代，科学处理政府与企业的关系，必须以党的领导作引领。

第一，打铁还要自身硬。自1978年的真理标准大讨论、拨乱反正，到整顿党的作风和组织、制定党内政治生活若干准则，再到加强党同人民群众的密切联系、加强和改进党的作风、加强和改进党的建设，直到全面从严治党，我们党始终都不忘初心，不忘加强自身建设，不忘提高执政能力，对各级政府起了很好的引领作用。在新时代，四川应继续以全面从严治党为抓手，切实加强党的思想、政治、纪律、作风、能力等方面的建设，继续为政府与市场关系的理顺发挥引领作用，尤其是要为促进各级政府及其工作人员坚定信念、科学决策、勤政廉洁、依法行政发挥引领作用。

第二，更加重视调查研究。过去的40年，党的领导人带头开展调查研究。例如，邓小平同志在1978年9月13日至20日期间视察东北等地时，他以"把工作重点转移到经济建设上来""要一心一意搞建设"为主题，发表了"北方谈话"，为十一届三中全会启动改革开放破了题。在改革迟迟未打破计划经济的思想障碍、经济发展受阻时,邓小平同志在 1992 年 1 月 18 日至 2 月 21 日期间到南方视察并做重要讲话,为社会主义市场经济体制的建立破了题。2013 年 7 月 23 日,习近平同志在部分省部级干部座谈会上指出,调查研究是谋事之基、成事之道。他自己率先垂范,每年深入全国各地调查了解扶贫、改革、法治、党建等方面的实情,及时地为全国开展精准扶贫和"四个全面"等工作破了题。正是中央领导高度重视调查研究,才带动了各级干部对世情、国情、民情把准脉、开好药,才能使 40 年的发展重大失误少,政府职能调整的反复折腾少。在新时代,四川应以"大学习、大调研、大讨论"为抓手,继续坚持常态化的、实事求是的调查研究,把国内外形势看清,把政府与市场的矛盾摸准,结合全面深化改革的有关部署,把调整政府与市场关系的对策设计得更加科学有效。

第三,坚持走正确的道路。改革开放的 40 年,是我们党高举社会主义旗帜走出一条具有中国特色道路的 40 年。这 40 年,社会主义道路越走越开阔,社会主义理论越来越丰富,社会主义制度越来越完善,社会主义经济越来越繁荣,社会主义文化越来越先进。党的基本路线没有变,公有制的主体主导地位没有变,按劳分配为主体等制度没有变,为人民服务的宗旨没有变。随着各级政府对精神文明建设、和谐社会建设、生态文明建设以及脱贫攻坚等职责任务的担当,中国特色社会主义的优越性更加凸显。在新时代,四川应坚持以习近平新时代中国特色社会主义思想为指导,更加坚定地走社会主义道路,既充分发展市场经济,为全社会增添财富,又让政府把精力放在资源配置、宏观调控、市场监管、公共服务上,以人民为中心,实行"一干多支"的发展战略,大力解决发展不平衡、不充分的问题,大力提升经济与社会的发展质量,充分展现社会主义的优越性。

(二)相机决策抓关键

相机决策,是形势所迫,也是时代之需,是处理好政府与市场关系的关键。世情的波动性、国情的复杂性、民情的变动性常常会导致市场供需出现波动性。面对这些不稳定因素,一些国家一成不变地坚持原有的经济体制,一些国家拿捏不好政府与市场的关系,常常从一个极端走向另一个极端,有时强调市场调节,就排斥政府干预;有时强调政府干预,就排斥市场调节,有许多惨痛的历史教训。到了 21 世纪后,许多国家才开始把政府与市场结合起来,并根据经济社会的发展实际,实时地调整政府与市场的关系,并各有侧重地发挥它们对资源配置的作用,部分国家甚至呈现出政府与市场"双加强、双协调"的趋势[16](如图 2 所示)。

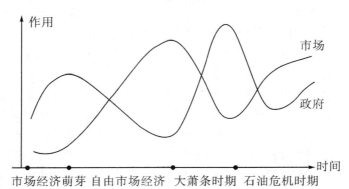

图2　西方资本主义国家政府与市场关系变化

　　过去的40年，我们党根据不同时期的世情、国情、民情变化，对政府与市场的角色和作用作出了不同的决策。例如，在改革开放之初，面对国际上处于封闭自守、国内处于僵化停滞的状况，党中央决定对外实行开放，对内进行搞活，政府适当放权，企业和农民获得了一些自主权；在农村经济搞活之后，急需推广经验，搞活全国经济，党中央于是及时作出了经济体制改革的决定，使政府进一步简政放权，有计划的商品经济得到了快速发展；在生产要素培育起来之后，党中央发现计划经济体制严重阻碍经济发展，于是决定建立社会主义市场经济体制，使市场在资源配置中发挥基础性甚至决定性的作用；在促进经济发展的过程中，党中央发现政治建设、社会建设、文化建设、生态建设存在短板，于是逐渐加强政治、社会、文化、生态等方面的建设，并且将这些任务设置为政府的主要职能，这些职能使我国政府在世界上具有越来越鲜明的中国特色。而且，在经济过热时，我国政府采用治理整顿等方式进行宏观调控，给市场降温；在经济不景气时，我国政府就实施积极的财政政策，甚至推动供给侧结构性改革进行宏观调控，给市场适当升温；在经济、社会发展不平衡不充分时，政府必须强化区域协调、社会建设、环保监督、脱贫攻坚等方面的宏观调控、市场监管、公共服务等职能。

　　在新时代，四川应继续审时度势，相机决策，不要一成不变地看待和处理政府与市场的关系。在坚持"市场在资源配置中起决定性作用"和"更好发挥政府作用"的基础上，关键要视市场供需变化的倾向和程度，对政府和市场的作用做不同选择。在供不应求时，应以市场调节为主，政府着重产业政策、市场监管和公共服务，依法进行需求侧结构性改革；在供过于求时，市场调节起常规化作用，政府着重调结构、促创新、提质量，依法进行供给侧结构性改革。

（三）协作分工求长效

政府与市场在资源配置中是矛盾共同体，只有既协作又分工，才能促进经济社会持续、平稳、健康地发展。当今时代，经济全球化、社会高质量发展的趋势不可逆转，许多国家不再把政府与市场对立起来，而是让它们协调配合并各有分工地为全社会的持续健康发展服务。我国改革开放的40 年，实际上也逐步走上了这条道路。例如，在 20 世纪八九十年代，我国逐步培育和发展市场，建立市场经济体制，解决"政府失灵"的问题；在 20 世纪末和 21 世纪初，我国逐步加强和完善宏观调控，加强政治建设、社会建设、文化建设、生态建设，解决"市场失灵"的问题；党的十八后，中央发现社会治理的问题既存在"政府失灵"，又存在"市场失灵"，需要把行政管理转变为社会治理，于是发动社会组织和社会公众参与。

在新时代，群众对美好生活的需求将进一步增加，资源的优化配置既不能单纯依靠政府，也不能单纯依靠市场，需要两者共存且密切配合，需要政府与市场的协作与分工顺势而为。一方面，四川应要让两者互相"补台"，由市场着力解决"政府失灵"，由政府着力解决"市场失灵"，而且必须用好"第三者"——社会组织和社会公众，对"政府市场双失灵"的情况，要充分发挥其社会治理的主体作用，促进经济社会协调发展。另一方面，四川应围绕市场需求、群众需求的总体平衡，确保市场在资源配置中的决定性作用得到落实和充分发挥，政府要管住自己"有形的手"，不能违法干预市场；政府应更好地发挥宏观调控作用，着力解决市场那双"无形的手"所不能解决的发展不平衡不充分、社会风险、脱贫攻坚、竞争失序、产能过剩、生态破坏、环境污染等问题，避免不愿伸手、懒得伸手等不作为的行为发生。

参考文献

［1］张静如，刘会军，刘敏. 中国共产党历届代表大会一大到十八大（中）［M］. 石家庄：河北人民出版社，2012.

［2］苏双碧，等. 中国共产党 80 年伟大的历程［M］. 北京：中央党史出版社，2001.

［3］中共中央党校教材审定委员会. 中共中央文件选编［M］. 北京：中共中央党校出版社，1992.

［4］张予一. 中国共产党大事典［M］. 北京：人民出版社，1991.

［5］景杉. 中国共产党大辞典［M］. 北京：中国国际广播出版社，1991.

［6］刘志民. 中共中央关于进一步加强农业和农村工作的决定辅导讲话［M］. 沈阳：辽宁人民出版社，1991.

［7］李少军. 市场经济中国共产党第十四次全国代表大会［M］. 石家庄：河北人民出版社，2012.

［8］何平. 继往开来中国共产党第十六次全国代表大会纪实［M］. 北京：新华出版社，2002.

［9］宋公志，等. 高举中国特色社会主义伟大旗帜学习党的十七大报告［M］. 武汉：武汉出版社，2008.

［10］刘寅. 画说中共中央关于推进农村改革发展若干重大问题的决定（上）［M］. 乌鲁木齐：新疆电子音像出版社，2009.

［11］解放军报社理论部. 十八大报告辅导讲座［M］. 北京：解放军出版社，2013.

［12］人民出版社. 中共中央关于全面深化改革若干重大问题的决定［M］. 北京：人民出版社，2013.

［13］郭亚丁. 党员学党建（十九大报告学习版）［M］. 北京：社会科学文献出版社，2018.

［14］解放军日报理论部. 学习《中共中央关于社会主义精神文明建设指导方针的决议》［M］. 北京：知识出版社，1986.

［15］红旗大参考编写组. 构建社会主义和谐社会大参考最新版［M］. 北京：红旗出版社，2006.

［16］欧阳忠民. 从发达国家运行模式看我国政府与市场关系改革［J］. 价格理论与实践，2015（11）.

论改革的历史必然、当代价值
与未来选择

——基于社会学视角的分析

谢　熠①

摘要：改革具有丰富的社会学内涵，马克思主义社会学、社会运行论、社会功能论和社会冲突论都从理论上证实了改革是顺应时代的历史必然。改革促进了社会系统的良性运行、社会建设的长足进步、社会心态的不断改善，彰显了改革的当代价值。以抓住社会主要矛盾为主线、以从社会实际出发为基点、在社会变迁的动态中优化改革，是推动全面深化改革的未来选择。

关键词：改革；历史必然；当代价值；未来选择

党的十一届三中全会以来，我们国家始终将坚持改革开放作为党的基本路线的主要内容，引领着国家和社会发展的方向。党的十九大报告再次指出，坚持全面深化改革。只有社会主义才能救中国，只有改革开放才能发展中国、发展社会主义、发展马克思主义。改革开放具有历史的必然性，体现了马克思主义的本义，有效回应了完善和发展社会主义制度的时代要求[1]。改革是推动经济发展、社会进步的强大动力，是保持社会良性运行的必然选择。当前，对改革的历史经验、时代价值、策略选择等方面的研究，主要是从经济学、政治学等视角出发进行解读，从社会学的角度对改革进行分析的研究相对较少。改革不仅是政治学、经济学研究的富矿，还拥有重大的社会学研究价值。

---

① 谢熠，中共四川宜宾市委党校。

一、改革的历史必然

（一）马克思主义社会学

马克思主义社会学是批判性与建设性相辩证统一的理论体系。马克思、恩格斯等马克思主义社会学家既从历史的角度批判了社会，又为社会发展进步提供了建设性方法。《资本论》《共产党宣言》等经典著作在批判资本主义社会的同时，又为共产主义社会提供了建设意见，其中关于社会建设的理论阐释就蕴含了大量有价值的改革思想。马克思主义社会学进入国内以后，经历了由批判到建设的历程。在新民主主义时期，不管是李大钊的《庶民的胜利》，还是毛泽东的《中国社会各阶级的分析》均表现出了马克思主义社会学经典的批判性。新中国成立前夕，毛泽东在七届二中全会上做出"我们不但善于破坏一个旧世界，我们还将善于建设一个新世界"的论述。国内马克思主义社会学由批判性为主转向了建设性为主，改革和发展逐渐成为了社会的主旋律。从毛泽东关于社会主义现代化的建设思路到邓小平改革开放的伟大战略，都成为了引领我国社会健康发展的重要力量，这显示了马克思主义社会学的建设性作用。然而，由于在建设过程中，一度把批判性上升为国内社会发展的主线，从而经历了"文化大革命"的十年浩劫[2]。综合马克思主义社会学在国内外的实践经验和历史教训，改革正是在批判社会不合理因素和矛盾的基础上，以建设性思维为社会发展提供的解决方案。改革是辩证统一地科学运用马克思主义社会学批判性与建设性思维，准确把握社会主要矛盾，促进生产力和生产关系相适应，经济基础与上层建筑相适应的必然选择。

（二）社会运行论

社会运行论是植根于中国社会运行的实践经验，结合西方社会学和中国社会学传统而来的本土理论学派，其研究对象为社会良性运行和协调发展的条件和机制[3]。社会运行论认为社会运行可以分为良性运行、中性运行和恶性运行三种类型，对应着协调发展、模糊发展和畸形发展三种发展状态。良性运行和协调发展是指社会的各个系统之间，社会的各层次和部分实现相互促进，社会障碍和失调被控制在最小化的状态。根据社会运行论的分析，我国社会从1949年新中国成立到1956年社会主义改造基本完成为初步良性，从1956年到1966年我国社会经历了中性运行、局部恶性再到中性运行的过程，1966年到1976年"文化大革命"十年为社会全面恶性运行，1976年到1978年由恶性转向中性，1978年以十一届三中全会为历史转折点，社会由中性运行转向了初步良性运行[4]。基于历史发展视角，社会运行论通过反思中华人民共和国成立以来社会发展的变迁现状和经验教训得出，只有改革才能适应社会主义的历史要求，才能主动地、有效地迎接新技术革命的挑战，才能使我国社会主义社会不断自我完善。改革是推动我国社会由中性运行转向良性运行，并且保持良性运行的必由之路[5]。

（三）社会功能论与社会冲突论

社会功能论和社会冲突论是社会学研究的主流理论范式，两种理论视角都属于研究大型社会系统和整个社会变动机制的宏观社会学理论。社会功能论将社会视为一个有机体，社会各个系统需要相互协作，满足社会发展中目标获得、对环境的适应、社会整合和对越轨行为控制的基本需要，各自发挥其功能才能维持秩序的稳定和社会的发展[6]。社会变迁可以分为社会系统本身的变迁和社会系统内部各个子系统之间的变迁，社会功能的失调是社会变迁的根源[7]。社会冲突论从批判社会功能论的视角出发，认为现实性社会冲突是社会变迁的主要促进因素，社会变迁可以分为革命型变迁和改革型变迁。如果社会系统允许现实性冲突，并很好地加以解决，将有利于促进社会的活力和生命力[7]。无论是社会功能论，还是社会冲突论都证明了我国改革是顺应时代的历史必然。新民主主义革命时期，中国社会是整个系统功能的失调，社会冲突是阶级之间不可调和的刚性冲突，社会变迁是社会系统本身的变迁和革命型变迁。新中国成立后，社会系统本身功能初步恢复正常，但社会各系统之间的功能还存在不协调，社会系统内部的各种现实性冲突依旧较为明显。为尽快推动社会功能恢复正常、促进社会协调发展，进行社会系统之间的内部改革势在必行。1949年后，我们国家一直在摸索中努力寻找改革的方向。最终在1978年历经波折后的实践中，找到了适合中国特色社会主义发展的改革道路，社会系统功能逐步恢复正常，社会冲突的烈度和强度下降。改革成为了维护社会功能正常发挥，降低社会冲突的必要选择。

二、改革的当代价值

（一）社会系统的良性运行

改革是促进社会各个系统良性运行的必要手段。自1978年以来，通过一系列的改革措施，逐渐解决了经济、政治、社会、文化、生态等社会子系统面临的诸多问题，使社会呈现出了良性运行的状态。改革开放初期，党中央紧紧抓住我国社会主要矛盾是人民日益增长的物质文化需要同落后的生产之间的矛盾，从而确立以经济建设为中心，坚持四项基本原则，坚持改革开放作为党的基本路线引领经济社会发展。以经济建设为中心的改革发展战略，有力改变了我国贫穷落后的面貌，促进了经济子系统的良性运行。李克强总理在 2018 年政府工作报告中指出，我国国内生产总值已达82.7 万亿元，占到了世界经济比重的 15% 左右。在经济建设取得重大成就的基础上，党中央根据国情变化和社会发展需要，稳步推进其他领域的改革。特别是党的十八大以来，通过实施系列改革举措，全面深化改革取得重大突破、民主法治迈出重大步伐、思想文化建设取得重大进展、人民生活不断改善、生态文明建设成效显著，协调推进了政治、经济、社会、文化、生态各个子系统的良性运行。党的十九大报告指出，我国社会主要矛盾已经转化为了人民对美好生活的向往和不平衡不充分发展之间的矛盾，并提出坚持党对一切工作的领导、坚持以人民为中心、坚持全面深化改革等十四条作为新时代坚持和发展中国特色社会主义的基本方略。这一系列基本方略的提出，为统筹协调推进经济、政治、社会、文化、生态系统的改革发展提供了解决方案，再一次为推动整个社会系统的良性运行提供了强大动力。

（二）社会建设的长足进步

党的十一届三中全会以来，我国正式全面实施改革开放，并根据不同的社会发展阶段和面临的问题，采取了不同的改革策略，在不断解决问题中推动了社会建设取得新的成就。从 1978 年到 1989 年，为了有效激发基层群众的活力，改革计划体制，在农村和城市推行承包制，同时推行财政包干制和适当放开地方政府权力等改革措施。在计划经济还占主体的情况下，逐渐激发了市场作为配置资源的主要方式，形成计划经济和市场经济的双轨制社会结构，并依靠新的市场经济力量推动了改革的进一步实施。然而，经过近十年的发展，双轨制的弊端逐渐显现，并引起了 1988—1989 年的通货膨胀危机。在此背景下，邓小平于 1992 年发表南方谈话，明确了稳定和发展的关系，稳定为发展的保障，发展是稳定的前提，确立了渐进式的改革策略，并在十四大中确立了建立社会主义市场经济的目标。通过社会主义市场经济体制的系列改革，进一步理顺了市场、企业和政府的关系，激发了社会经济的新一轮大发展。2000 年以后，中央政府推行全面依法行政、城市化建设、免除农业税和补贴"三农"、免除义务教育学费等一系列改革措施，进一步释放改革红利，推动了社会建设的再次进步[8]。党的十八大以后，党中央与时俱进加大改革力度，采取了 1 500 多项改革措施，推动全面深化改革取得了新的重大突破。通过全面深化改革，社会结构得以不断优化，社会治理水平不断提升，国家治理体系和治理能力现代化水平明显提高，全社会发展活力和创新能力明显增强。

（三）社会心态的不断改善

社会心态是一段时间内弥漫在整个社会或社会群体中的宏观社会心境状态，是整个社会的情绪基调、社会共识和价值取向的总和[9]。社会幸福感、社会安全感、社会信任感、社会价值观等构成了社会心态的具体指标体系[10]。改革开放的伟大实践通过打破僵化和保守，促使人民群众的社会心态历经多次波折后发生积极的转变。在改革开放的作用下，我国居民社会心态得到了历练和升华，变得更加稳健从容、主动积极、开放多元，并具有了全球意识，民族社会心态逐渐走向成熟[11]。由改革开放而来的社会变革既在宏观上影响着整个社会心态的变化，也在微观的具体指标方面得以体现。一方面，社会幸福感不断提升。随着经济社会的快速发展，改革惠民的措施不断落实，民生保障水平的稳步提高，人民群众的社会心态得到了明显改善，居民幸福感得以提升。通过全国性的数据研究发现，我国居民自感幸福在 2002 年占比 37.3%，到 2010 年自感幸福的人群已上升至72.6%，总分为 5 分的情况下，幸福感均值也由 3.27 上升到 3.77[12]。另一方面，形成了系列社会共识和主流价值观。改革开放初期，原有社会利益格局被打破，群众社会心态历经波动起伏。1992 年后，人事制度、工资制度改革等力度更大的一系列改革措施推行时，民众保持了理性的心态，摒弃了之前存在的盲目乐观和焦虑的心态。运用发展的眼光看待改革，客观理性和问题意识成为了群众的普遍素养[13]。与此同时，社会主义核心价值观成为了人民群众普遍的价值追求，改革和发展成为人民群众的一致共识，进一步说明人民群众在改革开放的实践进程中，社会心态呈现出不断优化的良好态势。改革开放 40 年的社会心态嬗变，为实现党的十九大报告中指出的培育自尊自信、理性平和、积极向上的社会心态打下了坚实基础。

三、改革的未来选择

（一）以社会主要矛盾为主线谋划改革

社会主要矛盾决定了社会发展的阶段性特征，是明确改革重点和方向的首要指南。建党以来，中国共产党经过艰辛探索，经历了新民主主义革命时期、社会主义过渡时期和社会主义建设时期，改革开放时期，进入中国特色社会主义新时代。社会矛盾的阶段性特征，决定了只有在阶段性发展变化的过程中把握社会主要矛盾[14]。在新民主主义革命时期和社会主义建设时期，我们党准确把握社会主要矛盾的变化，带领中国人民建立了社会主义新中国，基本建立起社会主义制度，但也由于对社会主要矛盾把握的失误，造成了"文化大革命"的深刻教训[15]。到改革开放时期，将社会主要矛盾确立为人民日益增长的物质文化需要和落后的社会生产之间的矛盾，确立改革的方向是以经济建设为中心，大力发展社会生产力，在这一准确论断引领下，迎来了改革开放以来的大发展，经济、政治、社会、文化各方面都取得了举世瞩目的成就。经过40年的发展，我们国家社会生产得到了极大提升，已成为了世界第二大经济体，人民物质文化生活需要不断得到有效满足，社会主要矛盾开始发生历史性的新变化。在此背景下，党的十九大报告作出我国社会主要矛盾已经转化为人民日益增长的美好生活需要和不平衡不充分的发展之间的矛盾的科学论断。社会主要矛盾的变化为未来的改革事业指明了新的方向，即在未来改革中要以化解社会主要矛盾为主线，准确把握社会主要矛盾中的变与不变，在推动发展过程中着力解决好发展不平衡不充分问题，更好满足人民日益增长的美好生活需要，推动人的全面发展、社会的全面进步。

（二）以从社会实际出发为基点推动改革

改革是基于社会客观实际的改革，离不开对社会发展现状和特征的准确把握。坚持从社会实际出发推动改革，既是尊重社会发展规律的现实体现，也是确保改革能够落到实处的前提。马克思主义社会学认为，人类社会活动受客观条件制约，人类有目的、有意识的改造活动需要在客观条件和实际状况中进行。如果脱离了社会实际，则无法达到预想的目的，甚至会产生相反的后果，这是社会规律客观性的必然结果[16]。社会运行论认为，经济、政治、社会、文化等各个子系统改革的协调推进是促进改革健康发展的必要途径，某一个子系统的改革过分滞后或者过于超前都会对改革造成不利影响[5]。改革开放以来的实践经验同样证明了从社会实际出发、稳步分类推进改革的重要性。改革开放初期，实行计划经济与市场经济并存的改革方案，有效降低了改革的阻力，推动了市场经济的发展。1992年后，随着改革基础的逐渐扎实，推行了着力于建立现代企业制度的国有企业改革，以及人事制度改革和工资制度改革等系列重大改革。经过35年的改革开放，到2013年，党的十八届三中全会作出《中共中央关于全面深化改革若干重大问题的决定》，将改革进一步全面深化。基于我国改革的历史经验，从社会实际出发，科学分析社会各个子系统的发展现状、特征和趋势，紧扣当时发展的阶段分步分类协调推进改革，确保改革既不冒进也不滞后，是巩固和提升改革成效的有力保障，同时也是推进未来改革事业的基本出发点。

（三）在社会变迁的动态过程中优化改革

社会变迁理论认为，社会存在于不断变化之中，变化是社会存在的基本状态。无论是宏观的社会结构、社会心态，还是具体的社会情境都在动态中不断发生变化。改革作为促进社会良性运行和优化社会发展的手段，既包含在社会动态的变化中，又需要在社会动态中不断进行调整优化。从改革开放以来的历史经验中可以得出，改革永远没有终结，改革一直在不断发现问题、解决问题的动态过程中前进。改革开放以后，虽然通过经济系统的改革，社会生产力得到大幅提高，而社会、政治、文化、生态系统的改革却相对滞后。例如 20 世纪 90 年代后，高速的经济增长和社会公平矛盾的突显，社会结构中贫富分化加剧、阶层流动减少等问题的显现[17]，家庭责任制导致的农村环境污染问题[18]，以及改革开放初期高投入、高消耗等粗放型经济增长方式带来的生态破坏、创新能力薄弱等问题[19]。虽然当时采取的改革措施具有历史的合理性和必然性，最大程度上解决了生产力发展不足这一主要矛盾，但也影响了社会、文化、生态等子系统的良性运行。随着社会、文化、生态等系统问题的逐渐显现，党中央提出创新、协调、绿色、开放、共享的新发展理念，为有效解决发展过程中社会、文化、生态等系统不协调不充分的问题提供了科学方案，也为未来的改革发展提供了方向。因此，改革需要及时把握社会发展的动态，以社会主要矛盾为主线，从社会实际出发，在动态调整中稳步协调推进。

四、结语

经过 40 年的改革开放，我国社会发生了翻天覆地的变化，经济社会发展成就斐然。改革的历史经验和当代价值说明了坚持全面深化改革对于完善和发展中国特色社会主义制度、推进国家治理体系和治理能力现代化的重要意义。从社会学视角出发，改革是顺应时代发展的历史必然，有效促进了社会的良性运行，在当代产生了不可替代的社会价值。当然，40 年波澜壮阔的改革历程，实践价值丰富，理论意义重大，仅从单一学科进行解读具有薄弱性和局限性。改革是一项贯穿于过去、现在和未来的宏大战略，系统性、综合性和全面性的特征明显。对改革的研究和改革本身一样，永远没有终结，只有在不断发展的过程中，才能更好地加以把握。如何更好更充分地研究改革的历史意义、当代价值和未来发展值得各个学科进一步地深入探究和思考。

参考文献

[1] 李瑞环. 务实求理（上）［M］. 北京：中国人民大学出版社，2010.

[2] 郑杭生. 社会运动学派轨迹［M］. 北京：首都师范大学出版社，2014.

[3] 岳天明. 社会运行论及其社会学学科意蕴［J］. 西北师大学报（社会科学版），2015，52（6）：48-56.

[4] 郭学旺. 邓小平与中国社会变迁［M］. 北京：中国言实出版社，1998.

[5] 郑杭生. 社会学概论新修［M］. 北京：中国人民大学出版社，2002.

[6] 戴维·波普诺. 社会学［M］. 李强，等，译. 北京：中国人民大学出版社，2007.

[7] 侯均生. 西方社会学理论教程［M］. 天津：南开大学出版社，2010.

[8] 渠敬东，周飞舟，应星. 从总体支配到技术治理——基于中国 30 年改革经验的社会学分析［J］. 中国社会科学，2009（6）.

[9] 杨宜音. 个体与宏观社会的心理关系：社会心态概念的界定［J］. 社会学研究，2006（4）.

[10] 王俊秀. 社会心态的结构和指标体系［J］. 社会科学战线，2013（2）.

[11] 周晓虹. 中国人社会心态六十年变迁及发展趋势［J］. 河北学刊，2009，29（5）.

[12] 刘军强，熊谋林，苏阳. 经济增长时期的国民幸福感——基于 CGSS 数据的追踪研究［J］. 中国社会科学，2012（12）.

[13] 沈杰. 中国社会心理嬗变：1992—2002［J］. 中国青年政治学院学报，2003（1）.

[14] 侯德泉. 毛泽东关于社会主要矛盾的思想方法及其当代启示［J］. 湖湘论坛，2017，30（5）.

[15] 谭劲松，赵大亮. 中国共产党建党 90 年来关于中国社会主要矛盾的艰辛探索［J］. 思想理论教育导刊，2012（1）.

[16] 赵家祥. 恩格斯论社会历史规律的性质——纪念恩格斯逝世 120 周年［J］. 观察与思考，2015（8）.

[17] 孙立平. 中国社会结构的变迁及其分析模式的转换［J］. 南京社会科学，2009（5）.

[18] 王跃生. 家庭责任制、农户行为与农业中的环境生态问题［J］. 北京大学学报（哲学社会科学版），1999（3）.

[19] 曾国安，雷泽珩. 论经济增长方式转变的政策条件——以经济政策的根本性系统性调整促进经济增长方式的转变［J］. 福建论坛（人文社会科学版），2015（11）.

当前我国国有企业改革的几点思考

郭险峰[①]

摘要： 国有企业在国民经济体系中担负着重任，在建设现代化经济体系，完善社会主义市场经济体制，提高供给体系质量等方面占据主体地位。党的十九大报告提出要深化国有企业改革，发展混合所有制经济，通过改革培育具有全球竞争力的世界一流企业，这为国有企业改革树立了目标、指明了方向。国有企业改革要厘清思路、确定逻辑、寻找机理、确定路径。

关键词： 国有企业改革；历史任务；问题；思路

我国国有企业制度的形成源于中华人民共和国成立后对苏联计划经济体制的学习和复制，并在长期的经济运行中加以固化。但 1978 年党的十一届三中全会确立了以经济建设为中心、坚持四项基本原则、坚持改革开放的新时期总路线，国有企业改革提上了日程。此后 40 年来，国有企业改革一直在探索深思，并走过了四个阶段的改革之路。当前国有企业改革进入了攻坚期，改革目标如何，改革定位如何，改革举措如何等就成了我们当前亟需思考的事情。

一、当前国有企业改革的历史任务和目标

国有企业改革，是一个老命题，也是一个新命题。说它老，因为我们从党的十一届三中全会开始讲国有企业改革开始，都 40 年了，哪怕从 2002 年党的十六大开始算，也 16 年了。说它新，因为国有企业改革在开启了社会主义现代化建设新征程、完善社会主义市场经济体制的现阶段，进入了改革攻坚期，面临了新的历史任务，改革目标发生了阶段性变化。国有企业要通过深化改革进一步消除制约其发展的深层次体制性障碍。

---

① 郭险峰，中共四川省委党校。

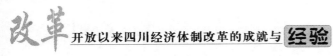

1. 当前国有企业改革的历史任务

党的十九大掀开了中国发展进程新的一页，开启了建设富强民主文明和谐美丽现代化强国的新征程。要顺利到达新征程的彼岸，当前需要完善社会主义市场经济体制。为此，党的十九大提出，"要完善各类国有资产管理体制，改革国有资本授权经营体制，加快国有经济布局优化、结构调整、战略性重组，促进国有资产保值增值，推动国有资本做强做优做大，有效防止国有资产流失。深化国有企业改革，发展混合所有制经济，培育具有全球竞争力的世界一流企业。"从党的十九大报告中我们可以看出，当前国有企业改革的历史任务是通过改革，推动国有资本做强做优做大；只有"强、优、大"，才有可能跻身进入世界一流企业的行列。加上十三五规划建议里有关于划转部分国有资产充实社保基金、划转部分国有资产收益充实社保基金的办法，这对国有企业发展提出了新的要求。2017 年 10 月 10 日至 11 日，全国国有企业党的建设工作会议上，习近平做了重要讲话，对国有企业的地位进行重申，提出了 1 个依靠力量，5 个重要力量，2 个不动摇（坚持国有企业在国家发展中的重要地位不动摇，把国有企业做大做强做优不动摇），3 个有利于（要坚持有利于国有资产保值增值、有利于提高国有经济竞争力、有利于放大国有资本功能）把国有企业做强做优做大。进一步强调了发挥国有经济主导作用，不断增强国有企业的经济活力、控制力和影响力。所以，对国有企业进行改革，提升国有企业的效率和效益是必然的要求。

在这些历史任务之下，如果国有企业没有一个开放的态度，不进行产权制度改革，不发展混合所有制经济是不可能实现的。当然，掀起新一轮国有企业改革，并不是"国退民进"，更不是"国进民退"，而是如何发挥这两种企业机制各自在市场经济体制中的作用，齐头并进，为现代化强国的建设贡献各自的力量。

2. 国有企业改革目标

（1）以市场化导向为目标推进改革

党的十八届三中全会已经确定了市场在资源配置中起决定性作用，市场化导向是国有企业改革的必然目标。首先，不论企业性质如何，无论是国有企业还是私营企业，都是独立的市场主体，在市场运行中，都应该遵循市场经济规律，遵守市场经济秩序。其次，国有企业改革的重头戏在于治理机制创新。国有企业治理创新，必须以市场化为核心。一方面，从体制上下功夫，通过规范、调整企业与股东的关系，实现政企分开，把国有企业真正打造成为独立的市场主体，增强国有企业的活力；另一方面，从机制上做文章，通过规范、调整企业与经营者、员工的关系，以市场通行的规则集聚人才、使用人才、评价人才，建立市场化的激励与约束机制，传导市场压力，激发发展动力。为此，国有企业可以在资本结构的市场化、资源配置模式的市场化、选人用人机制的市场化、激励约束机制的市场化和运作模式的市场化等方面着力。比如通过推动混合所有制改革，提升资本配置效益、全球公开招聘人才以及对人才进行契约化管理、实行市场化的薪酬分配制度（当前，国有企业已经在推行工资市场化改革。2018年5月份，国务院印发《关于改革国有企业工资决定机制的意见》，对国有企业工资决定机制做出顶层设计，改革方案明确要坚持按劳分配原则，健全国有企业职工工资与经济效益同向联动、能增能减的机制，同时调节过高收入）。建立容错机制，推进创新转型等方式强化国有企业的市场化改革，巩固国有企业的市场主体地位。

（2）提高国有企业质量和效益，提升国有企业竞争力

建设现代化经济体系，一个要求就是要提高供给体系质量，推动经济发展的质量变革、效率变革和动力变革。国有企业在现代化经济体系中重任在肩，深化国有企业国资改革，就是要以体制机制创新为动力，以提升质量效益为重点，以市场化为方向，不断增强企业活力、提高效率，提升国有企业核心竞争力，使国有企业真正成为市场主体，推动国有经济不断发展壮大。习近平总书记强调，国有企业特别是中央管理企业，在关系国家安全和国民经济命脉的主要行业和关键领域占据支配地位，是国民经济的重要支柱，在我们党执政和我国社会主义国家政权的经济基础中也是起支柱作用的，必须搞好。长期以来，国务院国资委监管的中央企业增加值占到全国 GDP 的 10%，税费贡献占到全国财政收入的 1/6，为推动经济社会发展、保障改善民生、维护国家安全、增强综合国力做出了重要贡献，是经济发展的压舱石，是全面建成小康社会的重要力量。特别是许多中央企业都是行业龙头，涉及的产业链长、关联面广，如果生产经营出现大的波动，就可能引发各类风险，对国家财政、金融、就业、民生等造成严重影响。打好提质增效攻坚战，就是要确保企业的生产经营始终保持平稳运行，使国有企业真正成为有活力、有较强竞争力和抗风险能力的市场主体，为稳财政、稳就业做出更大贡献，在推动经济社会持续健康发展中发挥更大作用。

人大代表陈立国提出，可以从五个方面提高国有企业质量和效益：一是进一步改进监管方式，提高安全系数，共同提升安全、绿色、低碳管理水平；二是积极改进经营方式，提高运行质量；三是改进管理方式，提高

工作质量，注重价值管理，注重基层自主管理，注重过程控制，注重结果导向；四是改进投资方式，提高发展质量，积极融入地方，争取合作双赢；五是改进思想政治工作方式，提高党建质量，切实把国有企业独特的政治优势转化为核心竞争力。

（3）打破国有企业垄断，构建公平的市场竞争秩序

国有企业以其"出身"的不同，在某些领域具有垄断地位，比如石油的开采和冶炼。但垄断容易滋生腐败，价格的合理性和资源配置的高效率在垄断体制下也难以形成。在我国市场经济发展初始阶段，在一些关键领域，特别是关系国计民生的领域，国有企业的垄断有一定的必要性，有助于社会的运转。但当前，我国市场经济已经走过了不规范阶段，制度性、公平性、规范性是我们当前市场经济建设的要求。在这种要求下，原来看上去合理的国有企业垄断却成了桎梏和约束，因垄断而导致的各种弊端也日渐被社会所诟病。再加上我国坚持对外开放的国策，要求与国际接轨，因此打破国有企业垄断是必然之势，要让国有企业和民营企业作为平等的市场经济主体，参与市场竞争，从而构建起公平的市场竞争秩序，切实体现"市场起决定性作用"。

二、国有企业存在的问题倒逼国有企业进一步改革

习近平总书记曾经说，"改革是由问题倒逼而产生，又在不断解决问题中得以深化"，国有企业改革也如是。在国有企业运行过程中，出现了诸如债务负担重、冗员问题严重、企业改制中内部人控制问题严重、国有资产流失严重，国有企业竞争力不强等问题，这些问题的存在倒逼国有企业改革。

一是国有企业债务负担重。截至2018年3月末，我国国有企业资产总额为164万亿元，负债总额106.6万亿元，经计算可得出国有企业负债率接近65%。这一数据尽管比2017年6月末65.6%的数字有所降低，但与国内企业平均水平相比仍然偏高。而据不完全统计，有相当一部分国有企业的资产负债率在80%以上，不少企业已经资不抵债。如此高的负债率，推高了经济运行的风险，降低了国有企业发展质量。

二是国有企业冗员问题严重。国有企业大量的富余人员，这源于体制性的积淀。有一个很能说明问题的例子就是电解铝行业，同样产能的电解铝厂，民营企业全部员工只有1 000人，中国铝业旗下企业则有11 000多名员工（不含离退休职工），在11 000人当中仅中层以上干部就有1 000

人。国有国营体制下历年累积形成的大量冗员，不仅使国有企业人工成本居高不下，制约国有企业盈利能力，继而拖累国有企业市场竞争力，而且严重挫伤了国有企业非富余人员的工作积极性，有效化解国有企业冗员已然成为国有企业深化改革绕不过去的一大难关。

三是企业改制中内部人控制问题严重。内部人控制问题有两层意思：一是公司内部人员脱离出资者的所有权约束；二是公司的控制权不能有效地转移，即难以通过证券市场形成对权力的竞争与接管。

四是国有资产流失的方式多种多样。国有资产流失的共同的特征是暗箱操作、损公肥私，实质是对国有资产的私人小集团占有等，这些问题的存在促使深化国有企业改革得快马加鞭，日夜兼程。

三、当前我国国有企业改革思路

对于社会主义国家来说，一定数量的国有企业的存在是必须的。党的十五届四中全会就对国有企业的定位做了说明，"国有经济要控制的行业和领域主要包括：涉及国家安全行业、自然垄断行业、重要公共产品和服务行业以及支柱产业和高新技术产业中的重要骨干企业。"党的十八大报告里也指出"推动国有资本更多投向关系国家安全和国民经济命脉的重要行业和关键领域，不断增强国有经济活力、控制力、影响力"。国有企业设立的定位和初衷摆在这里，所以国有企业是必须存在的。国有企业改革的目的，就是增强国有经济活力、控制力、影响力。在这个目的之下，国有企业改革需要从以下几个方面着手：

1. 建立现代企业制度

国有企业改革应该把建立和完善以股份制为基础的现代企业制度作为改革的重点，推进混合所有制改革。我国对于国有企业的约束方式经历了几个阶段，从最初放权让利的利益约束到承包制的契约约束，再到现在的产权约束，就是为了建立现代企业制度。建立现代企业制度，实际上对国有企业的监管方式要发生转变，要由原来的管资产为主转向管资本为主。也就是说，我们的国有企业改革首先要改的就是国有资产管理体制的改革。要监管资本的增值能力和资本利润率，而不是主要监管实物资产。管资产为主的监管模式会束缚企业的手脚，妨碍企业自主经营权和法人财产权的实现，影响企业对市场的应变能力，削弱国有企业的竞争力。管资本为主，就落实了国有企业的自主经营权和法人财产权，强化了国有企业的市场主体地位。

推进混合所有制改革要根据实际情况灵活使用，适宜独资的就独资，适宜控股的就控股，适宜参股的就参股，不一定搞绝对。在一些战略性新兴产业，比如电子信息、航空航天、生物工程、新能源、新材料等领域，国有企业责无旁贷，要担当起龙头企业、领军者的作用。

2. 减轻国有企业各种负担

比如通过减员增效的方式，解除企业冗员负担。对此，有专家提出"1+8"方案。由于国有企业冗员，多半是结构性冗员，主要沉淀在管理层面，生产层面尤其是技术类人员并不过多，甚至有短缺，因此要从管理环节入手，通过买断、调整等方式消解冗员。而对企业债务负担的解除，则可以通过实施债转股的方式实现。2017年3月24日国务院总理李克强出席博鳌亚洲论坛时也曾表示，将用市场化办法推动债转股，探索用债转股降低企业杠杆。2017年4月，国家开发银行开始首批债转股，规模为1万亿元，预计在三年甚至更短时间内，化解1万亿元左右规模的银行潜在不良资产。2017年11月8日，中国建设银行与广东省国资委、广东省广晟资产经营有限公司共同签署市场化债转股框架合作协议，由中国建设银行安排150亿元资金与广晟公司开展市场化债转股合作，这是广东省内首单省属国有企业市场化债转股合作项目。

3. 缩小国有企业的比重

建立完善的国有企业退出机制，抓大放小，实现国有企业有进有退。主要就是对一些产能严重过剩行业的国有企业和经营不善的国有企业实行兼并重组、破产清算，这也是当前供给侧结构性改革的需要。2015年年底，李克强总理主持召开国务院常务会议的时候就确定，对不符合国家能耗、环保、质量、安全等标准和长期亏损的产能过剩行业企业实行关停并转或剥离重组，对持续亏损三年以上且不符合结构调整方向的企业采取资产重组、产权转让、关闭破产等方式予以"出清"，清理处置"僵尸企业"，到2017年年末实现经营性亏损企业亏损额显著下降。2017年5月份，吴敬琏也谈到"僵尸"国有企业化解的问题，他说就国有企业改革而言，如果是"僵尸"国有企业要被关闭、被兼并或被重组，政府担心的无非是几方面的问题：第一，如果工人失业，会不会有社会问题；第二，会不会有很多不良资产——银行的不良贷款过多会导致问题；第三，一些地区的经济增长可能会受到影响。但这三个问题，都属于"长痛不如短痛"的问题，而且我国目前社保体系已经相对健全，改革环境和改革底气已经相对较强，有能力处理改革中出现的这些问题。化解"僵尸"国有企业，势在必行。

4. 推进国有企业治理机制创新

2016 年 2 月 25 日，国务院国资委、国家发改委、人社部联合召开发布会对外披露，经国务院国有企业改革领导小组研究决定开展国有企业改革"十项改革试点"。这十项改革试点包括落实董事会职权试点，市场化选聘经营管理者试点，推行职业经理人制度试点，企业薪酬分配差异化改革试点，国有资本投资、运营公司试点，中央企业兼并重组试点，部分重要领域混合所有制改革试点，混合所有制企业员工持股试点（打造命运共同体），国有企业信息公开工作试点，剥离企业半社会职能和解决历史遗留问题试点。

马克思生态观视角下的成都平原经济区县级饮用水水源地保护研究

丁 英[①]

摘要： 坚持绿色发展的一个重要内容是治理并保护好水环境，其中，饮用水水源地的治理和保护尤其重要。成都平原经济区作为四川最重要的经济区域，其水资源保护工作直接关系到成都平原经济区自身乃至四川发展大局，做好域内县级饮用水水源地保护工作是当务之急。本文以马克思生态观为统领，对成都平原经济区县级饮用水水源地保护中存在的问题进行分析，在此基础上提出进一步强化成都平原经济区县级饮用水水源地保护工作的对策。

关键词： 生态观；饮用水水源地；保护

党的十九大报告提出"加快生态文明体制改革，建设美丽中国"的绿色发展任务。在生态环境问题严峻、水环境污染严重的今天，坚持绿色发展的一个重要内容就是治理并保护好水环境，其中，饮用水水源地的治理和保护尤其重要。成都平原经济区作为四川最重要的经济区域，其水资源保护工作直接关系到成都平原经济区自身乃至四川发展大局，做好域内县级饮用水水源地保护工作是当务之急。做好成都平原经济区县级饮用水水源地保护工作，要以马克思生态观为指导，针对成都平原经济区县级饮用水水源地保护中存在的问题采取相应措施。

一、加强饮用水水源地保护是落实马克思生态观的必然要求

新时代的发展是绿色发展。绿色发展观与马克思生态观一脉相承，它不仅是马克思生态观在当代的具体化，而且进一步深化、发展了马克思生

---

① 丁英，中共四川省委党校。

态观①。推动绿色发展，需要搞好生态环境保护，特别是其中的饮用水水源地保护。

马克思生态观认为，人是自然的一部分、自然是人类生存和发展的基础，这说明人与自然相伴而生、休戚相关、共存共荣，人类要生存和发展，必须爱护自然、保护自然，维持良好生态环境。关于人对自然具有主观能动性的马克思生态观，说明人类发挥主观能动性对自然进行保护、利用和改造可以使自然更好地为人类服务，使自然环境有利于人类生存和发展。尊重自然、尊重自然规律的马克思生态观，说明人类只能在尊重自然和自然规律的基础上利用和改造自然，尊重自然、尊重自然规律就是要保护自然、维持良好生态环境。可见，生态环境保护是马克思生态观的应有之义。面对全球性严重环境污染、生态破坏和资源耗竭的生态现实，落实马克思生态观就是要坚持绿色发展，治理和保护好生态环境。

保护生态环境要做的工作很多，其中一项重要内容就是搞好饮用水水源地保护。饮用水安全是直接关系人们生活、生产的重大问题，保证饮用水健康无污染是保证人们生命安全、生产生活正常持续进行的基本前提。保证饮用水安全的基础是保护好饮用水水源，其中，县级饮用水水源地保护是饮用水水源地保护的重要环节，作为四川最重要经济区域的成都平原经济区亟需保护好县级饮用水水源地。

二、成都平原经济区县级饮用水水源地保护面临的问题

由成都、德阳、绵阳、遂宁、乐山、雅安、眉山、资阳8市构成的成都平原经济区，是四川最重要的经济支撑，同时，该区经济各市山水相连，"同呼吸""共饮水"，生态环境方面一荣俱荣、一损俱损，在饮用水水源地保护方面需要"共责任""齐治理"。近年来，成都平原经济区县级集中式饮用水水源地保护工作得到了各级、各部门的高度重视，采取了一系列行之有效的保护措施并取得明显成效，但其中仍然存在不少问题。

1. 饮用水水源地保护资金不足

一方面，饮用水水源地保护资金需求量大。无论是饮用水水源地保护规划的制定、饮用水水源地污染源的治理、饮用水水源保护区标志的设置与后期维护，还是水源地水质监测能力与应急能力的提升、水源地管理水平的提高等都需要经费。按照《中华人民共和国水污染防治法》的相关要

① 许彦，郭险锋. 中国特色社会主义政治经济学与供给侧结构性改革［M］. 成都：西南财经大学出版社，2017：160-168.

求，在饮用水水源一级保护区内禁止新建、改建、扩建与供水设施和保护水源无关的建设项目，已建成的由县级以上人民政府责令拆除或者关闭。由于多数地区饮用水水源保护区划定时间较晚，大量自然村落在划定保护区时就已经存在，搬迁需较多资金支持。

另一方面，政府在饮用水水源地保护方面资金投入不足。目前，饮用水水源保护资金主要用于取水、输水、净水等工程性投资，但2015年以后该部分资金中中央预算逐渐降低，环保部门资金主要用于水源地规范化建设和保护区环境整治等，由于饮用水水源保护覆盖面广，工作量大，资金缺口较大。

在集中供水工程建设中，中央补助资金和省级配套资金主要用于主体工程建设，市、县级配套资金用于取水水源补偿费、工程建设征地费、输供水主管占地补偿费等，但由于集中供水工程基础设施差、地方政府财政收入不足，县级饮用水水源地规范化建设及相关整治工作的投入得不到保障，开敞式的饮用水水源地面临全方位污染威胁。

此外，一些县级政府未将最基本的水质监测纳入财政专项预算，由各相关部门自行组织、自行负担经费，导致水质监测工作有经费就做一点、没有则不开展。水源保护中，日常管护资金是由供水单位自行筹集，相关管护工作缺乏稳定的经费保障。

2. 饮用水水源地保护管理机制不完善

一是现有保护管理措施针对性不强。各地市虽然针对饮用水水源地管理制定了一系列实施细则与管理方法，但这些细则和管理办法没有充分考虑不同水源地的实际情况，针对性和可操作性不强。

二是多头管理且相关管理部门缺乏沟通协调。饮用水水源地各相关管理机构均设置了相应的管理职能部门，但在实际工作中，由于考核机制不健全，沟通、协调不畅，饮用水水源地相关保护管理机构往往未将保护管理工作落实到位，形成表面上多重管理实际无人管理的混乱局面。比如饮用水水源地日常管理归当地政府和供水单位，环保部门负责水源保护区环境保护和监管，住建部门或水务部门负责水厂运行监管，卫生部门负责水龙头水质监测等，事实上并未形成饮用水安全的全过程统一监管格局。一旦发生如非法养殖等违法违规行为，各部门往往互相推诿，找不到真正的监管主体。

3. 基层环保部门人员不足

基层环保机构和队伍，在饮用水水源地保护工作中发挥着主力军作用。近年来，成都平原经济区基层环保队伍建设取得了长足进展，但总体看，县级环保机构和队伍建设存在人员总量偏少、能力素质不高、结构不尽合理等问题。

一方面，基层环保工作特别是县级饮用水水源地保护工作压力大、难度大；另一方面，环保部门人员编制少，难以保证工作正常开展。同时，基层环保部门专业技术人员普遍不足。现有人员素质参差不齐，环保专业和法律专业人员短缺；一些人员业务技能较差，环保执法检查中存在看不懂、说不清、查不准、帮不上的问题，致使一些环境违法行为难以得到及时有效的查处。

4. 饮用水水源地环境监督管理不足

成都平原经济区县级饮用水水源地环境监督管理存在不到位的问题。在环境管理实践中，往往习惯于末端治理，地方政府及相关职能部门往往是在群众举报或者上级安排任务排查后才引起关注，日常监督管理相对不足，致使饮用水水源地环境问题难以及时发现，影响饮用水水源安全。

在 2018 年开展的全省县级集中式饮用水水源地环境问题清理中，成都平原经济区 8 个市中，绝大部分都存在或多或少、这样那样的问题，如存在散居农户、生活垃圾、无关建筑、养殖场、餐饮经营、交通穿越等影响水源质量的问题。这类问题的存在说明饮用水水源地日常环境监督管理不足。

5. 饮用水水源地环境治理不力

饮用水水源地保护应主要依靠地方政府及相关职能部门的监管和治理。但现实中，由于一些地方政府相关部门执法不严，不作为、慢作为甚至暗中默许违法排污，致使一些地方饮用水水源地环境问题发生后，整改承诺落地困难，污染问题整治不力，饮用水水源地污染问题迟迟得不到解决。

三、加强成都平原经济区县级饮用水水源地保护的举措

针对存在的问题，加强成都平原经济区县级饮用水水源地保护需要从多方面采取措施。

1. 加大饮用水水源地保护资金投入

首先，加强国家、省级及各市政府对饮用水水源地保护的资金支持，强化国家污染治理资金的落实，以保障饮用水水源地资金供给，完善水源地界碑、界桩、围网等基础设施，有条件的地方可以在水源地取水口周围安装视频监控、预警监控等。

其次，探索建立多元化、多层次、多渠道融资渠道，增加饮用水水源地保护资金来源。通过建立健全饮用水市场准入、退出机制，深化小型水库水利产权改革，优化饮用水水库的经营权拍卖等措施，吸纳更多社会资金投入水利建设，引导民间资金投入饮用水水源地保护及污染防治。

2. 完善饮用水水源地保护管理机制

一是进一步细化各地市饮用水水源地管理实施细则和管理方法。各地在充分考虑不同饮用水水源地实际情况的基础上，制定和完善符合不同饮用水水源地实际情况的管理实施细则和办法，使其更具针对性和可操作性。

二是建立多部门协调工作机制。一方面，围绕饮用水水源地保护重新界定相关部门职责。应当划清部门间的职责界限，理顺各部门权责关系，清理并剥离其他部门的环保职能，由环保部门统一管理包括饮用水水源地保护在内的环境保护工作，改变政出多门的状况。另一方面，加强相关部门的沟通、协调。应建立环保部门、地方政府以及其他相关机构之间的环保工作协调机制；环保部门要通过信息互通、定期会晤等方式，积极参与地方政府经济社会事务管理工作，消除因垂直管理带来的信息闭塞、缺少地方政府支持等弊端，提高工作效率。

3. 充实基层环保工作人员，优化环保队伍

首先，增加编制，引进专业人才。要逐步解决基层环保人员的编制、待遇、经费及资源配备等一系列问题，增加基层环保部门人员，特别要注重充实相关专业技术人员。同时，对环保力量进行进一步的统筹规划，根据环保工作的需要配置环保工作人员，优化环保人员结构，适当引进高素质人才。

其次，加强教育培训，增强环保人员责任意识并提高职业素养。环保部门要强化对本部门工作人员岗位责任感的培养、强化；定期对内部工作人员进行饮用水水源地保护业务培训，通过与开设饮用水保护相关专业的大专院校合作、与上级业务部门协调，开展饮用水水源地保护业务培训。此外，还可以推行环保工作人员竞争上岗制度，以提高其工作积极性和工作效率。

4. 强化饮用水水源地环境监管

一是完善日常巡查制度。强化成都平原经济区县级饮用水水源地环境监管，应完善饮用水水源地日常巡查制度，实行24小时值班制度，随时观察水流的方向、水位、水源的感官性状等。同时加强日常检查，县、区人民政府必须按要求在饮用水水源保护区边界设立明确的地理界标和明显的

警示标志，发现任何损毁、涂改或擅自移动地理界标和警示标志的，要依法处理。

二是强化污染源管理及水质监测。一方面，对县级饮用水水源地保护区内的污染源进行彻底排查，及时发现并严格处理饮用水水源地保护区内的环境污染行为。另一方面，坚持对水面的日常清理，保持环境整洁，定期检查和完善水源保护区有关防护设施，如有破损即时修复；对保护区内码头、畜禽养殖场、围网养殖等污染设施加以严格的整治取缔，严防污染问题反弹。

5. 加大环境执法力度及风险防范

首先，加大对县级饮用水水源地环境违法问题的执法力度，加大对重点区域、重点行业、重点企业的污染整治，对严重污染环境、治理达标无望的企业坚决关闭。其次，加强对保护区内排污企业的监控，确保污染治理设施正常运转、达标排放。再次，尽力降低农业对生态环境的不利影响。农业领域要大力推行清洁生产，减少化肥、农药使用，提倡和鼓励使用有机肥、生物肥和配方施肥，严禁使用剧毒、高残留农药。最后，严把项目审批关，防止在饮用水水源保护区建设污染项目，从源头上防止水污染。

6. 努力营造爱护环境、保护环境的社会氛围

针对县级饮用水水源地环境保护力度不够、民众参与意识不强的情况，要加强对县级集中式饮用水水源地保护的宣传和引导。充分利用电视、报纸、宣传册、网络等多种媒介，对饮用水水源地保护的重要性、保护措施、相关规范要求等进行广泛宣传，努力形成人人爱护环境、保护环境的社会氛围，使包括饮用水水源地在内的环境保护成为广大民众的主动行为、自觉行为，强化和保持县级饮用水水源地保护良好效果。

参考文献

［1］马克思，恩格斯. 马克思恩格斯全集：第20卷［M］. 北京：人民出版社，1979.

［2］马克思，恩格斯. 马克思恩格斯选集：第3卷［M］. 北京：人民出版社，1972.

［3］马克思，恩格斯. 马克思恩格斯全集：第42卷［M］. 北京：人民出版社，1979.

［4］马克思，恩格斯. 马克思恩格斯选集：第1卷［M］. 北京：人民出版社，1975.

［5］马克思. 资本论：第3卷［M］. 北京：人民出版社，1975.

［6］马克思，恩格斯. 马克思恩格斯全集：第32卷［M］. 北京：人民出版社，1974.

［7］许彦，郭险锋. 中国特色社会主义政治经济学与供给侧结构性改革［M］. 成都：西南财经大学出版社，2017：160-168.

全球视野下中国农业现代化发展的
困境与突破

罗　眉[①]

摘要： 从全球视野看，农业劳动生产率和土地生产率是实现农业现代化最重要的两个指标，也是决定不同国家实现农业现代化不同模式的主要依据。本文分析了阻碍中国农业现代化发展的"土地、人才、资金"困境，提出从构建农业功能区布局，实行差别化土地政策；培育职业农民群体，构建人力资本蓄水池；发挥政府和市场合力，构建农村金融保障体系三方面进行突破。

关键词： 农业现代化；困境；突破

改革开放 40 年，是中国农业取得巨大进步的 40 年。随着农村经济体制改革和社会主义市场经济体制的确立，中国农业现代化进程不断加快，但是与发达国家相比，中国农业现代化还处于较落后阶段，中国农业现代化发展的步伐滞后于国家经济发展水平与人们生活水平的需要。[②] 因此，党的十九大报告提出，要坚持农业农村优先发展，要加快推进农业农村现代化。

一、全球视野下的农业现代化之路

农业现代化是一个国内外学者普遍感兴趣的命题。在国外，有美国经济学家舒尔茨的"改造传统农业理论"，德国农业经济学家杜能的"城市工业影响理论"，以及约翰·希克斯等的"诱导的创新理论"等。这些学者的观点集中一点，就是传统农业不具备迅速稳定增长的能力，出路在于

---

① 罗眉，中共四川省委党校。

② 王亚男，冯奎，郑明媚. 中国城镇化未来发展趋势：2012 年中国城镇化高层国际论坛会议综述 [J]. 城市发展研究，2012，19（6）.

把传统农业改造为现代农业，即实现农业现代化。①

由于自然资源、土地制度等自然、社会、经济因素的差异，各国农业现代化的路径和模式不尽相同。工业化国家的农业现代化发展主要有三种类型：以美国和加拿大为代表的第一类，这类国家人少地多、劳动力资源短缺，农业现代化的建设路径是大幅度提高劳动生产率，在机械化得以实现的基础上重点转向生物技术，最后实现农业现代化；以以色列和日本为代表的第二类，其农业现代化的建设路径是大幅度提高土地生产率，在生物技术的基础上发展机械技术，实现农业现代化；以法国、英国为代表的第三类，介于前两者之间，是生产集约加机械技术的复合型模式，现代农业建设的路径是土地生产率和劳动生产率双重提高。

美国经济学家弗农拉坦用实证资料证明，一个国家发展现代农业的模式主要由该国的土地、劳动力和工业水平所决定。随着中国农业科技特别是农业生物技术的突破性发展，中国农业将走上一条与欧美一样以提高农业劳动生产率为主，兼顾土地生产率的道路。

二、中国农业现代化发展的困境

农业劳动生产率和土地生产率是实现农业现代化最重要的两个指标，从影响农业劳动生产率和土地生产率的角度来看，目前中国农业现代化发展主要面临着"土地、人才、资金"的困境。

（一）传统"一亩三分地"的小农经济亟待转变

当前中国仍有超过 2 亿户"人均一亩三分、户均不过十亩"的小农，小农经济是中国必须长期面对的现实。分散化的农村土地把农民束缚在了土地上，农民担心失去土地之后，自身会失去生活保障的手段，离乡不离土，增加了要素流动（迁徙）成本；土地的"马赛克"化，让农业现代化难度加大，无法用工业化的规律来进行农业生产；传统分散化的小农经营模式使得单个农户无法面向市场，大大提升了农产品的流通成本，严重妨碍了农业生产的商业化水平。这种传统的"一亩三分地"的生产形式，注定在抗风险能力、市场竞争力等方面无从参与未来农业的竞争，亟待转变。

（二）农业现代化发展所需要的人力资本供给不足

美国经济学家西奥多·舒尔茨认为，改造传统农业的核心是引进经济

---

① 张占耕. 新时代中国特色农业现代化道路 [J]. 区域经济评论，2018（2）.

增长的关键要素——技术进步，以"内涵式"路径来发展现代农业。[①] 农业的技术进步，对人力资本的要求日益提高。

目前，农业现代化发展所需要的人力资本供给不足主要表现在：一是农民文化素质低。我国农民文化程度较低，平均受教育年限不足7年，大部分中青年农村劳动力文化程度为初中及初中以下，相当部分劳动力未接受过任何正规教育。二是青壮年劳动力流失。我国农村剩余劳动力，特别是青壮年劳动力流失现象严重，留下来务农的基本上是老人和妇女，实际从事农业生产的必要劳动力出现了短缺。三是专业人才缺乏。我国接受过中高等教育的农业专门人才奇缺，同时接受过农业高等教育的人才又很少愿意回到农村中从事生产管理。

（三）农村金融体制与现代农业不匹配

目前我国农村金融体制与现代农业不匹配，主要表现为：一是缺信用体系。我国当前农村地区的信用体系还没有真正建立起来，这直接导致我国农村金融特别是农业金融信贷服务因为信用缺失而陷入困境，出现农户、合作社乃至农业企业普遍面临因为达不到信贷要求而无法从金融机构贷款的难题。二是缺风险控制手段。由于农业的经营风险远高于普通产业，而现有的风险管理主要依靠农业保险、担保以及政府救灾应急、补偿等机制来应对风险，不仅手段有限，而且这些手段都侧重于事后管理，十分被动。三是缺资金支持。农业现代化需要大量的资金支持，然而由于我国缺信用体系、缺风险控制手段，导致资本市场的资金不能、也不敢进来，使得我国的农业现代化长期处于缺资金的"贫血"状态。

三、中国农业现代化的突破

（一）构建农业功能区布局，实行差别化土地政策

农业现代化的进程，就是要改变传统"一亩三分地"的分散经营的小农经济，向着集约化、规模化现代农业经济转变，提高土地产出率。科学划分和建设农业功能区，引导农业活动在空间上的合理聚集，逐步建立相对稳定合理的农业生产区域分工体系，减轻区域农业发展的资源生态环境压力，可从源头上控制区域生态环境恶化和发展农业的资源环境成本，保护农业可持续发展的资源生态基础，也可提高土地生产率，这是中国农业现代化发展的必然选择。2010年《全国主体功能区规划》正式发布，其将

[①] 西奥多·W.舒尔茨.改造传统农业［M］.梁小民，译.北京：商务印书馆，2010.

全国划分为优化开发区、重点开发区、限制开发区和禁止开发区四类主体功能区，并划分出我国七大农产品主产区，包括甘肃新疆主产区、渭河平原主产区、河套灌区主产区、东北平原主产区、黄淮海平原主产区、长江流域主产区和华南主产区，形成了"七区二十三带"农业发展战略格局。

按照农业功能区的布局，应实行差别化土地政策：

一是对于优化开发区来说，土地制度的定位是如何优化土地利用方式，建立各个不同功能区统筹考虑的土地利用方式，推动土地利用效率的提高，解决人口集聚和产业结构升级的问题，这个区域的土地要承载未来人口聚集和产业结构升级。严格控制建设用地总量，提高单位土地的产出水平，推进存量土地改造，以 TOD 模式①为基础，来统筹提升基础设施和产业用地的资源配置效率，建立建设用地集约利用的评价和绩效考核制度。适当控制生产性用地、预留人口积聚的生活性用地、提高生态性用地在土地利用中的比例。鼓励这个区域的耕地退出农业生产，发挥生态功能。建立限制开发区、重点开发区和优化开发区之间非农建设用地指标互换交易的利益共享机制。完全建立城乡统一的土地交易市场，实现统一城乡土地市场。

二是对于重点开发区来说，土地制度的定位是促进人口集聚，扩大产业发展规模，充分保障人口集聚和产业发展的用地需求，同时兼顾粮食产能安全。要适度扩大建设用地规模，完善重点开发区和限制开发区之间的建设用地指标的交易制度，提高这个区域的人口和产业承载能力。保障和优化基础设施布局的土地需求，对若干农业区域实行严格的耕地保护制度，鼓励土地流转，用产业发展来吸引农业人口进城。

三是对于限制开发区来说，土地制度的定位是完全以粮食产能安全为主，保障人民群众的营养健康需求。土地制度的方向是严格控制非农建设用地规模，实行耕地数量只增不减的总量指标控制，要建立限制开发区和重点开发区、优化开发区之间非农建设土地指标的增减挂钩。推动自然村的归并，按照农业专业功能区的规划来规定土地的用途，建立适合于不同功能区的高标准农田建设格局。

四是对于禁止开发区来说，土地政策的定位是保护原始生态环境，实施严格的土地用途管制，禁止用于任何农业和非农业建设用途，按照土地

---

① TOD 的概念是由彼得·卡尔索尔普（Peter Calthorpe）在 1992 年提出的，他主张以公共交通为导向的发展模式。通过优化土地用途，实现产业发展和交通布局的有效协调来解决交通拥堵和用地约束的问题。

的生态形式来建立相应的自然保护区、风景名胜区、森林公园、地址公园等，同时大力推动实行移民安置。

（二）培育职业农民群体，构建人力资本蓄水池

职业农民培育的主体是农民，从中国农村的农民结构来看，分成贫困型农民、维持型农民、市场型农民以及较为特殊的农村外出务工人员四大类。贫困型农民是指基本文化素质相对较低，难以与外部世界融合，缺乏获取现代城市文明的能力，受限于自然、经济、社会条件（一般生活在山区），缺乏创新精神和创业能力，致富无门，主要从事传统农业生产的群体。维持型农民是指生产上自给自足、小富即安，缺乏创新观念和开拓精神，尚未融入市场经济体系的群体。市场型农民是指生活较为富裕，但不太了解市场行情，并缺乏获取信息能力、经营管理能力以及抵御市场风险能力的群体。农村外出务工人员是指外出务工的农民，属于特殊的"产业工人"，能够迅速从传统农民转化为城市合格工人或技术人员。

要针对不同类型的农民，来建立多层次的人力资本蓄水池，推动农民的梯次职业化。

一是对于有劳动能力的农民群体来说，让贫困型农民更加融合于现代城市文明，让他们接受现代文明的阳光，不断缩小这个群体，引导他们成为潜在的职业农民。

二是对于维持型农民，要加强现代农业生产技术的推广、农民合作组织能力、创新理念以及市场竞争能力的培养，让他们尽可能地融入现代市场体系，让市场增强他们创造财富的能力。

三是帮助市场型农民增强农民的经营管理能力，增强获取信息与相互沟通的能力，拓宽农民信息渠道和有效抵御风险的能力，帮助他们成为农业龙头企业的主体。

四是对于外出务工的农村外出务工人员，让这个群体融入非农产业发展之中，帮助其中有能力、有条件的群体成为现代农业的创业主体。

（三）发挥政府和市场合力，构建农村金融保障体系

中国要推进农业现代化，实现农业现代化的目标，一个高效的现代化农村金融保障体系不可或缺。由于农业的弱质性，发展农村金融离不开政府的大力支持，但是政府主导型的外生性农村金融已经不能有效满足农村金融需求的增加以及多样化趋势，成为农业现代化的一大障碍。农村金融保障体系的构建，应发挥政府和市场的合力。

一是完善农户信用建设，营造农村金融生态环境。完善涉农金融机构的农户信用档案的电子化建设，通过建立信用农户、信用村和信用县，使

信用建设能够成为一个系统体系。随着互联网的发展，在利用农户抵押和担保等传统方式的基础上，可以引入互联网芝麻信用等新型互联网方式对农户的信用进行评级，与此同时，加大对恶意逃废银行债务的打击力度，营造良好的农村金融生态环境。

二是完善农村金融布局，发展农村多元金融体系。一方面，要坚持以正规金融建设为主导，通过正规金融渠道提供信贷资金支持农业现代化的发展；另一方面，发挥非正规金融的协调作用，以弥补正规金融渠道信息和担保方面的不足，但非正规金融的发展必须进行监督和风险监测，以促进农村金融服务环境的良性发展。

三是完善农业保险机制，提升农业风险抵御能力。要大力发展农业保险制度，引入大量保险公司或商业银行发展农村金融市场，支持农户自主发展互助合作保险组织。政府应该引导保险企业降低经营成本、控制风险水平，支持农业保险企业走向市场化发展的轨道。同时，政府也应该建立合理的激励机制支持农贷业务，利用财政加强农村保险补贴制度。也可以建立财政风险补偿基金，对自然风险和市场风险等原因形成的农村中小企业贷款、农业贷款损失给予一定的补偿。

四、结语

21 世纪以来，走中国特色新型农业现代化道路的战略目标越来越明确，新型农业现代化逐步在与工业化、城镇化、信息化的互动中走向全面发展、同步发展和可持续发展之路。农业现代化的推进，必须以改革创新的思路，突破阻碍农业现代化发展的困境，激发农村各类要素的潜能和各类主体的活力，强化农业现代化制度性供给，不断为农业发展注入新动能。

参考文献

[1] 王亚男，冯奎，郑明媚. 中国城镇化未来发展趋势：2012 年中国城镇化高层国际论坛会议综述 [J]. 城市发展研究，2012，19（6）.

[2] 张占耕. 新时代中国特色农业现代化道路 [J]. 区域经济评论，2018（2）.

[3] 毛飞，孔祥智. 中国农业现代化总体态势和未来取向 [J]. 改革，2012（10）.

[4] 胡鹏辉，吴存玉，吴惠芳. 中国农业现代化发展道路争议评述 [J]. 中国农业大学学报（社会科学版），2016（8）.

［5］唐珂. 发展中的世界农业：美国农业 ［M］. 北京：中国农业出版社，2015：49.

［6］黄祖辉，林本喜. 基于资源利用效率的现代农业评价体系研究———兼论浙江高效生态现代农业评价指标构建 ［J］. 农业经济问题，2009（11）：20-27.

［7］西奥多·W. 舒尔茨. 改造传统农业 ［M］. 梁小民，译. 北京：商务印书馆，2010.

［8］孟江. 关于农村金融发展的看法和建议 ［J］. 现代商贸工业，2018（6）.

四川深度贫困地区"电商扶贫"
现状及对策研究

孙继琼①

摘要：由于地理区位、经济基础、发展条件等方面的不同，深度贫困地区的电商扶贫之路，面临着不同于其他区域的特殊困境和制约。根据实际，走出一条具有"深度贫困地区特点"的电商扶贫之路，具有重大的现实意义。本文在对四川深度贫困地区"电商扶贫"现状分析的基础上，对电商扶贫产生效应进行了分析，探析了四川深度贫困地区电商扶贫面临的问题，并提出了推进四川深度贫困地区电商扶贫的对策建议。

关键词：深度贫困地区；电商扶贫；扶贫效应

随着电子商务在农村地区的快速发展并且农村电子商务对于转变农业发展方式，精准扶贫，全面推动"大众创业、万众创新"，以及农村经济转型升级等具有重要意义②。以"甘孜藏区、阿坝藏区和凉山州"为代表的深度贫困地区，是四川全面建成小康社会的"难中之难、坚中之坚"，打赢这些区域的"脱贫攻坚战"，不仅关系到四川全面建成小康社会的顺利实现，也关乎全国全面建成小康社会的大局。从现实看，这些深度贫困地区大多拥有优质、特色的农牧产品，具有特色农牧产业发展的资源基础和条件，但由于地处偏远、远离市场，市场需求信息不畅通，加之交通落后，制约了当地特色产业发展和农牧民脱贫增收。以"互联网+电商"为载体，通过互联网手段及外部支持，能够突破传统资源开发和产业发展的限制性因素，提高农产品的商品化率，带动特色产业发展，推动贫困人口就业和增收。

---

① 孙继琼，中共四川省委党校。
② 课题组. 包容性创新和增长：中国涉农电子商务发展研究报告 [R]. 杭州：浙江大学，2014.

一、四川深度贫困地区电商扶贫的现状

近年来，甘孜、阿坝、凉山等四川深度贫困地区，以国家级和省级电商进农村示范县建设为契机，多措并举，积极推进电商扶贫工程建设。

（一）突出政策引导，营造电商扶贫氛围

甘孜、阿坝、凉山等深度贫困地区地处偏远、基础设施滞后，制约电子商务发展的因素多、困难大。为推动电商扶贫发展，当地政府通过发挥"有形的手"整合资源，强化政策引导，营造电商扶贫氛围，积极培育电子商务生态体系。一方面，完善配套政策，为电商扶贫创造了良好的政策环境。如甘孜州制定了《关于加快推进电子商务发展的实施意见》《甘孜州整体推进电子商务进农村示范项目实施方案》等政策；阿坝州编制了《阿坝州电子商务"十三五"行动计划》，明确了财政、税收、融资、用地、人才等一系列支持措施。另一方面，完善工作机制，建立领导机构和统筹协调工作机制，负责协调处理电商扶贫项目建设难题，为项目建设铺平道路。如甘孜州以电商扶贫项目为试点，成立甘孜州电商扶贫项目促进办，与全州 18 个县（市）建立联动机制，共同为电商扶贫项目排忧解难，协调解决电商扶贫项目场所、农产品营销、电商物流、通信网络、电商人才培训等项目建设难题。

（二）着力人才培训，壮大电商扶贫队伍

一方面，坚持用电商来"武装"贫困户。调查显示，凉山州、阿坝州、甘孜州等深度贫困地区在精准识别贫困户的基础上，组织干部详细摸查有电商从业意愿的扶贫对象，通过整合扶贫、就业等培训资源，对贫困户进行定期、不定期的免费电商培训，引导贫困户融入电商产业，帮助扶贫对象树立脱贫之志，掌握脱贫之技，提升他们的脱贫能力，加快他们的脱贫步伐。另一方面，重视电商扶贫带头人培训。组织动员驻村第一书记、大学生村官、未就业大学生、致富能人等各类农村人才参与农村电商工作，这对于帮助贫困户实现脱贫具有重要现实意义。实践中，四川深度贫困地区依托职业院校、农民夜校，对大学生村官、未就业大学生、致富能人等不同人群开展电商知识、电商技巧实操等电子商务培训，着力发挥电商扶贫带头人的带动作用。

（三）完善基础设施，拓宽农产品上行渠道

贫困户多住在偏远乡村，优质农副产品外销不畅，脱贫苦于无路。四川深度贫困地区在加强交通等基础设施扶贫的基础上，大力实施电商服务

站点、宽带网络、物流快递服务点建设，缩短了农产品交易的时空距离，打通了贫困户致富"网路"。一是完善通信网络。通信网络是电商扶贫的基础要件，近年来，四川省深度贫困地区着力加快宽带建设，大力推进通信网络进农村，带动了贫困对象"借网"致富的浪潮。截至 2015 年年底，甘孜州 18 个县（市）均实现"全网络"覆盖，325 个乡镇全部实现了手机信号覆盖。二是建设物流网络体系。积极设立县、乡、村三级服务中心（站），打造优势互补、资源共享、覆盖广泛的电商进农村服务网络，打通贫困户农业小生产与电商大市场的"最后一公里"。三是搭建电商平台。通过搭建电商平台，着力为本地特色农产品创造"借网外出"的快捷通道。

（四）健全帮扶模式，提升电商扶贫效能

近年来，四川深度贫困地区坚持因地制宜、因人施策，积极探索电商扶贫到户、参与产业链扶贫等模式，构建网货供应体系，带动贫困户脱贫增收。一是创新"电子商务+产业发展+精准扶贫"模式。在注重产业培育的同时，积极发展电子商务，与成都京东、天猫原产地官方旗舰店、四川顺丰、"全球时刻"等电商企业签订农村电子商务战略合作协议，依托电子商务拓展销售渠道，在使贫困户通过电商渠道直接受益的同时，放大了产业扶贫的增收效应。二是探索"电商平台+贫困户+消费者"模式。该模式以电商平台为载体，帮助贫困户对接消费者和市场，直接以电子商务交易实现增收，达到减贫脱贫效果。三是构建"电商+合作社+龙头企业+贫困户"模式。该模式一方面可以让龙头企业通过产业链的纵向协作，与贫困户签订产销合同，为其提供培训和技能支持，有效降低生产成本和市场风险；另一方面，贫困户还可以借助龙头企业的资金优势、行业优势、品牌优势，共同分享产业链收益。四是构建"网店+贫困村+贫困户"模式。建立网店与贫困村、贫困户结对帮扶机制，对接贫困村特色产业和农特产品，形成"一店带一村、带多户"的脱贫模式。

二、四川深度贫困地区电商扶贫取得的成效

2014—2017 年，四川共建成 62 个国家级电商进农村示范县，其中甘孜州、阿坝州、凉山州三州占 18 个，比例为 29%。2017 年全省新增的 25 个国家级电商进农村示范县中，甘孜州、阿坝州、凉山州三州占 14 个，比例高达 56%。四川深度贫困地区抢抓电子商务进农村的有利契机，运用"互联网+扶贫"的思维，促进电子商务与精准扶贫深度融合，取得了良

好的社会效应和扶贫效应。

（一）农民收入显著增加

调查显示，四川深度贫困地区农牧民普遍认为电商扶贫对于收入提高以及收入的稳定性有明显的作用。在问及"电商扶贫是否使收入有所提高"时，选择对收入提高有一定影响的比例为 62.7%，选择对收入提高有很大影响的比例为 25.5%，选择对收入无明显影响的比例为 11.8%。地惹打哈是世代居住在凉山州昭觉县支尔莫乡熟租村的贫困户，以前家里靠种植玉米为生，年收入 6 000 元左右，2017 年年初，凉山州下辖八市县与京东签署农村电商及精准扶贫合作协议，将油橄榄产业作为产业扶贫的突破口，中泽公司为农户提供种植技术服务和果实收购，并对原料进行精深加工，京东将中泽公司产品纳入京东平台销售。通过该项目，地惹打哈家里的 6 亩地种上了油橄榄，现在苗木已全部挂果，单株可收 1~2.5 千克油橄榄，能够实现油橄榄增收 3 600 元以上。

（二）促进农牧民创业就业

调查显示，超过 90% 的被调查者认为电商扶贫增加了创业就业机会。一方面，通过教育培训、资源投入、市场对接、政策支持、提供服务等形式，帮助贫困户创业，直接以电子商务交易实现增收，达到减贫脱贫效果；另一方面，通过构建面向电子商务的产业链，帮助和吸引贫困户参与进来，实现完全或不完全就业，从而达到减贫脱贫效果。在问及"电商扶贫是否会增加创业就业机会"时，选择对增加创业就业机会有一定影响的比例为 51.2%，选择对增加创业就业机会有很大影响的比例为 39.5%，选择对创业就业无明显作用的比例为 9.3%。在问及"电商扶贫是否使工作更加稳定"时，选择对工作稳定有一定程度影响的比例为 52.3%，选择对工作稳定有很大影响的比例为 27.9%，选择无明显影响的比例为 19.8%。

（三）拓宽了农产品销售渠道

电子商务为精准扶贫嵌入了新的视角和工具，为深度贫困地区农产品销售带来了广阔的市场[1]，能有效解决农产品销售难的问题。如凉山州电商产业交易额从 2013 年的 10 亿元增长到 2016 年的 42.08 亿元，零售额从 2013 年的 1 亿元增长到 2016 年的 17.2 亿元。2017 年，甘孜州实现电子商务网络交易额 18.29 亿元，增长 109.24%，增速居全省第一位；实现网络零售额 12.87 亿元，增长 55.85%，增速居全省第二位；实现实物型网络零售额 0.96 亿元，增长 71.23%。

---

① 四川大学陇南电商扶贫研究课题组. 陇南电商扶贫的扶贫效应及对策研究 ［J］. 农业网络信息，2018（1）：17-21.

三、四川深度贫困地区电商扶贫面临的困境

（一）电商扶贫政策引导的精准率、协同度不高

电商扶贫是一个涉及因素多，实现机理也较为复杂的过程，需要顶层设计、总体部署和分步推进。目前，四川深度贫困地区尚缺乏电商扶贫的总体规划和行动计划，电商扶贫实践面临"三多三少"的问题：一是电商扶贫对象瞄准度不高，对电商手段强调的多，与扶贫联系的少，缺乏与贫困群众的长效联系机制，贫困户参与度低；二是政策扶持措施不够健全，基础设施硬件强调的多，对人才、宣传、政策等软件建设的少；三是政策制定尚存在笼统和模糊的地方，推进举措难以量化和细化，电商扶贫的发展定位、发展路径和突破口尚不明确，对线上强调的多，对线下产业发展做得少。

（二）规模化发展及完整产业链支撑尚未形成

电商的核心在产品。四川深度贫困地区的农特产品因区位和环境的独特性，具备了天然的差异化和可辨识性，但规模化发展及完整产业链支撑尚未形成，普遍存在"三低"问题。一是规模化程度低。农产品普遍"小""散"，缺乏本地供应链前端的汇聚。二是标准化程度低。小规模、分散型的家庭生产模式，致使各生产单位生产的农产品种类不均，质量参差不齐，难以通过电商与外部市场形成长期稳定的对接关系。三是品牌化程度低。网络产品存在名称缺乏规范化、产品价格弹性大等一系列问题，市场效益没有充分体现。

（三）物流通达率低，配送成本高

调查显示，物流不方便、成本高的问题是困扰电商从业者的主要难题，占比高达58.6%。其突出表现在以下几方面：一是甘孜州、阿坝州、凉山州等地区地处偏远，通村入户的道路条件较差，加之时常发生山洪、泥石流等自然灾害，通村道路易被损毁，物流配送受阻，不利于电商物流向村级延伸。二是运输成本高。生鲜农产品对包装、仓储、运输等条件要求较高，有的农副产品还必须采取防水、减震、冷链等特殊的物流方式，运输成本高。三是民族乡村大多地域广阔、人口分散，现有网点多分布在基础设施较好、人口相对密集的中心村，而偏远民族地区山高路险、人口分散，电子商务的辐射带动作用非常有限。

（四）本土化的人才队伍体系缺乏

一方面，电商扶贫培训对象缺乏。电商培训的重点对象应是农村具有

一定文化水平的中青年群体，但该群体多半外出打工，少数留守者因文化水平低等原因几乎没有培训需求。尽管政府对参训者免除一切费用并提供培训期间的生活补贴，但许多县的参训者仍然严重不足。另一方面，基层扶贫干部队伍中很少配备有专门从事电商扶贫的技术人员，一些地方由村干部兼任农村淘宝合伙人，零星地开展网上代购与代销服务，但由于村干部日常村务较多，时间精力有限，根本无力承担电商扶贫的重任，影响电商扶贫的效果。

四、推进四川电商扶贫的对策建议

电商扶贫已经成为了我国扶贫体系中十分重要的一环①。针对深度贫困地区电商扶贫面临的问题，应以贫困群众脱贫为导向，在政策体系、物流体系、产业体系、人才体系上精准发力，综合施策，营造更优的电商扶贫生态体系，助推四川深度贫困地区精准扶贫和精准脱贫。

（一）构建电商扶贫的政策支持体系，精准发力、多方协作

一是注重整体部署。将电商扶贫纳入脱贫攻坚总体部署和工作体系。以县为单位，组织有关部门和专家对县域内的优势资源进行摸底调研，制定出符合四川深度贫困地区特点的电商扶贫规划，以规划为引领，加大政策支持力度。二是阶段递进、局部突破。将总体目标进行分解，制定分目标实施方案，编制人才、基础设施、产业等专项规划，分清问题的轻重缓急，优先解决制约发展大、影响程度深的关键问题。三是注重与原有扶贫政策体系融合。要将电商扶贫的新内容、新要求，与原有的扶贫政策体系有机融合，推动电商扶贫在规划目标、扶贫手段、资源配置与原有扶贫规划实现"融合"。

（二）实施民族地区电商产业链延伸与品牌提升战略

发展电商扶贫，焦点在于贫困地区产业的融合与调整，需要进一步推进产业标准化建设、品牌培育和认证追溯，重塑上行供应链体系建设。一是促进农产品规模化生产。依托"龙头企业+合作社+基地+贫困户"等模式，引导贫困户加入专业合作社等，实现抱团发展。二是提升农产品质量。进一步健全农产品生产标准体系、质量认证体系等，充分发挥农科院等技术力量在指导贫困地区农业生产、农产品改良育种等方面的作用，提高农产品质量。三是培育农产品品牌。调动各方资源，实施"扶贫品牌"

① 卢迎春，任培星，起建凌. 电子商务扶贫的障碍分析［J］. 农业网络信息，2015（2）：27-31.

培育行动，加大农产品品牌培育力度，支持申报"地理标志产品""绿色产品""无公害产品""有机产品"等资质认证。四是加大监管执法力度。严惩制售假冒伪劣产品的电商企业，建立电商产品生产流通的全过程质量安全控制和可追溯体系。

（三）构建覆盖偏远民族地区的电商物流服务体系

一是完善宽带网络体系。各级财政要加大资金投入，推进深度贫困地区宽带网络提速降费，提高物流配送能力，完善物流服务体系，建设民族地区的"智慧物流"，促进城乡信息化公共服务普遍化、均等化。二是要加快互联网信息平台建设。通过信息化手段将农产品产地、加工地、储藏地以及集散中心等进行整合，以此为基础进行物流规划，保证电子商务的资源整合与信息传递优势得到最大程度的发挥。三是要打造扎根农村的电商平台企业。按照壮大、提升、扶持、孵化"四个一批"的梯队发展思路，构建定位准确、特色鲜明、优势互补的电商平台体系。四是完善物流网络体系。以物流枢纽站建设为抓手，构建多站合一、资源共享、功能完善的县、乡、村三级电商物流服务体系。

（四）要打造一支面向四川深度贫困地区的"落地式"电商扶贫专业人才队伍

推进电商扶贫，要加强人才培训体系建设，着力培养懂电商、懂扶贫的专业人才，提升电商扶贫发展水平。一是加大干部电商扶贫技能的培训。依托省委及市委党校，对深度贫困地区干部分批次开展电商和电商扶贫的专题培训，以提高领导干部对电商和电商扶贫的功能、特点以及经济与社会效益的认知度，进一步保障电商扶贫工作顺利实施。二是加大对有电商从业意愿的贫困户的培训。选配技术能力过硬的电商扶贫干部驻村进寨，为建档立卡贫困户提供按需培训、上门服务，同时定期组织电子商务培训班，向少数民族群众传授电子商务知识和实操技能，针对已开办网店的贫困户，多措并举帮助其提高经营效益。三是做好对电商扶贫带头人的培训。加大对驻村第一书记、大学生村官、未就业大学生和贫困村在校大学生、致富能人等各类农村人才的培训力度，提升他们的电商扶贫能力和水平，进一步发挥他们在电商扶贫中的引领和示范作用。

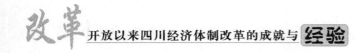

正确认识政府与市场的关系，
进一步推动经济体制的深入改革

奉　兴①

摘要：改革开放 40 年，是不断探索政府与市场关系的 40 年，是不断探索资源配置方式的 40 年。党的十八届三中全会提出，使市场在资源配置中起决定性作用和更好发挥政府作用。近年来，市场化的不彻底，对我国的进一步发展提出了严峻挑战。为此，我们必须紧紧围绕使市场在资源配置中起决定性作用的深化经济体制改革；必须进一步厘清政府与市场的边界，将市场应该发挥作用的领域交给市场，减少政府对微观市场主体和经济活动的干预；加快建设统一开放、竞争有序的市场体系，建立公平开放透明的市场规则，让市场在所有能够发挥作用的领域都充分发挥作用。

关键词：政府与市场关系；经济体制改革；资源配置

改革开放 40 年，是不断探索计划经济与市场经济有机结合的 40 年。进行社会主义经济体制改革，其核心问题实际就是正确认识和处理好政府与市场的关系。总结改革开放 40 年的经验，最重要的关键应该就是放弃计划经济，实行市场经济，市场经济的落实程度直接决定着改革的成败。党的十八届三中全会作出的《中共中央关于全面深化改革若干重大问题的决定》（简称《决定》），把市场在资源配置中的"基础性作用"修改为"决定性作用"，这是对社会主义市场经济实践最新的理论解答，是对中国特色社会主义建设规律认识的一个新突破，这对于建立和完善市场经济体制，转变政府职能，激发市场经济主体活力等将产生巨大深远的影响。

一、市场配置资源是最有效率的资源配置形式

市场是社会配置稀缺资源的一种手段，是人类文明发展的一个共同成

---

①　奉兴，中共四川省委党校。

果。历史和现实表明，在目前的生产力水平下，与其他经济体制相比，市场经济是资源配置最有效率的经济体制，也是发展社会生产力和实现现代化的最优途径。在市场经济体制中，价格发挥着传递信息、分配收入、提供激励三大功能，引导市场主体把资源投入到最能满足市场需求的产品和服务上，实现社会资源的优化配置。

"经济发展就是要提高资源尤其是稀缺资源的配置效率，以尽可能少的资源投入生产尽可能多的产品、获得尽可能大的效益。理论和实践都证明，市场配置资源是最有效率的形式。市场决定资源配置是市场经济的一般规律，市场经济本质上就是市场决定资源配置的经济。健全社会主义市场经济体制必须遵循这条规律，着力解决市场体系不完善、政府干预过多和监管不到位问题"。习近平在党的十八届三中全会关于《中共中央关于全面深化改革若干重大问题的决定》的说明中，对市场经济本质就是市场决定资源配置的经济，市场配置资源是最有效的形式，进行了明确、清晰的阐述。

我们认为，所谓市场在资源配置中的"决定性作用"，是指市场在所有社会生产领域的资源配置中都处于主体地位，对于生产、流通、消费等各环节的商品拥有直接的决定权。市场通过价格机制、供求机制、竞争机制以及风险机制，以利润为导向引导生产要素流动，以竞争为手段决定商品价格，以价格为杠杆调节供求关系。伴随着市场化改革的不断推进，我国的经济运行越来越遵循价值规律的要求、适应供求关系的变化，促进了竞争、优化了资源配置，在极大程度上促进了社会经济的增长，实现了从贫困到总体小康社会的历史性跨越，极大提升了中国的国际影响力。GDP从1978年不到4 000亿元增长至2017年的820 000亿元，2010年中国超过日本成为世界第二大经济体。可以说，改革开放40年取得的巨大经济成就，很大程度上得益于我们坚持市场化导向的改革，或者说，改革开放是中国经济快速增长的一个重要前提甚至是主要前提。但是，改革开放40年，由于对市场作用的认识的局限以及对市场经济可能的负面影响的担心，我国在很多方面的市场化改革还不彻底，还有很多领域没有实现主要通过市场对资源进行配置，资源配置违背价值规律导致低效配置和严重浪费的现象还十分普遍。具体表现为：市场秩序不规范，以不正当手段谋取经济利益的现象广泛存在；生产要素市场发展滞后，要素闲置和大量有效需求得不到满足的情况并存；市场规则不统一，部门保护主义和地方保护主义大量存在；市场竞争不充分，阻碍优胜劣汰和结构调整。因此，必须不断加快完善社会主义市场经济体制。

二、坚持基本经济制度，大力发展各类市场主体

市场主体在市场上自由地支配自己的生产要素和商品，自由地做出符合自身利益的选择。就参与市场交易的市场主体来说，市场经济不承认市场主体在身份、地位、民族、出身、肤色等方面的差别，只承认对方是平等的拥有生产要素或产品的所有者。市场主体不承认别的任何权威，他们遵循市场等价交换的规则，在商品面前人人平等，在货币面前人人平等，在市场规则面前人人平等，在法律面前人人平等。

以公有制为主体，多种所有制经济共同发展构成我国的基本经济制度。国有企业、民营企业、外资企业、各类经济组织和个人，构成我国社会主义市场经济的市场主体。公有制经济和非公有制经济都是社会主义市场经济的重要组成部分，都是我国经济社会发展的重要基础。

（一）完善财产权保护制度

发展市场经济，发挥各类市场主体作用，首先必须建立和完善财产权保护制度。公有制经济财产权不可侵犯，非公有制经济财产权同样不可侵犯。国家保护各种所有制经济财产权和合法利益，保证各种所有制经济依法平等使用生产要素、公开公平公正参与市场竞争、同等受到法律保护，依法监管各种所有制经济。加强对各类市场主体的财产权制度保护应该成为各级政府的重要工作。

（二）推动国有企业完善现代企业制度

国有经济经过多年的改革，国有企业总体上已经同市场经济相融合。国有企业必须适应市场化、国际化的新形势，以规范经营决策、资产保值增值、公平参与竞争、提高企业效率、增强企业活力、承担社会责任为重点，进一步深化国有企业改革。对于公益性企业，国有资本要加大投入，以提供更多更好的公共服务。对于自然垄断行业企业，国有资本继续控股经营，实行以政企分开、政资分开、特许经营、政府监管为主要内容的改革，根据不同行业特点实行网运分开、放开竞争性业务，推进公共资源配置市场化。同时，应进一步破除各种形式的行政垄断，国有企业必须公平参与市场竞争并控制其在竞争性领域的活动范围。

（三）支持非公有制经济健康发展

非公有制经济是社会主义市场经济的重要组成部分，是我国经济社会发展的重要基础，同市场经济具有天然适应性，发展和壮大非公有制经济奠定了市场在资源配置中起决定性作用的微观基础。民营企业创造了我国

60%以上的 GDP，缴纳了 50%以上的税收，提供了 80%以上的就业岗位，民营经济成为社会主义市场经济的重要组成部分和我国经济社会发展的重要基础。因此，应坚持权利平等、机会平等、规则平等，废除对非公有制经济各种形式的不合理规定，消除各种隐性壁垒。

近几年来，在一部分民营企业家中弥漫着一种"小富即安，大富难安"的情绪，这背后其实有深层的隐忧和危险。对于财产权的保护，已成为民营企业最为关心的问题之一。

（四）积极发展混合所有制经济

积极发展混合所有制经济，强调国有资本、集体资本、非公有资本等交叉持股、相互融合的混合所有制经济，是基本经济制度的重要实现形式。混合所有制经济有利于国有资本放大功能、保值增值、提高竞争力，有利于各种所有制资本取长补短、相互促进、共同发展，有助于非公有制企业参与国有企业改革，有利于鼓励发展非公有资本控股的混合所有制企业，有利于国有企业和民营企业现代企业制度的建立健全。当前，亟需研究如何调动民营经济参与国有企业的混合所有制改革，在混合所有制企业中切实保障所有股东的合法权益。

（五）激发和保护企业家创新精神，构建新型政商关系

我们全面深化改革，就要激发市场蕴藏的活力。市场活力来自于人，特别是来自于企业家，来自于企业家精神。激发市场活力，就是要把该放的权放到位，该营造的环境营造好，该制定的规则制定好，让企业家有用武之地。

党的十八大以来，党中央加大反腐败力度，查处了一批腐败分子和不法商人，官商勾结现象有所收敛。同时，在一些党政干部中又出现了不敢担当、不愿与企业家联系交往的现象。党的十九大报告提出"构建'亲''清'新型政商关系，促进非公有制经济健康发展和非公有制经济人士健康成长"。这激励了广大党政干部勇于担当、积极作为，既帮助民营企业解决发展中遇到的各种困难和问题，又守住底线不以权谋私；同时，也激励了广大民营企业家做到洁身自好，遵纪守法办企业、光明正大搞经营。

三、加快完善现代市场体系，加快推进要素市场化进程

建设统一开放、竞争有序的市场体系，是使市场在资源配置中起决定性作用的基础。我们加快建立的现代市场体系应该是企业自主经营、公平竞争，消费者自由选择、自主消费，商品和要素自由流动、平等交换的现

代市场体系，应着力于清除市场壁垒，提高资源配置效率和公平性。

要建立公平、开放、透明的市场规则，推动全面实施市场准入负面清单制度，在制定负面清单的基础上，各类市场主体可依法平等进入负面清单之外的领域。因此，要完善主要由市场决定价格的机制，凡是能由市场形成价格的都交给市场，政府不进行不当干预。

完善金融市场体系，扩大金融业对内对外开放，在加强监管的前提下，允许具备条件的民间资本依法发起设立中小型银行等金融机构。健全多层次资本市场体系，多渠道推动股权融资，发展并规范债券市场，提高直接融资比重。

深化科技体制改革，建立健全鼓励原始创新、集成创新、引进消化吸收再创新的体制机制，健全技术创新市场导向机制，发挥市场对技术研发方向、路线选择、要素价格、各类创新要素配置的导向作用。建立"产学研"协同创新机制，强化企业在技术创新中的主体地位，发挥大型企业创新骨干作用，激发中小企业创新活力，推进应用型技术研发机构市场化、企业化改革，建设国家创新体系。加强知识产权运用和保护，健全技术创新激励机制。完善风险投资机制，创新商业模式，促进科技成果资本化、产业化。

四、更好地发挥政府的作用

强调政府的职责和作用主要是保持宏观经济稳定，加强和优化公共服务，保障公平竞争，加强市场监管，维护市场秩序，推动可持续发展，促进共同富裕，弥补市场失灵。即科学的宏观调控，有效的政府治理。

进一步简政放权，深化行政审批制度改革，最大限度减少政府对微观事务的管理，市场机制能有效调节的经济活动，一律取消审批，对保留的行政审批事项要规范管理、提高效率；直接面向基层、量大面广、由地方管理更方便有效的经济社会事项，一律下放地方和基层管理。政府要加强发展战略、规划、政策、标准等的制定和实施，加强市场活动监管，加强各类公共服务提供。加强中央政府宏观调控职责和能力，加强地方政府公共服务、市场监管、社会管理、环境保护等职责。推广政府购买服务，凡属事务性管理服务，原则上都要引入竞争机制，通过合同、委托等方式向社会购买。

市场化的不彻底，对我国的进一步发展提出了挑战。为此，我们必须紧紧围绕使市场在资源配置中起决定性作用的深化经济体制改革。必须进一步厘清政府与市场的边界，将市场应该发挥作用的领域交给市场，减少政府对微观市场主体和经济活动的干预，用政府权力的"减法"换取市场活力的"加法"；必须进一步推动要素价格的市场化，进一步释放市场活力，优化要素市场的资源配置；必须进一步推动建立公平、公正的市场运行规范体系，将市场运行纳入法治轨道，用法制的力量来规范市场运行，使市场更好地发挥资源配置的效率。

关于更好发挥政府作用的几点总结：

第一，更好发挥政府作用，不是让政府更深地介入到资源配置活动中去，而是要在保证"使市场在资源配置中起决定性作用"的前提下，管理那些市场管不了或管不好的事情。更好发挥政府作用，就要切实转变政府职能，深化行政体制改革，创新行政管理方式，增强政府公信力和执行力，建设法治政府和服务型政府。

第二，政府要尽量减少对微观经济活动的直接干预。绝大部分微观经济活动，都可以交给市场这只"看不见的手"去完成。

第三，要按照社会主义市场经济的内在运行规律来界定政府职能。政府的职责和作用主要是保持宏观经济稳定，加强和优化公共服务，保障公平竞争，加强市场监管，维护市场秩序，推动可持续发展，促进共同富裕，弥补市场失灵。要按照这个总方向，科学界定政府职能范围，优化各级政府组织结构，理顺部门职责分工，坚决克服政府职能错位、越位、缺位现象。

试论四川省投融资体制改革的
成效、问题与建议

黄绍军①

摘要： 新中国成立以来，四川省投融资体制发生了巨大变迁。值此改革开放 40 年之际，回顾过去四川省投融资体制变迁史，总结所取得的成效，认请目前四川省投融资体制尚存的主要问题和未来改革的方向，具有重要的现实意义。

关键词： 四川省；投融资体制；改革变迁；改革成效

一、四川省投融资体制改革的历史变迁

（一）中华人民共和国成立后至改革开放前

1978 年改革开放之前，我国一直实行社会主义计划经济体制，以单一指令性计划作为配置资源的手段，政府直接使用行政手段控制整个社会经济活动。投资与融资活动也是如此管理，几乎所有的投资都是政府投资，政府投资体制就是全社会投资体制，形成了政府包揽一切、企业没有自主投资权力、银行只是政府的"出纳"的特征。这一时期，地处西南的四川省从中华人民共和国成立初期的百废待兴、百业待振，到"一五""二五""三线建设"，初步奠定了经济发展的基础。尤其是四川省作为当时三线建设重点地区之一，获得了大量投资，许多大型企业从东北与沿海向四川迁移，这些投资极大地促进了四川第二产业的发展，对四川省经济发展贡献颇大。

（二）改革开放至党的十八届三中全会

改革开放后，国家层面多次推动投融资体制改革，按照建立社会主义市场经济体制的方向，不断收缩政府投资范围，不断推进国有企业改革，

---

① 黄绍军，四川行政学院经济学部。

积极引入外资，激发民间投资活力，不断深化银行商业化改革和推进政策性银行的组建完善，初步建立起了多层次资本市场体系，确立了企业的投融资主体地位。特别是 2004 年出台的《国务院关于投资体制改革的决定》，彻底改变了过去不分投资主体、不分资金来源、不分项目性质，一律实行审批制的投资管理办法，逐步建立起符合社会主义市场经济体制要求的投资管理制度体系。党的十八届三中全会后，投资体制改革进入全面深化阶段，改革深度、广度不断拓展。四川一直是全国投融资体制改革的先行地区，出台了一系列措施推动投融资体制改革。在 20 世纪 90 年代后期，四川成都、眉山等城市就建立了工程（项目）联合审批机制，设立了政府办事大厅（政务审批服务中心），主要办理投资领域的审批事务，极大地促进了投资便利化。2004 年，《国务院关于投资体制改革的决定》出炉，引发四川多领域改革。2005 年，四川省政府办公厅印发《企业投资项目核准暂行办法》《政府核准的投资项目目录》等多个文件，初步建立起企业投资项目核准备案制度体系。2008 年，四川省在全国率先试行投资项目并联审批制度，将原来的串联式审批改为并联式审批，再造工作流程，审批效率得到大幅提高。通过一系列改革，打破了传统计划经济体制下高度集中的投资管理模式，初步形成了投资主体多元化，资金来源多渠道，投资方式多样化，项目建设市场化的新格局。

（三）党的十八届三中全会以来

2013 年 11 月 12 日，中国共产党第十八届中央委员会第三次全体会议通过了《中共中央关于全面深化改革若干重大问题的决定》，经济体制改革是全面深化改革的重点。2014 年，四川省在全国率先出台《关于深化投融资体制改革的指导意见》，从九个方面提出一揽子改革举措，明确了改革的"路线图"。2014 年"四川版"投融资体制改革全面贯彻了党的十八届三中全会提出的正确处理政府和市场的关系，充分发挥市场在资源配置中的决定性作用的改革精神，立足四川实际，提出了改革方向和具体举措，具有较强的针对性和可操作性。

2016 年 7 月 18 日，《中共中央国务院关于深化投融资体制改革的意见》公布实施。这份文件明确了深化投融资体制改革四个方面的重点工作任务，实现了从"投资体制"改革向"投融资体制"改革的转变和深化。为了落实该文件精神，2016 年 12 月初，四川省在全国率先出台了《关于深化投融资体制改革的实施意见》（以下简称《实施意见》）。该《实施意见》明确了新阶段投融资体制改革的目标、路径和重点任务，要求政府投资资金原则上不支持经营性项目，只应投向市场不能有效配置资源的社会公益服务、公共基础设施、农业农村、生态环境保护和修复、重大科技进步、社会管理、国家安全等公共领域的项目，并且要求政府投资资金按项目安排，以直接投资的方式为主。《实施意见》还提出强化企业投资的主体地位，严格限定企业投资项目核准范围，凡未列入省政府核准目录的企业投资项目，一律实行备案制。同时，《实施意见》要求及时修订省级核准目录，尽可能地缩小核准范围，合理下放核准权限，最大限度减少核准制项目。在管理上，《实施意见》提出建立健全企业投资项目管理权力清单、责任清单、负面清单制度。凡未列入清单的审批事项，一律不得实施审批。在融资方面，《实施意见》提出大力发展直接融资，加大对种子期、初创期企业投资项目的支持力度，有针对性地为"双创"项目提供股权、债权、信用贷款、知识产权质押等融资综合服务，并依据相关规定，对成功实现债权融资、股权融资、资产证券化融资的企业和相关融资服务机构给予奖补。为充分发挥金融机构积极作用，《实施意见》提出探索建立差别化、针对性的融资服务机制，大力推广贷款风险分担、担保风险分担融资模式，对重点项目、重点企业，可按照一企一策、一事一议的原则提供融资服务。

二、四川省投融资体制改革的主要成效

截至 2017 年 12 月 31 日，四川省全社会固定资产投资完成额突破 3 万亿元，达 3.2 万多亿元，近几年同比增速虽有所放缓，但是仍为 10% 以上；全省民间投资总量已超过万亿大关，2017 年增长 7.7%；三次产业投资比重为 4.2：28.9：66.9；全省金融机构本外币各项贷款余额突破 5 万亿元，2018 年 4 月 30 日已达到 51 591.86 亿元，2017 年度地区社会融资规模达 7 390.84 亿元，全省初步形成投资总量持续增长、投资结构逐渐优化、资本市场稳步发展、融资平台支撑有力的格局。40 年里，四川省投融资体制改革在一些重点领域和关键环节取得了阶段性成效，主要表现在以下几个方面。

（一）简政放权成效显著，企业投资主体地位大幅增强

四川省经过 40 年的改革，简政放权取得了显著成效，极大地增强了企业投资主体地位，体现在以下几个方面：第一，经过几轮修订，2017 年 8 月四川省政府发布了最新版《政府核准的投资项目目录》，其中省级及以上层面核准事项累计减少 70%，核准项目仅占企业全部投资项目的 5% 左右。对实行核准制的企业投资项目，进一步简化核准审查内容，政府不再审查

项目的市场前景、经济效益、资金来源、产品技术方案等应由企业自主决策的内容；对实行备案制的企业投资项目，不得设置前置条件进行变相审批。第二，开展投资项目"不再审批"试点，分类改革项目建设中涉及的行政许可及其他行政权力，优化管理方式，探索以"承诺制+备案制+监管制+验收制"为核心的"先建后验"报建、管控模式，精简整合审批事项，缩短了办事流程，加快了企业投产运营。第三，在全国范围内率先实现网上告知性备案，企业"足不出户"便可在"四川省投资项目在线审批监管平台"上完成项目备案。

（二）政府投资更加规范

40 年来，四川省各地方、各部门认真贯彻国家和省上有关政策，推动政府投资不断规范。体现在以下几个方面：第一，四川省预算内投资方向和投资结构得到了进一步优化，重点支持创新创业、脱贫攻坚、基础设施、生态环保、乡村振兴等重点领域和重大项目，并取得了显著效益。第二，PPP 模式推广成效显著。截至 2017 年 11 月 30 日，四川全省 PPP 项目库（综合信息平台）入库项目 1 283 个，总投资 15 612.64 亿元，项目数和总投资较 2016 年分别同期增长 55.70% 和 73.92%。第三，建立省市县三级投资项目储备库，储备的项目数量、投资总额居全国前列。

（三）融资渠道更加多元

经过持续的投融资体制改革，四川省目前融资渠道越来越宽畅，表现在：第一，传统的银行信贷得到了稳定发展，并支持建立了几家农村商业银行。第二，大力扶持企业上市，建立并不断完善企业上市挂牌培育机制，推动四川企业在主板、中小板、创业板、新三板及区域股权交易市场上市、挂牌。2018 年 3 月 5 日，四川省金融工作局发布《市（州）重点上市培育企业名单（第一批）》，首批共培育 69 家企业。第三，自 2013 年 4 月开始组织了多次"送金融走基层"活动，组织全国各地的投资机构、证券基金公司等，与四川企业进行面对面交流，开展投融资对接。积极推进"险资入川"，仅 2016 年 7 月 25 日举办的保险资金投资四川重大项目对接会现场就吸引了包括人保资管公司、人寿资管公司、太平资管公司等在内的 30 多家保险机构。第四，大力促进金融科技发展，规范发展互联网融资，有力地支持了普惠金融发展。

三、四川省投融资体制目前存在的主要问题与建议

（一）目前四川省投融资体制存在的主要问题

尽管四川省投融资体制改革取得了阶段性成效，但也还存在一些不容

忽视的问题，主要体现在四个方面：第一，投资审批周期仍有压缩空间。2018 年 3 月 26 日，李克强总理在会见中外记者时表示，2018 年企业开办时间和项目审批时间均要再减少一半。虽然经过不断改革，四川省投资审批整体效率显著提高，但仍还有企业反映投资项目报建审批事项、技术审查事项过多，部分项目全流程审批事项需在不同层级审批机关办理，累计办理时限仍然较长。第二，部分投资项目融资费用仍然较高，融资渠道仍然偏少。受企业可抵押品偏少、担保资源不足、项目风险高等多方面因素影响，部分企业特别是中小微企业融资仍然面临一些困难，中介机构资产评估费、担保金、保证金等费用支出占融资费用的比重仍然较高。第三，事中事后监管仍是薄弱环节。随着审批制度改革，改革的重心由"宽进"向"严管"和"优服"转变，促进"放、管、服"协调推进，"宽进"的同时，必须加强投资项目事中事后监管。目前，投资项目事中事后监管仍然是投资管理的薄弱环节，事中事后监管的统一协同联动有待进一步增强。第四，政府投资体制不够完善，对社会投资引导带动作用有待加强。现有的财政专项资金、政府引导基金、部门资金等资金仍存在沉淀问题，仍有待进一步统筹、整合，以充分发挥政府投资对社会资本的引领带动作用，提高财政资金使用效益，并激发民间投资热情。

（二）进一步深化四川投融资体制改革的建议

针对目前四川省投融资体制存在的主要问题，提出以下几点建议：第一，进一步深化投资领域简政放权。进一步强化企业投资主体地位，精简下放投资审批事项，改进投资项目核准方式，充分激发民间投资活力。为此，要认真落实四川省政府《关于发布政府核准的投资项目目录（四川省2017 年）的通知》，确保应该取消的坚决取消，应该下放的一定下放；要及时修订四川省政府核准目录，尽可能缩小核准范围；要不断优化和改进企业投资项目全流程审批制度，凡国家没有明确规定的前置条件、中间环节、审批要求，一律予以取消；要充分利用好四川省投资项目在线审批监管平台，积极开展"不再审批""先建后验"试点等。第二，多措并举激发民间投资活力。激发民间资本活力，是历次改革的重点，也是难点，要出台配套政策措施，真正做到"拆掉弹簧门，打碎玻璃门，打开旋转门"，促进民间资本加快进入相关行业。当前既要落实好国务院"鼓励社会投资39 条"、国家发展和改革委员会"促进民间投资26 条"等文件精神，又要积极推进国有企业混合所有制改革，鼓励民间资本通过经营权转让、资产收购、参与企业改制重组、股权认购等方式参与改革，推动民间资本进入铁路、航空、电力、电信、石油等重点领域，还应当加大对重点民营企业、重大民间投资项目的协调服务和宣传推介力度。第三，进一步创新方式拓展融资渠道。要大力发展直接融资，鼓励符合条件的企业发行企业债券、公司债券、非金融企业债务融资工具、项目收益债；要着力盘活存量资产；要健全完善中小企业挂牌上市培育机制；要充分发挥金融机构作用。第四，管好政府投资服务发展大局。要对全局性、基础性、战略性的领域，保持合理必要的政府投资规模，加大薄弱环节补短板力度；要建立政府投资三年滚动计划和年度投资计划相结合的管理制度；要充分发挥预算内投资、行业建设基金对重点领域、重大项目的促进作用，撬动更多社会资本、民间资本参与项目建设。第五，加快推进政府与社会资本合作。要积极有序抓好基础设施和公共服务领域政府与社会资本合作，增加公共产品、公共服务有效投资，提高供给效率和质量；要选择推出一批适合采用 PPP 模式的优质存量项目、新建项目，用典型成功案例形成示范效应；要积极推动 PPP 项目资产证券化，畅通社会资本"进入"和"回收"渠道。

参考文献

[1] 范波. 以全面创新改革为引领 推动经济高质量发展 [N]，四川日报，2018-03-13.

[2] 肖美娟. 中国投融资体制的历史变迁和当前改革的关键 [J]. 中央财经大学学报，2012（6）.

新市民住房保障存在的问题及对策研究

郭堂辉①

摘要： 新市民是城市建设的主力军，他们为城市发展做出了重要贡献。住房问题是新市民融入城市的重要影响因素。本研究通过梳理新市民住房制度改革研究的成果，归纳新市民群体住房状况的共性，探寻新市民群体解决住房问题存在的困难，提出政府应该推进以满足新市民群体住房需求为出发点的住房制度改革，增强住房制度改革的针对性和靶向作用。

关键词： 新市民；住房制度；改革

城市经济快速发展吸引了大量产业工人、个体工商户、服务业从业人员、港澳台企业来大陆工作员工和自由职业者参与城市建设，新市民群体的数量随着城市的扩张正在不断增长。但是，由于城市房价不断上涨，加之新市民群体的住房保障制度还不完善，新市民在工作地城市解决住房问题困难重重。工作地城市正在成为新市民的"第二故乡"，他们生活在工作地城市的时间远远大于在户籍地的时间，如何让他们在工作地城市"安居乐业"，不让住房问题成为新市民融入城市的最大困难是迫切需要解决的问题。

本研究通过梳理新市民住房制度改革研究的成果，归纳新市民群体住房状况的共性，探寻新市民群体解决住房问题存在的困难，建议政府应该推进以满足新市民群体住房需求为出发点的住房制度改革，增加住房制度改革的针对性，建立以满足不同层次不同收入结构的新市民群体的住房保障制度。

一、新市民住房制度改革研究综述

截至目前，关于新市民这一独特群体专门的住房制度改革研究成果还

---

① 郭堂辉，广西财经学院。

比较少，以新市民、住房两个词为关键词通过 CNKI 全库检索 2015—2018 年的研究成果仅有 43 篇，主要集中在研究新市民群体购房需求、住房特征、解决住房存在困难等方面，为本文写作提供了重要参考。

（一）新市民住房现状和特征研究

杨慧捷在《"破茧"难题：新市民群体边缘化现状分析》① 一文中认为，解决新市民住房问题的首要前提是要充分了解新市民及新市民住房现状和特征。文章提出新市民住房特征之一就是居住边缘化，租住在城郊结合部的棚户区，对于新市民而言是融入城市生活的最佳办法，但是也是经济收入水平低下的无奈选择。

（二）新市民购房需求影响因素

万亚辉在《新市民购房需求影响因素研究》② 一文中从个体及家庭因素、制度因素、住房因素、开发商因素以及心理因素等方面分析了新市民购房需求的影响因素，论文认为个体及家庭因素、制度因素、住房因素是影响新市民购房的重要因素，其中户籍制度、住房公积金及相关的抵押贷款政策、购房补贴制度、社会保障制度、劳动就业制度、教育制度等是影响新市民购房需求的重要制度因素。

（三）新市民住房制度改革路径研究

孙斌艺在《交易成本、城市发展与新市民住房制度调整》③ 一文中认为，合适的城市内在和外在制度正起着降低城市交易成本的作用，能够对新市民产生正向激励作用，鼓励不同形式的创新性举措。改革农村土地所有制、改革户籍制度、放开各类金融机构的贷款限制、取消各类创业和就业限制、取消各种住房市场的限制条件等制度调整，将能有效地解决新市民住房问题，进而促进城市健康发展。

严荣在《推进以满足新市民为出发点的住房制度改革》④ 一文中提到，要抓住当前住房制度改革的主要矛盾，首先就是通过有效的改革措施加快农村外出务工人员市民化，推动房地产市场的平稳健康发展，推进以满足新市民为出发点的住房制度改革。这种改革思路并不局限于就住房而讨论住房制度改革，而是涉及新型城镇化、财政、土地、社会保障、户籍制度改革等领域；这种改革思路也不是对现有住房制度进行颠覆，而是通过抓

---

① 杨慧捷. "破茧"难题：新市民群体边缘化现状分析［J］. 哈尔滨学院学报，2013，34（6）：40-44.

② 万亚辉. 新市民购房需求影响因素研究［D］. 南宁：广西大学，2018.

③ 孙斌艺. 交易成本、城市发展与新市民住房制度调整［J］. 华东师范大学学报（哲学社会科学版），2016，48（4）：55-61，169.

④ 严荣. 推进以满足新市民为出发点的住房制度改革［J］. 上海房地，2016（2）：22-25.

住消化房地产库存这个当前突出问题带动住房制度改革；这种改革思路更不是仅从住房保障角度进行零敲碎打，必将对当前城乡分裂的住房制度带来巨大冲击。

新市民住房制度改革任重而道远，需要结合新市民住房的基本现状，分析新市民解决住房问题的影响因素，对症下药，从而找到正确的改革路径。

二、新市民及新市民住房状况

本文关于新市民的定义源用住建部住房公积金监管司在《关于在全行业组织开展新市民住房问题的专题调研》通知中对新市民的定义，新市民指"在城镇居住六个月上，外市户籍和本市农村户籍的常住人口"。充分了解新市民住房现状和特征，是解决新市民住房问题的基础和关键，本文通过对现有文献和相关资料的收集和整理，现将新市民住房现状及其特征概况为以下几个方面。

（一）新市民的住房条件较差

由于城市房价高涨，新市民主要是通过租房解决住房问题，城中村由于租金较为便宜成为了新市民群体的首选。但一方面城中村人员混杂、治安管理相对混乱，容易滋生违法犯罪行为，无法给予居住者足够的安全感，调研中部分新市民一家三口和工友合租了一套两室的城中村房屋，住房条件比较困难。另一方面，住房建筑面积平均比城市居民要小得多，同时新市民群体住房的户型结构单一、不合理，保温与隔热效果不佳，住房的私密性也较差。另外，大部分新市民的住房中满足日常生活所需的基本生活设施也极不完善，这严重影响了新市民群体在城市的生活质量。

（二）住房保障未能全面惠及不同的新市民群体

当前，我国政府提供的能够满足新市民购房需求的公共租赁住房和保障房的数量有限，而且很多新市民由于工作不稳定、单位不缴公积金等原因被排斥于公积金制度、公租房制度的住房保障体制之外，尤其是农村外出务工人员群体，现有的大部分城市的新市民住房保障政策都倾斜于人才的引进，实际能够惠及到产业工人、双创企业员工等普通新市民的十分有限。

（三）新市民的购房需求尚未得到充分满足

近些年来，新市民由于结婚和小孩入学等原因，购房需求呈逐步增加的态势。但就目前而言，新市民的购房需求满足度较低。一方面，首付不足和月供较高导致新市民群体未能购买商品房，且部分开发商拒绝使用公积金导致新市民购房难上加难；另一方面，新市民的购房意愿也有待进一步提高，通过调查可了解到，即使新市民的居住空间十分拥挤，他们中的绝大多数也不太愿意为了额外的生活空间而支付更高的费用。

由以上分析可知，新市民实际住房条件整体较差，而且政府提供的保障性住房和公共租赁住房的数量有限，新市民的购房需求无法得到充分的满足。作为城市建设主力军的新市民，其居住条件不应该一直被人们用"脏、乱、差"三个字概括和形容，住房问题急需解决。

三、新市民住房保障存在问题

现行政策中针对性解决新市民的住房问题的政策较少，已有的新市民住房保障在制度覆盖、政府监管和资金融通等方面也存在需要引起重视的问题。

（一）公积金制度覆盖未能全面到位，新市民难以享受住房保障

新市民群体因单位不缴和原来未纳入住房公积金覆盖范围等原因未能缴存住房公积金和使用公积金贷款，也成为制约新市民解决住房问题的主要因素。新市民群体多属于产业工人、服务业从业人员、个体工商户、自由职业者，此群体收入相对较低且工作不稳定，上述群体尚在住房公积金制度的覆盖范围之外。

（二）政府职能部门监管存在盲点，新市民住房保障权利受损

新市民租房权利受损和开发商拒绝使用住房公积金是新市民通过租房和购买商品房解决住房问题的又一制约因素。

一是新市民租房风险重重。新市民多为租赁居住，受限于未建立统一的租赁信息化服务监管平台，新市民和房东签订的《房屋租赁合同》未备案，因此难以监控租赁市场出租人和承租人的行为，导致实际生活中会因为房东提前结束租约或者不退租房押金等行为使新市民的权利受损。

二是新市民购房权利受损。新市民在购房时会遭受到开发商拒绝购房者使用公积金贷款买房，或者将贷款买房的购房者安排在全款买房的购房者之后选房，能够买到心仪商品房的机会再次降低。新市民群体使用公积金贷款购房权利受损，对房地产市场交易环节的监管需要进一步加强。

（三）资金不足难以买房，住房保障需要另辟途径

由于资金不足，高首付、高利息和高月供成为了制约新市民群体购买商品房解决住房问题难以翻越的"三座大山"。新市民群体住房保障需要

另辟途径。

一是房价上涨导致购房者资金不足。由于商品房的毛坯均价加上精装部分的费用后大幅上涨，单价上涨导致总价攀升，攀升的房价导致新市民在选择购房时因没钱付首付和无按揭偿还能力而放弃购房计划。

二是月还款额占家庭收入比例较高。据调查数据显示，多数新市民的月收入中，过半的收入将用于偿还购房贷款，而用于日常生活支出所剩无几。于是，占比过高的月还款额也是解决新市民住房问题的又一重要制约因素。

四、新市民住房问题的解决措施

突破以上困境开展新市民住房制度改革是首要选择，本文建议应在以下几方面开展新市民住房制度改革：

（一）建设解决新市民住房问题的差异化住房保障和供应体系

一是针对高收入高层次新市民群体可准予购买产权移交房。提前布局房地产开发项目产权移交房，用于高收入高层次新市民群体的安置。但需提前制定购买开发商移交政府产权房的人才认定标准和购房准入资格审查办法，出售过程中采用轮候、抽签、摇号等公开透明方式并参考深圳房改政策实行封闭流转，如该类群体新市民在南宁市购买了商品房，则需将上述产权移交房退给政府或者转让给符合购买条件的新市民群体。

二是针对中等收入新市民群体可推行购买共有产权房。针对中等收入新市民群体，因为资金不足和难以负担月供等原因未能购买商品房但又不愿长期租房的，可推行购买共有产权房，政府和个人共同持有房屋的所有权，新市民只需承担购买房屋50%的所有权的费用，降低中等新市民群体购房总价、月供和利息。

三是通过建设公共租赁住房解决低收入新市民群体住房问题。针对个体工商户、建筑工人、小微企业员工等中低收入新市民群体，可从租赁市场着力。按照"国有企业先行，社会资本跟进"的思路，政府可和国内一线的房地产开发企业签订发展租赁市场的战略合作协议，积极培育租赁市场主体，采取有力措施引导社会资本参与租赁住房建设和运营管理。租赁住房建设完成后，进一步扩大了公共租赁住房保障的覆盖面，将公交司机、地铁司机、环卫工人等为社会提供基本公共服务的从业人员和先进制造业蓝领产业工人等群体纳入公共租赁住房保障范围。

（二）强化住房市场的有效供应

当前的住房市场供应体系难以有效满足新市民的需求，这也是当前出现巨大库存的重要原因之一。强化住房市场的有效供应，以此更好解决新市民住房问题。

一是鼓励市场供应主体的多元化，允许各类主体在符合法律法规的条件下向市场供应住房，比如合作建房等，打破由房地产开发企业作为市场单一供应者的局面。

二是促进住房租赁市场发展，搭建政府层面统一的住房租赁交易服务平台。支持房地产开发企业将新建商品住房直接用于出租经营，引导企业利用自有建设用地建设自用住房进行出租经营，鼓励农村集体组织在符合规划及相关政策的前提下在集体建设用地上建设运营租赁住房，支持机构投资者从存量住房市场收购或租用房源用于住房出租。同时，搭建政府层面统一的住房租赁交易服务平台，逐步将各类租房信息统一管理，通过审核房源、信息发布、租赁交易、税收缴纳等一系列服务，规范住房租赁市场秩序，保障全体市民包括新市民租赁双方的合法权益。

（三）扩大住房公积金的缴存范围和使用范围

将缴存住房公积金作为劳动合同必备条款，符合条件的新市民应纳入缴存范围。允许无房职工提取本人和配偶的住房公积金用于支付住房租金和物业服务费。同时，采用缴存补贴和政策叠加贷款方式吸引新市民参与自愿缴存，实现住房公积金制度保障全覆盖。

（四）调整政策调控"靶向"，重点加大中小户型商品房的供应和价格调控

中小户型因为面积小，总价低，可作为新市民解决刚需问题的首要选择，因此政府制定调控房地产市场的政策时，需调整政策调控的靶向，重点加大对 90 平方米以下中小户型的调控和价格控制。对中小户型价格实行"熔断"机制，只能按照政府备案价销售，不能超过备案价格。144 平方米以上的大户型产品和别墅则可结合市场供需情况由开发商自行确定售卖价格。

（五）建立推进解决新市民群体住房问题的实时部门监管联动机制

推进解决新市民群体住房问题是系统工程，既需要住房公积金管理职能部门的担当，同时也需要国土资源厅、住房和城乡建设厅、人民银行等多部门的联动，更加需要社会的共同监督和执行。建议建立"新市民住房问题联席办公会"机制，形成解决新市民群体住房问题的实时部门监管联动机制。

参考文献

［1］万亚辉. 新市民购房需求影响因素研究［D］. 南宁：广西大学，2018.

［2］孙斌艺. 交易成本、城市发展与新市民住房制度调整［J］. 华东师范大学学报（哲学社会科学版），2016，48（4）：55-61，169.

［3］严荣. 推进以满足新市民为出发点的住房制度改革［J］. 上海房地，2016（2）：22-25.

［4］杨慧捷."破茧"难题：新市民群体边缘化现状分析［J］. 哈尔滨学院学报，2013，34（6）：40-44.

［5］中国新闻网. 央行：积极支持居民特别是新市民购买住房的合理需求［J］. 中国房地产，2018（9）：4.

［6］王立彬. 创造新土地供给，满足新市民需求——国土资源部有关负责人谈集体租赁住房［J］. 青海国土经略，2017（4）：33-34.

［7］郭松海. 运用共享经济保障"新市民"住房［J］. 中国经济报告，2017（3）：29-30.

［8］孙斌艺. 交易成本、城市发展与新市民住房制度调整［J］. 社会科学文摘，2017（2）：52-53.

［9］雨山. 推进以满足新市民为出发点的住房制度改革［J］. 上海房地，2016（4）：36-37.

基于战略性资源及其产权视角下的
管理者薪酬研究

许　毅①

摘要： 企业管理层薪酬问题是当今企业理论界关注的热点问题，也是一个重要的现实问题。企业管理者薪酬的内涵与构成，从战略性资源及其产权特性的视角分析，应当包括劳动薪金与资本性报酬两个部分，其中，资本性报酬又分为基于人力资本的报酬和基于组织资本的报酬两个方面。对国有企业战略性资源生成特点的分析，研究国有企业管理者薪酬的制度特性，发现国有企业管理者薪酬制度应当区别于非国有企业。

关键词： 薪酬；战略性资源；产权

引言

企业管理层薪酬问题是当今理论界研究的热点问题，也是企业界关注的一个焦点问题。从现实情况看，目前关于中央企业、国有企业（为便于论述，除特别需要，本文以下统称为"国有企业"）的管理层薪酬问题讨论较多，而且已经陆续出台了关于国有企业负责人的薪酬改革方案。那么，新的国有企业管理层薪酬方案是否科学和有效率？对于非国有企业来说，其管理层薪酬应该如何确定？诸如此类问题，都需要进行深入研究。本文从企业人力资本、组织资本等战略性资源及其产权特性分析入手，对这一系列问题进行初步探究。

一、企业管理者薪酬的内涵：劳动性报酬还是资本性报酬

薪酬，顾名思义应当包括"薪"与"酬"两层含义。这里的薪是指薪

---

① 许毅，中共四川省委党校。

金，酬则指报酬。薪金的概念是明确的，报酬则一般指与投入相关的回报。对于企业组织来说，投入有劳动投入和资本投入。劳动投入的回报即为劳动报酬，也就是劳动的薪金；资本投入的回报即为资本的报酬。那么，如何理解企业管理层的薪酬呢？我们认为，企业管理者的薪酬应当由两部分构成，即劳动的薪金和资本的报酬。其中，劳动薪金是基于管理者在企业价值创造过程中发生了劳动力消耗，用于他们恢复体力与脑力方面的支付，对管理者来说，它属于基本薪酬范畴，这部分薪酬应当满足企业管理者在衣食住行、基本医疗和福利等方面的需要，严格地说，这部分薪资与企业绩效无关，属于企业的法定性支付。资本的报酬应当由企业管理者享有的基于其人力资本投资的回报。这种报酬在形式上与现行的绩效薪酬类似，其实质则是人力资本所有者对企业资产产权收益的分享。

企业管理者之所以能够甚至应当获取资本性报酬，一是因为企业管理者拥有超越一般员工的差异化资产。这种差异化资产在形式上表现为管理者拥有的活性知识，它是企业诸多差异化资源的来源，如差异化的企业制度、差异化的企业文化等。二是因为企业管理者的差异化资产具有资本的属性。赫尔南多·德·索托（2012）认为"资本有着许多实实在在的表述"。这些论断表明，作为资本，首先它是能够创造超过自身价值的价值，其次，资本是无形的，资本与产生资本的物质是两个本质完全不同的概念。相应地，对于企业管理者来说，其差异化的知识具有资本的性质，因为它不仅能够创造价值，而且能够创造出超额利润；另外，管理者本身不是资本，能够作为资本的是内在于管理者大脑中的知识、经验、智慧以及基于这些要素形成的管理者的差异化能力的价值。

人力资本理论的主要创始人加里·贝克尔（Gary S. Becker）在20世纪70年代就已论述过，"劳动也被越来越广泛地当成一种资本，即人力资本"。玛格瑞特·布莱尔（Margart M. Blair, 1995）曾研究指出，股东并不是现代企业唯一的剩余索取者，人力资本投资所产生的价值对企业来说是专用性的，因而人力资本所有者与股东一样承担着剩余风险，应当作为剩余索取者享有剩余索取权，以此来激励雇佣实现企业利益最大化。周其仁、方竹兰等学者也都对企业人力资本问题进行了深入研究，形成了一系列有重要价值的研究结论。周其仁（1996）认为市场里的企业是一个人力资本与非人力资本的特别合约；随着古典企业向现代企业的演进以及现代企业组织的发展，人力资本在企业合约中的相对地位急剧上升，甚至占据着在以往任何时代都不曾有过的重要地位；人力资本作为合约的一方，其产权具有独特性，即只能属于个人，非"激励"难以调度；在企业合约不完全性（即事前不能完全规定各要素及其所有者的权利和义务条款）的情况下，要使企业有效率，必须设计合理的激励机制，做好激励调节。

综上，企业管理者既是企业的劳动者，也是企业的资本投资人。作为劳动者，他们与其他劳动者一样，在工作过程中要消耗一定的劳力（体力或脑力），因而应当获得用作补偿"劳力消耗"、恢复其体力或脑力的基本劳动报酬，即基本薪资。作为资本投资人，他们向企业投入的是专用性人力资产，即独特的管理知识、思想、智慧与能力，这些专用性人力资产属于企业无形资产范畴。因此，对于企业管理者，我们应当在确认其专用性人力资产价值创造作用的基础上，明确其企业资本投资人的身份，进而赋予他们与其专用性人力资产价值相适应的企业剩余索取权，使他们能够获取资本性报酬。

二、企业管理者资本性报酬的拓展：基于组织资本产权特性的分析

所谓战略性资源，是指那些能够支撑企业执行战略规划、实现战略目标的非货币性资源。根据竞争优势理论，作为企业战略性资源，一般具有以下特征：难以被模仿或难以被替代、非交易性以及积累过程缓慢。在企业资源系统中，具有这些特征的主要是企业人力资本以及那些以企业组织为平台逐渐形成并发挥作用的各种无形资源，包括科学的制度与机制、优秀的企业文化、紧密的政治关联与和谐的企际关系、灵敏的管理信息系统等（以下我们称这些资源为组织资源，并将其价值形态称为组织资本）。由于人力资本及其产权问题已于上文分析，以下仅就组织资本进行分析。

相对于企业其他资源，组织资源除具有战略性资源的上述几个特征外，还具有以下特征：①知识性，即它们均是由企业人力资本所有者创造，但却脱离了特定人力资本个体的组织性知识资源，是由人的活性知识转化而成的相对确定的企业知识体系。②不可确指，即它们与企业组织融合为一体，不能脱离企业组织而独立发挥作用，更不能独立地用于要素市场转让和资本市场投资，特别是如果企业终止运营，那么这些资源将不复存在，其价值也将随之消失。此外，企业组织资源与人力资源虽然都是企业的战略性资源，但也存在着明显的区别：企业人力资源是依附于企业员工而存在的，是储存或者产生于员工大脑中的隐性知识、活性知识，作为承载人力资源的管理者与员工（为方便论述，以下我们将"管理者与员工"统称为"企业人"）一旦离开企业，那么由该企业人承载的人力资源

也就会流出企业。组织资源是以企业组织为平台而逐渐形成和积累的，它与企业相融合、共存亡，不会因为企业员工的离开而消失。换言之，组织资源就是那些在员工离开后依然留在企业的资源，是一种相对独立的"企业知识"，它若隐若现，并能够在动态进化中得到持续优化和升华。

要协调由于组织资源增值可能带来的利益冲突，从根本上说，需要改革与创新企业产权制度和薪酬制度。对此，我们需要研究和界定企业组织资本产权的内涵与外延，根据企业组织资源的形成特点和价值特性，合理确认产权主体，并探索和构建各产权主体实现产权收益的理论与模式。本文认为，企业人应当成为企业组织资本的产权主体，并享有组织资本权益，分享组织资本产权收益。

三、企业管理者资本性报酬的实现路径

两个实现原则：一是企业非人力资本投资是有成本的，这种成本即为股东投入资本（金融资本、实务资本等，以下称这些资本为传统财务资本）的机会成本，通常可用社会平均投资报酬率来衡量。这样，在企业有足够利润的情况下，应首先考虑从利润中扣除非人力资本投资的机会成本。二是以人力资源为核心的战略性资源是企业超额利润的来源，传统财务资本能够为超额利润的创造提供财务支持和物质基础，但其本身是不能创造超额利润的。基于这样的逻辑，企业只要有超额利润，就应当在人力资本所有者与非人力资本所有者之间进行分配，并且人力资本所有者参与分配的利润应当只限于扣除非人力资本投资的机会资本后的剩余利润。换言之，如果企业没有超额利润，那么其人力资本所有者原则上只能获取基本薪金收入。

举例说明：在企业有超额利润的情况下，如何确定人力资本所有者参与分配的比例或份额。可以按照"等量资本获取等量报酬"的原则，根据传统财务资本与人力资本的价值比例进行分配。这里，传统财务资本是外部投资人投入企业的资本以及他们留存于企业的利润，它属于传统所有者权益的范畴，其价值量信息能够从会计系统中获取。因此，这里的关键问题是如何估价人力资本的问题。现有文献中有关人力资本估价的方法与模型很多，如历史成本法、重置成本法、贴现法等，其中，贴现法又有工资现值法、收益现值法和超额收益现值法等。这其中每一种方法都有其理论上的合理性，但相对来说，本文认为超额收益现值法是最科学的方法。如上所述，企业超额利润来源于战略性资源，战略性资源包括人力资源与组

织资源，组织资源的形成又主要依赖于企业人的活性知识，因此人力资源是企业超额收益的最根本的源泉。这样，将企业超额收益贴现，以贴现后的金额来反映企业人力资本价值，在理论上是最合理的。

以一个公司为例，假定该公司的净资产为 50 000 万元，年均净资产收益率为 20%，社会平均投资报酬率为 10%，则该公司的超额收益为 5 000（50 000×20%−50 000×10%）万元，其人力资本价值为 50 000（5 000/10%）万元，企业应当由人力资本所有者分享的超额收益比例为 1/2〔50 000/（50 000+50 000）〕，分享额为 2 500 万元。这里所测算的应由人力资本所有者分享的超额收益是属于全体人力资本所有者的，它还需要在不同层次、不同类型人力资本所有者之间按照合理的方法进行分配。该例中，假定公司总人数为 200 人，其中，高管层 5 人，部门经理 10 人，一般员工 185 人。由于企业人的层次越高，其劳动的复杂程度也越高，这样，根据"复杂劳动是倍加的简单劳动"的理论，我们可以对不同层次的企业人设定出不同等级的报酬分配系数，该例中，假定公司高管、部门经理、一般员工的报酬分配系数比例为 5：3：1，则总分配系数为 240（5×5+10×3+185×1），进而可以测算出单位系数可分配的资本性报酬为 10.4 万元，管理层应分配的资本性报酬总额为 260（5×5×10.4）万元，人均 52 万元。

在企业管理者薪酬的实现模式与方式上，可以是货币形式，也可以是股权或其他形式，具体应根据企业的资本规模、资本结构、财务状况、现金流量等因素综合考虑。确定人力资本产权基金的提存比例与规模，可以考虑两个要素：一是企业的竞争程度与风险，即对于竞争程度激烈、风险程度大的企业，应当保持较高的提存比例和较大的留存规模；反之，则可适当降低提存比例，控制留存规模。二是企业的成长性与投资机会，即对于处于成长期的企业或企业有良好投资机会时，应当提高留存比例，扩大留存规模。反之，则可降低留存比例、缩减留存规模。

四、国有企业管理层薪酬：基于国有企业战略性资源生成特性的分析

国有企业与非国有企业一样，在利润获取与价值创造方面均需要依赖企业的战略性资源，与非国有企业不一样的是国有企业的战略性资源，特别是组织资源的形成大多依赖于国有资产背景和政府平台。国有企业管理层薪酬制度的改革思路为：①非市场化选聘产生的管理者，其薪酬的决定机制应当是非市场化的，即由政府部门参照公务员的薪酬机制与标准来制

定，从这个意义上说，改革后的央企管理者薪酬制度是有其科学性、合理性的。②基于国有企业的组织资本许多都是来源于国有资产背景与政府平台，因此即使按照市场化选聘产生的国有企业管理者，其薪酬也应当与非国有企业管理层有所不同。具体来说，在核定作为管理层薪酬分配的超额利润时应当剔除由国资背景或政府资源带来的超额利润，如政府授予独特经营权而获得的利润、基于政治关联而承担政府项目所获得的利润、政府调整产品（如水、电、气、石油、烟草等）价格而获得的超额利润等。

五、结语

企业管理者薪酬问题是重要的理论问题，也是重要的现实问题。在理论方面，它涉及经济学、财务学、管理学等诸多领域，本文以财务学中的企业价值创造为逻辑起点，根据企业价值（特别是差异化价值）来源于战略性资源，而战略性资源或者来源于企业人创造和积累，或者来源于国有资产背景与政府资源的逻辑思路，论述了企业管理者的薪酬问题，包括薪酬结构、薪酬实现模式与方式等。特别是在分析国有企业管理者产生机制的基础上，提出了不同机制产生的国有企业管理者，其薪酬制度应当是不同的，即使市场化选聘产生的管理者，其薪酬制定也应当考虑国有企业战略性资源形成的特性等观点，这些观点对于国有企业管理层薪酬改革无疑有参考价值。从现实看，企业管理者薪酬问题是关系到企业分配公平与效率的问题，也是一个极具敏感性的问题，薪酬制度科学能够实现公平与效率的平衡，反之则会因公平问题而导致效率损失。因此，如何在做好理论研究的同时，改革和优化企业管理者的薪酬制度，是当今理论界的重要课题，也是政策制定者面对的重要任务。

参考文献

［1］赫尔南多·德·索托. 资本的秘密［M］. 于海生，译. 北京：华夏出版社，2012.

［2］BECKER G S, MURPHY K M. The Division of Labor, Coordination Costs, and Knowledge［J］. Quarterly Journal of Economics，1992（4）：1137-1160.

［3］EDWARD C PRESCOTT, MICHAEL VISSCHER. Organization Capital［J］. The Journal of Political Economy，1980，88（3）：446-461.

［4］MARY E B, RON KASZNIK, MAUREEN F MCNICHOLS. Analyst Coverage and Intangible Assets［J］. Journal of Accounting Research，2001，39（1）：1-34.

［5］ROMER P M. Endogenous Technological Change［J］. Journal of Political

Economy, 1990, 98 (5): 71-102.

[6] SCHULTZ T. Investnent in human capital [J]. American Economic Review, 1961, 51 (1): 1-17.

[7] 周其仁. 市场里的企业：一个人力资本与非人力资本的特别合约 [J]. 经济研究, 1996 (6).

[8] 孙晓涛. 财务战略在企业管理中的重要性——兼论财务战略的基本特征 [J]. 现代商业, 2013 (29): 262.

[9] 罗仲伟, 任国良, 等. 动态能力、技术范式转变与创新战略——基于腾讯微信"整合"与"迭代"微创新的纵向案例分析 [J]. 管理世界, 2014 (8).

完善东西部扶贫协作机制的思考

林　俐①

摘要：东西部扶贫协作是决胜脱贫攻坚、实现 2020 年全面建成小康社会目标的重大战略决策，为更好发挥其先富帮后富，助推打赢脱贫攻坚战的积极作用，需要针对当前东西部扶贫协作存在的协作领域狭窄、协作方式单一、协作力量局限等问题，以协作"共赢"为目标，从沟通对接机制、结对帮扶机制、产业合作机制、劳务输出对接机制、人才交流机制、社会力量帮扶机制等方面进一步完善东西部扶贫协作机制，开创扶贫协作新局面。

关键词：东西部扶贫协作；机制；完善

一、东西部扶贫协作是助推打赢脱贫攻坚战的重大战略决策

东西部扶贫协作始于国家"八七"扶贫攻坚计划。1996 年，根据邓小平同志提出的先富帮后富、最终实现共同富裕的"两个大局"战略构想，中央作出了"东西部扶贫协作"重大决策。20 年间，开展了多层次、多形式、宽领域、全方位的扶贫协作，逐步形成了以政府援助、企业合作、社会帮扶、人才支持为主要内容的工作体系，形成了闽宁协作、沪滇合作、粤桂协作等各具特色的模式。党的十八大以来，党中央从全面建成小康社会的要求出发，把扶贫开发工作纳入"五位一体"总体布局、"四个全面"战略布局，作为实现第一个百年奋斗目标的重点任务，作出一系列重大部署和安排，全面打响脱贫攻坚战。为全面贯彻落实《中共中央、国务院关于打赢脱贫攻坚战的决定》和中央扶贫开发工作会议精神，2016 年 12 月，中共中央办公厅、国务院办公厅发布《关于进一步加强东西部扶贫协作工作的指导意见》，对新时期做好东西部扶贫协作和对口支援工作提出了要

---

① 林俐，中共四川省委党校。

求，东西部扶贫协作作为助推打赢脱贫攻坚的重要战略决策进一步发力。

（一）东西部扶贫协作是实现先富帮后富、最终实现共同富裕目标的大举措

东西部扶贫协作是社会主义制度优越性的重要体现。社会主义制度的本质要求就是维护人民根本利益，让改革发展成果惠及全体人民。改革开放初期，全国集中力量支持东部地区、条件好的地区先富起来，西部地区服从这个大局，支持东部地区加快发展；东部地区发展到一定阶段，富裕以后，要帮助带动西部地区共同发展，实现共同富裕的目标。东西部扶贫协作通过动员、组织东部沿海省市对西部地区提供资金、技术、人才等多方面援助，以经济协作为主要手段，促使西部地区经济社会全面发展和贫困人口脱贫致富，是党中央、国务院为加快西部贫困地区扶贫开发进程、缩小东西部发展差距、促进共同富裕作出的重大战略决策。

（二）东西部扶贫协作是推动区域协调发展、协同发展的大战略

东西部扶贫协作有利于加强区域合作、优化产业布局，促进区域经济协调发展。东部地区有人才资源、资金资源、管理资源，但随着我国经济发展和国际形势的变化，东部地区的发展也受到了土地、劳动力成本增加等因素的限制，而西部地区恰恰有劳动力资源、土地资源、自然资源以及大市场资源等优势，通过扶贫协作，优势互补，不仅西部地区得到发展，西部贫困人口收入得到增加，参与扶贫协作的东部地区企业、产业也得到了提升和发展。东西部扶贫协作的重大意义远不止于经济和物质两个层面，以东部发展优势弥补西部发展短板，以东部先发优势促进西部后发崛起，变"输血式扶贫"为"造血式扶贫"，不仅是缩短东西部差距的加速器，更激活了西部自身发展的内生动力，进而力争实现跨越式发展①。

（三）东西部扶贫协作是调动全国全社会力量打赢脱贫攻坚战的大部署

脱贫攻坚，全国一盘棋。东西部结对牵手，协作扶贫，是党中央落实到 2020 年消除农村贫困的重要举措之一②。由于区位、历史、人才、资金、技术等方面的差异性，我国东西部地区发展长期呈现不平衡状况，西部贫困地区普遍存在自然条件差、基础设施短缺、产业发展滞后、劳动力素质低等现象，要攻克区域性整体贫困难题，不仅需要中央加大转移支付

---

① 贾茹，马甜. 深入贯彻落实习近平总书记东西部扶贫协作座谈会重要讲话精神——座谈会在银川召开［EB/OL］.（2017-07-20）. http://nx.people.com.cn/n2/2017/0720/c382196-30505598.html.

② 李小云. 东西部扶贫协作和对口支援的四维考量［J］. 改革，2017（8）：61-64.

力度，也需要开展东西部扶贫协作，通过东部发达地区向西部欠发达地区进行资金、技术、人才、物资、教育、医疗等方面的对口支援，帮助西部贫困地区改变观念、培养人才和探索发展道路。如浙江作为全面帮扶四川的主体，充分发挥民营经济发达、市场机制活等优势，配合四川各级党委、政府，结合四川资源、劳动力、旅游等优势，扎实做好扶贫协作工作，与四川40个贫困县（市、区）建立携手奔康结对关系，取得显著帮扶成效。东西部扶贫协作突破了只有依靠中央政府或单纯依靠社会慈善活动才能解决贫穷与落后的固有思维，为中国乃至世界的反贫困事业提供了新的扶贫模式。

二、东西部扶贫协作的现实困境

东西部扶贫协作虽然取得了较好的成绩，但在脱贫攻坚时间紧、任务重的严峻形势下，在2020年必须如期实现全面脱贫目标，确保贫困地区与全国同步全面建成小康社会的责任压力下，仍然存在一些问题。

（一）扶贫协作领域狭窄，聚焦不够

东部扶贫资源与西部贫困地区扶贫需求对接不够。有些东部省市的扶持资金、扶持项目重点放在城市，和西部地区区域长远发展、老百姓增收存在矛盾；有些东西部扶贫协作只停留在住房建设领域，产业合作空白或低层次，也没有拓展到民生领域，随着社会的发展，贫困已从收入性单一维度贫困转向健康、教育、社会保障等多元致贫新形态，缺乏"造血"机能和贫困群体能力培养的扶贫协作难以破解贫困陷阱。扶贫资源比较分散，聚焦脱贫攻坚不够，重视面上的扶持、针对建档立卡的贫困群众不够，仍存在与中央精准扶贫、精准脱贫要求不相适应的问题。

（二）扶贫协作方式单一，层次不够

东西部扶贫协作主要是对口援助，扶贫合作少；扶贫协作更多地停留在物质帮扶领域，产业合作、科技支持、制度建设等方面具体实施、具体落实少；支持东部企业到西部贫困地区投资的政策少。

（三）扶贫协作力量局限，聚力不够

东西部扶贫协作主要停留在政府层面，呈现政府强、社会弱、市场冷的局面。政府主导的扶贫协作模式虽然具有一定的制度优势，但受制于政府资源数量、政府工作目标多元化、政府人员专业能力的局限，扶贫的效率受影响。现有的政府主导的扶贫资源可挖掘的空间已近极限，自上而下的单向扶贫，很难做到精准到户、因户施策。负责动员社会力量参与扶贫的部门和单位缺乏协调与合作，东部地区的社会力量未充分调动，大量的企业资源、社会组织资源、个人资源在动员和组织方面存在不足，社会扶贫的"碎片化"使扶贫难以形成合力。

三、完善东西部扶贫协作机制的建议

1996 年 5 月，福建、宁夏建立了对口扶贫协作关系。时任福建省委副书记的习近平同志担任对口帮扶宁夏领导小组的组长，直接组织实施闽宁对口扶贫协作。推动建立了"联席推进、结对帮扶、产业带动、互学互助、社会参与"机制，为东西部扶贫协作指明了方向。现阶段，必须以习近平总书记扶贫开发重要战略思想为指导，进一步强化责任落实、以实现东西部扶贫协作"共赢"为目标，完善东西部扶贫协作机制。

（一）完善沟通对接机制，提高扶贫协作工作水平

东西部扶贫协作双方要建立高层联席会议制度，构建高效的协作沟通机制，开展定期互访，确定协作重点，研究部署和协调推进扶贫协作工作，提高扶贫协作的组织化程度。东部地区组织资源时要和西部实际结合起来进行谋划、规划，受帮扶地区应积极主动与东部地区对接，按照双向互动、互利共赢、共同发展的互助协作理念，实现有效的合作交流，推动构建多层次、宽领域、全方位的合作关系。

（二）完善结对帮扶机制，帮扶资金和项目精准聚焦贫困村和贫困人口

新时期东西部扶贫协作要聚焦精准脱贫，东部地区要在产业合作、劳务协作、人才支援、资金支持上瞄准建档立卡贫困人口，做到精准聚焦，确保扶到点上、扶到根上，更有力地推动被帮扶地区打赢脱贫攻坚战。要深化结对帮扶，在完善省际结对关系的基础上，开展市县结对帮扶，乡镇、行政村之间结对帮扶，"量身打造"帮扶行动方案，细化到每个村镇、每个项目，确保帮扶方案接地气、能执行、出效果；充分发挥各级党委政府牵头和导向作用，落实扶贫协作责任，做到精准帮扶，精准脱贫。

（三）完善产业合作机制，提升产业协作层次

帮扶双方要把东西部产业合作、优势互补作为深化供给侧结构性改革的新课题，研究出台相关政策，大力推动落实。西部贫困地区要把发展特色产业作为提高自我发展能力的根本举措，坚持以市场为导向，以产业协作为基础，通过共建扶贫产业园、搭建合作交流平台等促进贫困地区优势资源开发。东部地区要充分发挥市场主体众多的优势，立足资源禀赋和产

业基础，积极开展招商和协调服务工作，帮助引进产业项目、开展农产品种植生产、农产品供应链建设、购销合作，扎实推进双方的产业协作。量身定制个性化的优惠政策和奖励措施，引导和鼓励东部地区企业到西部贫困地区投资兴业，把沿海开放优势和内地资源优势结合起来，支持建设贫困人口参与度高的特色产业基地，培育带动贫困户发展产业的合作组织和龙头企业，促进产业发展带动脱贫。进一步拓展交流合作领域，加强互联互通和物流通关等方面合作，在自贸试验区建设、经贸投资、教育卫生、生态环保、文化交流等方面深化合作。

（四）完善劳务输出精准对接机制，促进贫困人口就业脱贫

组织劳务协作，西部地区要摸清底数，准确掌握建档立卡贫困人口中有就业意愿和能力的未就业人口信息，以及已在外地就业人员的基本情况，因人因需提供就业服务，与东部地区开展有组织的劳务对接。东部地区要将解决自身缺工问题与贫困人口转移就业结合起来，把解决西部贫困人口稳定就业作为帮扶重要内容，创造就业机会，动员企业参与，实现人岗对接，保障稳定就业。建立东西部结对劳务输出协作帮扶的机制，及时提供就业信息和组织劳务中介、企业赴西部贫困地区开展招聘活动。对在东部地区工作生活的建档立卡贫困人口，符合条件的优先落实落户政策，有序实现市民化。西部地区要做好本行政区域内劳务对接工作，依托当地产业发展，多渠道开发就业岗位，支持贫困人口在家乡就地就近就业。

（五）完善人才交流机制，促进干部和专业技术人员相互交流学习

帮扶双方要继续开展选派优秀干部挂职，广泛开展人才交流，促进观念互通、思路互动、技术互学、作风互鉴。采取双向挂职、两地培训、委托培养和组团式支教、支医、支农等方式，加大教育、卫生、科技、文化、社会工作等领域的人才支持，把东部地区的先进理念、人才、技术、信息、经验等要素传播到西部地区。加大政策激励力度，鼓励各类人才扎根西部贫困地区建功立业。

（六）完善社会力量帮扶机制，发挥市场化、社会化帮扶作用

帮扶省市要鼓励支持本行政区域内民营企业、社会组织、公民个人积极参与东西部扶贫协作和对口支援，建立社会帮扶激励机制，对那些真正愿意去西部地区献爱心、做慈善的组织和个人，帮他们找到对接点，给他们发挥作用的舞台。组织社会各界到西部地区开展捐资助学、慈善公益医疗救助、支医支教、社会工作和志愿服务等扶贫活动[1]。构建政府、企业、

---

① 刘明贵，刘鑫淼. 稳步推进东西部扶贫协作［N］. 人民日报，2017-07-13（7）.

智库、机构、社会广泛参与的多层次、宽范围、广领域的合作体系，开展更加长远的战略谋划、更加深入的战略合作。

东西部扶贫协作，帮扶是前提、合作是基础、共赢是目标。当前，要聚焦扶贫脱贫，推进扶贫协作机制向全面深化、多元合作、全方位对接，开创扶贫协作工作新局面。

2001 年以来四川省县域经济发展
时空演变研究[①]

——基于 183 个县人均 GDP 指标的分析

孙超英　张志林[②]

摘要：对县域经济发展空间的可视化研究，能够看出县域经济的空间演变过程，对科学理解四川"一干多支、五区协同"区域发展新格局具有重要意义。文章采用 Moran's I 指标，分析了四川省县域经济的空间演化过程。研究发现，自 2006 年以后四川省县域经济发展空间集聚程度逐年增加，具有正的空间自相关；县域经济呈现出"核心—边缘"的集聚模式；川西北、攀西、川东北地区的县域经济增长极正在慢慢形成。基于此，本文提出强化成都平原县域经济的辐射作用；同时依托"边缘"地区地域优势，大力培育县域经济增长极（点）以及构建开发轴线。这些措施对于壮大四川省县域经济，推动县域经济持续稳定健康发展具有重要作用。

关键词：县域经济；时空演变；空间自相关；四川省

一、引言

县域经济是国民经济的基本单元，是国民经济的基础层次和细胞，县域经济的强弱直接影响着国民经济的兴衰。县域经济活动需要一定地域空间进行承载，通过对县域经济发展状况的空间可视化，我们能更好地了解县域经济的空间演变过程。从已有的研究文献来看，县域经济时空演变的研究存在以下特点：第一，近年来，研究成果逐渐丰富，但研究的对象区

[①]　文章对新成立的县级行政区划进行合并的具体做法是：攀枝花的东区和西区合并到仁和区，遂宁市的安居区合并到船山区，广安市的前锋区合并到广安区，巴中市的恩阳区合并到巴州区。

[②]　孙超英、张志林，中共四川省委党校区域经济教研部。

域较多地集中在沿海地区。比如，曹东方等利用 1990—2007 年江苏省县级人均 GDP 为基础，分析了江苏省县域经济发展的规律[1]。王少剑则从影响区域经济的机制入手，分析了广东省区域经济发展的发展规律[2]。相比之下，对于西部的四川、贵州等地区的研究相对较少。第二，研究的尺度也有所变化，从国家层面逐渐收缩到省域之间以及省域内部，研究热点也从省域逐步聚集到县域[3-5]。例如，周扬等从国家层面入手，利用 1982 年、1990 年、2000 年和 2010 年四年的截面数据，通过变差函数分析了近 30 年全国县域经济的演变特点与演变机制，认为自 1982 年以来，我国的县域经济有正的空间自相关。谢磊等采用传统统计学与探索性空间分析（ESDA）结合的方式，对长江中游经济区县域经济发展差异的影响因素进行了分析，发现长江中游经济区县域经济也存在正的空间自相关，但是有减弱的趋势。陈利等以云南省为研究对象，从时空二维角度对云南省县域经济发展进行了机理分析，最终根据分析结果，对云南省加强县域经济的发展提出了具有针对性的建议。第三，研究的方法也逐渐丰富。其中熵权 TOPSIS 法分析[6]、探索性空间分析（ESDA）[7]、变异系数[8]较为常见。总的来说，对于县域经济的空间理论研究逐渐趋向成熟，但是大都停留在国家、省域等较大的空间尺度上，然而在政策的实施过程中，县级行政主体才是重心，从县级单位入手，我们可以提出更多具有针对性的建议。

四川省是全国拥有县级行政单位最多的省，截至 2016 年年底，共辖 183 个县级行政区，但是省内县域经济发展极不平衡，人均 GDP 最高的龙泉驿区是最低的石渠县的 14.66 倍。随着"天府新区"等重点区域的建设，整个四川的经济发展逐渐向成都平原核心区集聚，成都平原与其他地区的经济差距进一步拉大，如何协调各地区经济发展成为了亟需解决的问题。已有文献多是从数据层面反映各地区的经济发展水平，很少从空间层面发掘各地区间经济发展的联系。基于此，本文拟从空间视角入手，通过构建与四川省各地区相对应的空间数据，从空间上来反映四川省县域经济发展的规律，以期为四川省形成"一干多支、五区协同"区域协调发展格局提供决策依据。

二、数据与方法

（一）数据来源

截至 2016 年年底，四川一共有 183 个县级行政区划。由于 2001—2016

年期间，四川省部分地区的行政区划有较大的变动，为保证县域经济发展数据的前后延续性，使得可以将数据进行纵向可视化，本文以 2001 年的行政区划为基础，将 2016 年的行政区划矢量图进行合并①，经过处理后，最终得到县级行政区划单位为 178 个。在得到 178 个县级行政区划图之后，通过查阅 2002—2017 年四川统计年鉴，得到 2001—2016 年各个县级行政区的人均 GDP② 数据。由于行政区划的改动，被合并的行政区的数据通过寻找各合并地区的原始 GDP 数据与年末户籍人口数据，将 GDP 与人口累加，最后将累加的 GDP 与人口相除得到；个别县在个别年份数据存在缺失，本文采用相邻年份的均值代替。在得到所有县级行政单位的人均 GDP之后，构建与 178 个县级行政单位相匹配的空间属性数据。

（二）研究方法

为度量每一个县级行政单位的人均 GDP 与相邻的县级行政单位关联是否显著，本文将引入空间自相关概念。空间自相关是指一些变量在同一个分布区的观测数据之间潜在的相互依赖性。测度两个相邻空间单元的空间自相关有两个指标：Moran's I 以及 Geary's C，本文采用 Moran's I 指标进行测度。

1. 全局空间自相关

全局空间自相关是对属性值在整个区域的空间特征的描述[9]。其计算公式为：

$$I = \frac{n \sum\limits_{i=1}^{n} \sum\limits_{j=1}^{n} w_{ij}(x_i - x)(x_j - x)}{\sum\limits_{i=1}^{n} \sum\limits_{j=1}^{n} w_{ij} \sum\limits_{i=1}^{n}(x_i - \bar{x})^2} = \frac{\sum\limits_{i=1}^{n} \sum\limits_{j=1}^{n} w_{ij}(x_i - \bar{x})(x_j - \bar{x})}{S^2 \sum\limits_{i=1}^{n} \sum\limits_{j=1}^{n} w_{ij}} \qquad ①$$

式中：I 表示全局自相关指数，I 的取值范围为 $(-1, 1)$。当 I 的取值在 $(-1, 0)$ 之间，表示空间自相关为负，两相邻地区的发展存在差异性；当 I 的取值在 $(0, 1)$ 之间，表示空间自相关为正，两相邻地区的发展存在相似性集聚；当 I 等于 0，则表示空间不相关。x_i，x_j 分别为县域单元 i 和县域单元 j 的人均 GDP 值；n 为县级行政单元个数；w_{ij} 为空间邻接矩阵，两区域相邻为 1，不相邻为 0。对 Moran's I 指标的显著性通过构造服从正态

---

① 逄锦聚. 中国特色社会主义政治经济学论纲［J］. 政治经济学评论，2016，7（5）：89–110.

② 人均 GDP 是人们了解一个国家或地区宏观经济运行状况的有效工具，常作为发展经济学中衡量经济发展水平的重要指标，本文拟用这一指标反映四川县域经济发展的水平。

分布的统计量 $Z = I - E(I) / \sqrt{\mathrm{Var}(I)}$ 来实现，Z 值显著为正时区域趋向于集聚，Z 值显著为负时区域趋向于分散，Z 值为 0 时区域随机分布。

2. 局域空间自相关

局域 Moran's I 是从局部探测区域间经济发展的高值和低值。其计算公式为：

$$I_i = \frac{n^2(x_i - \bar{x}) \sum_j w_{ij}(x_j - \bar{x})}{\sum_i \sum_j w_{ij} \sum_j (x_i - \bar{x})^2} = Z_i \sum_j^n W_{ij} Z_j \qquad ②$$

式中：I_i 表示局域空间自相关指数；Z_i，Z_j 分别表示相对于均值和标准差的标准变化量；w_{ij} 表示标准化空间邻接矩阵。I_i 为正表示区域临近单元是相似性集聚，I_i 为负表示区域临近单元是非相似性集聚，I_i 为 0 表示区域临近单元是随机性分布的。对于局域 Moran's I 的显著性也可以通过构造标准化统计量 $Z_i = I_i - E(I_i) / \sqrt{\mathrm{Var}(I_i)}$ 来检验。

三、四川县域经济空间格局分析

（一）四川县域经济发展的整体空间格局

通过 Geoda 对四川省 178 个县级行政区域的人均 GDP 进行全局 Moran's I 计算，最终结果如表 1。所有年份的 Moran's I 均大于 0，且检验结果均显著，表明四川的县域经济的发展呈正的空间自相关分布。根据表 1 中的全局 Moran's I 走势来看，2001—2004 年，四川的县域经济集聚程度有缓慢下降的趋势；2005 年是极其特殊的一年，其 Moran's I 指数暴跌 61.54 个百分点；从 2006 年开始，Moran's I 有缓慢上升的迹象，但是到 2016 年年底，还没有恢复到 2001 年时的集聚水平。总整体上来说，四川县域经济的发展集聚程度在增加，正向集聚在逐步增强。

表 1　　　　2001—2016 年四川县域人均 GDP 的 Moran'sI 估计值

年份	Moran'sI	E（I）	Z（I）
2001 年	0.632 919	-0.005 6	13.343 7
2002 年	0.633 319	-0.005 6	13.276 2
2003 年	0.617 955	-0.005 6	12.947 7
2004 年	0.593 612	-0.005 6	12.814 8

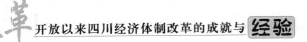

表1（续）

年份	Moran's I	E（I）	Z（I）
2005 年	0. 228 275	−0. 005 6	6. 004 5
2006 年	0. 517 868	−0. 005 6	10. 645 3
2007 年	0. 508 455	−0. 005 6	10. 611 5
2008 年	0. 524 907	−0. 005 6	10. 932 1
2009 年	0. 541 666	−0. 005 6	11. 086 4
2010 年	0. 529 682	−0. 005 6	11. 168 1
2011 年	0. 491 258	−0. 005 6	9. 763 2
2012 年	0. 525 678	−0. 005 6	11. 197 8
2013 年	0. 526 67	−0. 005 6	10. 775 1
2014 年	0. 529 532	−0. 005 6	11. 084 5
2015 年	0. 561 578	−0. 005 6	11. 713
2016 年	0. 561 286	−0. 005 6	11. 098 8

（二）四川县域经济发展的局域空间格局

四川省 183 个县级行政区分别在成都平原经济区、川南经济区、川东北经济区、攀西经济区和川西北生态经济区境内。本文将观测的年份以 5 年为一个时间节点，得到 2001 年、2006 年、2011 年、2016 年共 4 个年份的截面时间点。同时根据公式②计算出 4 个截面时间点的局部空间自相关指数，其统计结果见表 2（仅显示在 5%的显著性水平下的结果），并将其结果可视化，结果如图 1。

表 2　2001—2016 年四川县域人均 GDP 局域空间聚集统计表（LISA）

LISA 集聚	2001 年		2006 年		2011 年		2016 年	
	个数	比重/%	个数	比重/%	个数	比重/%	个数	比重/%
局域空间集聚显著性（p≤0.05）								
高—高	16	0. 089 9	16	0. 089 9	17	0. 095 5	17	0. 095 5
高—低	2	0. 011 2	1	0. 005 6	2	0. 011 2	3	0. 016 9
低—高	1	0. 005 6	1	0. 005 6	1	0. 005 6	1	0. 005 6
低—低	24	0. 134 8	30	0. 168 5	30	0. 168 5	27	0. 151 7

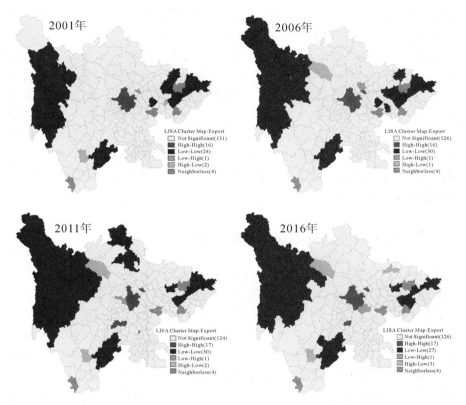

图 1　2001—2016 年四川县域人均 GDP 空间 LISA 图

从表 2 中的统计结果发现：四川县域经济发展的同质区域单元（"高—高""低—低"）① 所占比重由 2001 年的 22.47%增加到 2016 年的 24.72%，异质区域单元（"高—低""低—高"）所占比重由 1.69%上涨到了 2.25%，表明了四川县域经济发展的不平衡性。从图 1 可以看出，四川的县域经济发展呈现出较大的差异。在选取的 4 个年份中，显著呈现"高—高"聚集的区域并不太多，区域总数在 16 个左右波动，占四川省县级行政区划的 8.99%。并且其集聚范围多年没有改变，集聚区域主要以成都市为核心。这些地区依托成都作为四川省会的优势，通过成都的辐射作用，县域经济得到较大的发展。相对于"高—高"集聚，"低—低"集聚在地图上更加明显，这些地区主要分布在以少数民族聚居的甘孜州、阿坝州、凉山州以

---

①　"高—高"集聚指相邻县域发展水平都较高；"低—高"集聚指一个县域发展水平较低，而周边县域发展水平较高；"高—低"集聚指一个县域发展水平较高，而周边县域发展水平较低；"低—低"集聚指相邻县域发展水平都较低。

及被大山包围的秦巴山地区，这些地区由于交通不便，自然条件恶劣，人民受教育程度相对较低，其县域经济发展相对落后。在图 1 中，马尔康市与西昌市一直呈"高—低"集聚，其县域经济发展水平显著高于周边地区，这与其作为阿坝州和凉山州的首府，其经济一直受到国家和省政府的关注，因而其县域经济发展水平相对较高于周边地区；而县域经济呈"低—高"集聚的地区每年都有所变化，从 2001 年的罗江县到 2006 年的安州区，再从 2011 年的崇州市到 2016 年的简阳市，这 4 个地区处于成都平原经济区"核心"与"边缘"的过渡地带，因受到辐射作用的影响，其县域经济发展水平基本上也只是在观察的 4 个年份出现一次波动便与周边经济发展水平趋同。

四、四川县域经济的空间演进特点

（一）不同类型县域空间变化各具特点

从 2001 年到 2016 年，县域经济发展水平"高—高"集聚的区域一直以成都为核心，但是这个集聚区域有扩大的趋势，说明成都经济水平的提高对周边县域的经济发展产生了影响，扩散效应开始显现。呈现"低—低"集聚的地区基本为"老少边穷"地区，其数量呈波动式上升，从 2001 年的 24 个到 2016 年的 27 个，增加了 12.5 个百分点。从区域分布呈"低—低"分布的变化而言，秦巴山区域的数量由 2001 年的 9 个下降到 2016 年的 6 个，减少了 33.3 个百分点，而民族地区由 2001 年的 14 个增加到 2016 年的 21 个，增加了 50 个百分点。

（二）县域经济呈现"核心—边缘"模式

从整体空间结构来看，四川的县域经济两极分化较为严重，呈现出明显的"核心—边缘"空间二元结构。自古以来，成都平原依托其丰富的自然资源，经济社会得到了较强的发展，其县域经济发展水平也明显高于其他地区。同时由于成都经济社会的较快发展，生活生产条件具有较大优势，大量的资源开始从边远地区向成都平原集聚，因而成都平原经济区的县域经济呈现"高—高"集聚；而边远地区的由于资源的外流，呈现出更大范围的"低—低"集聚，近 10 年间，除成都平原经济区以外的其他 4 个经济区呈"低—低"集聚的区域增加了 16.66 个百分点。这种"核心区"与"边缘区"持续集聚将导致四川县域经济发展的不平衡的现象不断增大，不利于全省经济的发展。

（三）新的增长极（点）正在形成

自 2001 年以来，四川经济较多集聚在成都核心区域，省内的经济空间布局并没有因为各种推进各地区经济协调发展的战略发生根本性改变。但是伴随着历届政府区域协调战略的持续推进，各种政策效果正在逐步显现，新的增长极（点）在县域经济层面开始出现，各具特色的区域经济板块初步成型，四川省五大经济区的县域经济增长极（点）正在形成。例如，分析数据中显示的川西北生态经济区的马尔康市、攀西经济区的西昌市、川东北经济区的利州区等。

五、对策建议

基于以上分析，在"一干多支、五区协同"的区域发展新格局背景下，要想壮大四川省县域经济，使四川的经济能继续稳定健康的发展，可从以下几个方面入手：

（1）对于县域经济发展较好的成都平原而言，要从县域经济本身入手，强化县域经济的辐射作用。由于区位因素、基础设施、扶持政策的不同，成都市周边县域经济得到了较好的发展，但是从成都市中心继续向外延伸，并没有呈现显著的县域梯次发展层级结构，成都发展较好的县域对于周边县域的辐射作用并不明显。基于此，应强化成都"主干"引领辐射带动作用，激发成都周边县域经济的活力；以通道、产业、平台、服务共建共享为基础，建立"研发设计在成都、转化生产在其他周边"的产业互动模式。同时，应该鼓励成都与更大范围的县域以多形式、多元化、多领域合作的方式联动发展，以此使得成都与周边县域有机融合。

（2）对于"边缘"地区可依据点轴开发模式，依托各地地域优势，大力培育县域经济增长极（点）以及构建开发轴线。首先，在除成都平原经济区的其他四大经济区要大力培育县域经济增长极（点）。在打造县域经济中心的同时，也要注意推动县域经济发展轴线的延伸，依托地区铁路、港口等资源，大力开发沿途县域经济资源。川南地区是四川建设南向开放的重要门户和川渝滇黔结合部的区域经济中心。川南地区应依托其密集的流域优势，大力开发大型河流、流域这一资源，发展临港经济和通道经济，形成沿江经济带；同时，川南地区作为长江经济带的重要组成部分，应加强与其他地区的经济合作，依托其"白酒金三角"的地位，融入"一带一路"建设，带动地区县域经济发展。攀西地区经济主要集中在安宁河谷地区，依托其丰富的农业与旅游资源，大力发展现代农业与旅游业，建设现代农业示范基地和国际阳光康养旅游目的地，推进安宁河流域和金沙江沿岸农文旅融合发展，形成阳光生态经济走廊。川西北地区作为长江黄河上游重要水源涵养地，应发展生态经济，促进全域旅游、特色农牧业、民族工艺等绿色产业发展。参照国家主体功能区定位，将川西北生态示范区建设成国际生态文化旅游目的地和现代高原特色农牧业基地。川东北地区由于地处秦巴山脉，地理位置相对偏远，今后应加强对基础设施的建设，以加强和其他地区的联系。同时应借助其深厚的红色文化，在川东北地区建设川陕革命老区振兴发展示范城市。

参考文献

[1] 曹芳东，黄震方，吴江，等. 1990 年以来江苏省区域经济差异时空格局演化及其成因分析 [J]. 经济地理，2011，31（6）：895-902.

[2] 王少剑，方创琳，王洋，等. 广东省区域经济差异的方向及影响机制 [J]. 地理研究．2013，32（12）：2244-2256.

[3] 周扬，李宁，吴文祥，吴吉东. 1982—2010 年中国县域经济发展时空格局演变 [J]. 地理科学进展，2014，33（1）：102-113.

[4] 谢磊，李景保，袁华斌，等. 长江中游经济区县域经济差异时空演变 [J]. 经济地理，2014，34（4）：19-24，39.

[5] 陈利，朱喜钢，杨阳，等. 基于空间计量的云南省县域经济空间格局演变 [J]. 经济地理，2017，37（1）：40-49.

[6] 杜挺，谢贤健，梁海艳，等. 基于熵权 TOPSIS 和 GIS 的重庆市县域经济综合评价及空间分析 [J]. 经济地理，2014，34（6）：40-47.

[7] 李丁，冶小梅，汪胜兰，等. 基于 ESDA-GIS 的县域经济空间差异演化及驱动力分析——以兰州—西宁城镇密集区为例 [J]. 经济地理，2013，33（5）：23，31-36.

[8] 覃成林，张华，张技辉. 中国区域发展不平衡的新趋势及成因——基于人口加权变异系数的测度及其空间和产业二重分解 [J]. 中国工业经济，2011（10）：37-45.

[9] ARTHUR G. Reflections on spatial atuocorrelation [J]. Regional Science and Urban Economics，2007，37（4）：491-496.

四川坚持绿色发展应把握好的
几对关系和路径分析

刘鉴漪　王诗琴①

摘要： 党的十八大以来，以习近平同志为核心的党中央，对推进生态文明建设、促进绿色发展作出了一系列安排部署。四川省委书记彭清华强调："要注重处理好发展与保护、面上与重点、治标与治本、政府与市场等关系，解决好制约生态环境改善、推动绿色发展的制度性根源性问题，实现治标有方、治本有道。"四川作为长江上游重要生态屏障和水源涵养地，对国家生态安全和长远发展肩负着重要使命，必须坚定不移走绿色发展之路。本文拟就党的十八大以来，四川在推进绿色发展中取得的成绩进行总结，梳理出亟需解决的几个问题，提出四川在坚持绿色发展中应重点把握好发展与保护、治标与治本、政府与市场、点上与面上的四对关系，分析解决路径，实现更高质量、更有效率、更可持续的发展。

关键词： 绿水青山；绿色发展；环境保护；生态建设；市场机制；区域协调；产业结构；关系

习近平总书记指出，绿水青山就是金山银山，建设生态文明是关系人民福祉、关乎民族未来的千年大计。以习近平同志为核心的党中央，提出"创新、协调、绿色、开放、共享"五大发展理念，将绿色发展理念贯穿经济社会发展的始终，开创了生态文明建设的新局面。2018 年 4 月底，习近平总书记在武汉主持召开深入推动长江经济带发展座谈会并发表重要讲话，强调推动长江经济带发展是党中央作出的重大决策，是关系国家发展全局的重大战略，要坚持新发展理念，坚持稳中求进工作总基调，坚持共抓大保护、不搞大开发，加强改革创新、战略统筹、规划引导，以长江经济带发展推动经济高质量发展。在 2018 年 6 月 25 日召开的四川省生态环境保护大会上，四川省委书记彭清华强调："要注重处理好发展与保护、

---

① 刘鉴漪、王诗琴，中共四川省委党校研究室。

面上与重点、治标与治本、政府与市场等关系，解决好制约生态环境改善、推动绿色发展的制度性根源性问题，实现治标有方、治本有道。""要坚定以习近平生态文明思想为指导，坚定走生态优先、绿色发展之路。"四川作为长江上游重要生态屏障和水源涵养地，对国家生态安全和长远发展肩负着重要使命。加快推进绿色发展，是四川实现高质量发展的必由之路。

一、改革开放以来四川在推进绿色发展中所取得的成绩

改革开放以来特别是党的十八大以来，四川认真贯彻落实党中央关于生态文明建设的决策部署，始终把生态文明建设和绿色发展放在突出位置，出台了《中共四川省委关于推进绿色发展建设美丽四川的决定》《四川省生态文明体制改革实施方案》等一系列政策措施，大力推进生态保护和修复，坚定不移实施主体功能区战略，大力开展绿化全川行动，以最严厉的举措防治污染，化解落后产能、推进转型发展，坚决守住绿水青山。近年来，四川发展方式转变明显。截至 2017 年，三次产业结构调整为11.6：38.7：49.7，三次产业对经济增长的贡献率分别为 5.5%、40.8%和53.7%。节能降耗成效明显，能源开发强度有效控制在合理区间，淘汰落后产能取得积极进展，资源利用效率显著提高，环境质量稳中向好，环境污染治理和生态建设加快推进，生态文明建设制度体系不断完善，产业发展的绿色化、生态化、减量化、循环化水平逐步提升。生态保护优势突出，在全国率先启动了天然林保护工程、退耕还林试点工程，加强了自然保护区、风景名胜区、湿地公园等各类重点生态功能区建设，建成陆域自然保护区面积全国排名第四；森林蓄积量、草原综合植被覆盖度和陆域自然保护区面积占陆地国土面积比例在全国名列前茅；清洁能源利用领先，2016 年四川单位 GDP 二氧化碳排放量降低率和非化石能源占能源消费总量比重均在全国位列前三位，煤炭消费总量持续下降，水电消费占比逐年大幅上升，能源消费结构持续优化。

二、当前亟需解决的几个问题

尽管四川推进绿色发展取得了显著成效，但在一些方面还存在着亟需解决的问题。2017 年 12 月 26 日，国家统计局、国家发展和改革委员会、环境保护部、中央组织部四部门联合发布的《2016 年生态文明建设年度评

价结果公报》显示，四川省绿色发展指数为 79.40，在全国 31 个省（市、自治区）中排第 14 位；公众对四川生态环境的满意程度为 85.62%，排第 8 位。这一评价结果显示，四川省生态文明建设和绿色发展总体水平还有较大提升空间，要坚持整体推进和重点突破相结合，着力破解当前亟需解决的几个问题。

（一）发展与保护之间的矛盾仍然突出

人口多、底子薄、不平衡、欠发达仍然是四川的最大省情，发展仍然是四川的第一要务，但四川生态本底脆弱，环境污染、生态破坏、生态系统退化的形势依然严峻，在发展的同时，生态保护责任也非常重大。部分地区在抓经济建设、抓发展的过程中，对如何处理好经济发展和环境保护之间的矛盾仍然认识不足，不能做到客观、全面的辩证认识。有的地区受传统发展思路影响，对如何推进在保护生态的同时推进绿色发展谋划不够、办法不多；有的地区特别是经济总量较低的地区仍然受先污染后治理、先破坏后修复的旧观念影响，认为在追赶发展阶段"环境代价还是得付"；有的地区受地方对环境污染治理和生态修复项目推进进度偏慢、办法不多的影响，甚至以地方财力不足、治理难度大等理由拖延搪塞。

（二）绿色发展的"短板"突出，在全国排位靠后

四川污水集中处理率、大气污染治理水平、新增水土流失治理面积、一般工业固体废物综合利用率、农作物秸秆综合利用率等指标均在全国排名靠后；人均 GDP 、人均地方一般公共预算收入、预算内节能环保支出全国排名均列倒数，这集中体现了四川人口多、底子薄、欠发达、不平衡的基本省情。

（三）市场机制不灵活，绿色发展内生动力不足

①创新驱动不足。四川科教资源虽然丰富，但创新能力不强，全省有高等学校 109 所，科技人员超过 300 万人，但科研单位专利申请量和授权量仅占全省的 2.4% 和 3%。综合科技创新指数与东部发达地区相比仍有较大差距，科技创新对经济发展的引领、带动、示范作用不足。人才资源利用不足。②从劳动力的净流入和净流出可以看出一个地方的发展水平和人才驱动水平，四川全省向省外转移输出的人力资源近 1 200 万人，无论是在人才国际化、本土高端人才培养上，还是在政策吸引力竞争力、品牌工程建设上，与东部发达地区相比都有很大差距。③制度红利释放不足。对绿色 GDP 考核机制尚不健全，对绿色发展成效显著地区的财政、税收、产业配套政策体系不完善，对绿色低碳循环产业的财政和金融政策支持力度不足，市场主体活力未充分释放。资源输出地特别是水电资源开发地区的

资源价值未在全省经济发展中体现出来，生态红线、生态补偿等重点政策的配套措施还不完善。

（四）区域之间绿色发展差异大、不协调

四川各地区发展条件差异大，基础设施、公共服务和人民生活水平的差距较大，各市（州）由于具有的各种自然资源、人力资本、政策配套条件不同，在资源利用、环境治理、生态保护、低碳发展、绿色生活等各个指标方面有一定的差别。南充市、德阳市、眉山市、自贡市、内江市和资阳市等市（州），2017年人均GDP都排名在全省11位之前，但是绿色发展指数却排名靠后，经济增长和绿色发展的同步性较为滞后，且在中央、省环保督查中暴露出较多的环境质量问题。成都市对产业和人才集聚的"虹吸效应"，导致其环境质量指数在全国地（市、州）之中处于较低水平，"大城市病"现象较为突出。横向来看，各个区域之间合作虚多实少，城市群缺乏协同，带动力不足，各地区间发展不均衡现象突出。

三、解决当前突出问题的路径思考

要解决好四川绿色发展进程中存在的上述问题，应正确把握好发展与保护、治标与治本、政府与市场、点上与面上的四对关系，实现更高质量、更有效率、更可持续的发展，让巴蜀大地天更蓝、山更绿、水更清、环境更优美，奋力谱写美丽中国的四川篇章。

（一）处理好发展与保护的关系，坚持经济效益和生态效益的统一

处理好绿水青山和金山银山的关系，坚持在发展中保护、在保护中发展，实现经济社会发展与人口、资源、环境相协调，使绿水青山产生巨大生态效益、经济效益、社会效益。一是推动产业结构进一步优化升级。以构建科技含量高、资源消耗低、环境污染少的产业结构和绿色产业体系为目标，大力发展第三产业，提高第三产业在区域经济发展中的地位；打造高新技术产业集群，加快推进工业化与信息化、绿色化深度融合，通过高新技术产业的发展带动工业结构的整体升级；构建以四川的资源禀赋、地理条件、区位优势、产业基础相配套的特色产业体系，加快推动传统制造业改造升级，培育发展战略性新兴产业和特色优势产业。二是发展生态经济，将生态优势转化为经济优势。大力发展绿色低碳高效的生产性服务业和智慧旅游业为核心的现代服务业体系，利用好在全国范围内储量较多的水电和天然气资源，着力推进水电资源、天然气资源开发和就地转化；推进绿色端供给侧结构性改革，擦亮农业大省"金字招牌"，延伸产业链条，

打造特色品牌；做强节能环保装备、信息安全、新能源汽车等"五大高端成长型产业"和电子商务、现代物流、健康养老服务等"五大新兴先导型服务业"，加快发展生态有机农业和旅游产业，培育绿色发展新引擎。三是完善绿色经济政策，激发市场主体活力。作为国家全面创新改革试验区，应充分用好、用活先行先试政策，结合各地资源禀赋实际，综合运用财税、投资、金融、信贷、价格、环境信用评价等政策手段，树立绿色发展导向，引导市场资源向绿色产业、绿色业态、绿色商业模式聚集，激发企业绿色发展、转型发展、科学发展的内生动力，不让积极响应绿色发展政策的企业吃亏，形成绿色发展"领跑者"效应。

（二）处理好治标与治本的关系，补齐绿色发展中的短板

要立足当前，注重长远，既要以问题为导向着力破解发展、改革、民生的现实问题，又要以制度为保障，建立健全一系列管长远、管大局、管根本的制度措施。一是打好污染防治攻坚战，持续改善生态环境质量。坚决打赢打好蓝天保卫战、碧水保卫战等"八大战役"，着力解决突出环境问题，持续改善生态环境质量，推进高质量发展。健全环境保护督察机制，夯实政治责任，抓好中央和省环境保护督察问题整改，加快补齐生态环境质量短板。二是加快体制机制改革，破解"中梗阻"问题。以生态文明体制改革和机构改革为抓手，抓重点、补短板、强弱项，理顺生态环境保护部门与经济发展部门之间的职责关系，树立"管发展必须管环保、抓生产就要抓生态"的理念。加快推进"多规合一"、生态红线保护、自然资源产权确立、区域流域生态补偿等重点领域的改革，打出推进绿色发展的体制机制"组合拳"。三是着力构建生态安全体系的长效机制。建立体现生态文明要求的考核评价体系，引导各地创造绿色 GDP。实行最严格的水资源管理制度和节约用地制度，建立严格的生态保护红线管控制度，建立自然灾害易发区调查评价、群测群防监测预警体系，完善生态环境损害责任追究制度，加快建立领导干部离任生态审计制度，强化监督问责。

（三）处理好政府与市场的关系，提升绿色发展的质量和效益

政府应当在培育创新动力、打造人才高地、抢抓外部机遇上积极谋划、主动作为，争取发挥更大作用。一是培育创新第一动力。以技术进步和科技成果转化为抓手，推进创新驱动发展；加快发展智能制造装备、节能环保等先进制造业，积极运用"互联网+"、大数据、云计算、物联网技术发展分享经济；加快绿色环保领域、清洁能源、新材料等关键共性技术研发，推进重大科技创新平台建设，加快建设一批重点领域的成果转化和创新平台项目。二是挖掘人才第一资源。抢抓"一带一路"建设、成渝经

济圈发展、乡村振兴等重大机遇，加强海内外人才引进和本土人才培养，深入推进知识产权综合管理改革，实现人力资源开发、体制机制创新、知识产权保护、科技成果转化的良性互动，聚天下英才而用之，促进更多创新要素向四川转移、更多创新平台在四川搭建、更多创新人才向四川集聚。三是做强绿色金融。充分运用绿色信贷、绿色债券、绿色基金、绿色保险等绿色金融工具，在可持续能源、环境基础设施建设、环境修复、工业污染治理、能源与资源节约等领域，在项目投融资、项目运营、风险管理等方面形成正向激励、提供更多保障、发挥更大作用，提升四川绿色产品创新的积极性，通过绿色金融为四川绿色质量发展提供强有力的金融支撑。

（四）处理好点上与面上的关系，提升区域协调发展水平

要坚持运用系统论的方法，树立"一盘棋"的思想，既立足各地实际，又放眼长远发展，实现错位发展、协调发展、有机融合。一是深入推进"一干多支"发展格局，以经济增长筑牢绿色发展基础。充分考虑自然条件、发展基础、经济地理等因素，抓好成都首位城市辐射带动，打好城市协调发展的"特色牌"，着力打造成都周边和川东北、川南等地区各具特色的城市群，培养有地区带动力的区域性经济中心城市，融入"一带一路"、长江经济带等重大发展战略，以更开放的视野、更宏大的格局、更广泛的融合促进资源要素和人力资本的合理流动，力求"水涨船高"，避免"月明星稀"，解决发展不平衡不充分的突出问题。二是突出绿色规划引领，实现协同发展。坚持实施主体功能区战略，构建科学合理发展空间格局，统筹各类空间规划，实现生产空间集约高效、生活空间宜居适度、生态空间山清水秀。在各地的经济社会发展规划、城乡建设规划、土地利用规划、生态环境保护规划以及各个专项规划中，把习近平总书记关于生态文明建设的重要思想、把绿色发展观的核心要义融入其中，并注重在全省层面的有序衔接、密切配合，充分发挥"规划先行"的引领规范作用。三是在差异化发展中实现优势特色资源互补。加强县域特色资源的综合利用，在一体化中体现差异化，在差异化中实现特色化，避免跟风发展、同质化竞争、低水平重复建设；建立成本共担和利益共享机制，加快推进跨区域基础设施互联互通、产业对接协作、区域协同创新、公共服务共建共享和环境保护联防联控联治；延伸产业链条，注重资源开发利用与改善生态环境相结合，树立地方特色资源品牌。

参考文献

［1］《党的十九大报告辅导读本》编写组. 党的十九大报告辅导读本［M］. 北京：人民出版社，2017.

［2］中共中央文献研究室. 党的十八大以来重要文献选编（上、中、下）［C］. 北京：中央文献出版社，2013、2016、2018.

［3］四川省人民政府. 四川省"十三五"环境保护规划［EB/OL］.（2017-02-28）. http://125.64.4.186/t.aspx? i=10270303094505-795023-00-000.

［4］王东明. 坚持绿色发展 建设美丽四川［J］. 瞭望，2016（3）.

［5］车静. 绿色发展优势突出 短板明显［J］. 四川省情，2018（5）.

［6］徐晗，谢忠庭. 四川绿色发展区域特征分析［J］. 四川省情，2018（5）.

［7］徐燕. 2017年四川绿色发展取得新成效［J］. 四川省情，2018（4）.

［8］邱高会. 绿色发展理念下四川产业结构绿色转型研究［J］. 统计与管理，2016（8）.

［9］刘俊岐. 以绿色发展观助推四川高质量发展［N］. 四川日报，2018-06-07.

怎样理解中国特色社会主义政治经济学

蒋　晋①

摘要：在当今社会，如何真正理解中国特色社会主义政治经济学是一个大问题。中国特色社会主义政治济学是一个发展过程，其内容随时代的变化而变化，我们必须在新时代学好用好中国特色社会主义政治经济学。

关键词：新时代；中国特色；政治经济学

党的十八大以来，习近平同志多次强调"不断开拓当代中国马克思主义政治经济学新境界"，并就"坚持和发展中国特色社会主义政治经济学""坚持中国特色社会主义政治经济学的重大原则""不断完善中国特色社会主义政治经济学理论体系"等重大理论和现实问题做了阐述。"中国特色社会主义政治经济学"这一重大理论命题的提出，是对马克思主义政治经济学的巨大创新，极大地丰富了中国特色社会主义理论体系，具有里程碑意义。

一、中国特色社会主义政治经济学的发展

中国特色社会主义政治经济学与任何事物一样，都有一个从低级到高级的发展过程，决不是一蹴而就的。具体来说，经历了如下一些阶段：

（一）中国特色社会主义政治经济学的发端阶段

首先是毛泽东撰写《论十大关系》《工作方法六十条草案》等指导经济建设的重要文献，努力探索中国自己的社会主义建设道路，并提出了发展社会主义经济的一系列独创性理论观点，创造性地发展了马克思主义政治经济学，体现了发展社会主义经济的一系列独创性理论观点，体现了中国社会主义经济建设在理论和实践方面的新探索，这被认为是中国特色社会主义政治经济学的发端。

---

① 蒋晋，四川工商学院会计学院。

（二）中国特色社会主义政治经济学的创立阶段

1992年邓小平南方讲话后，中国特色社会主义经济理论和实践的发展取得重大进展，一系列关于社会主义经济的新理论逐步确立，表明一种新的不同于苏联传统社会主义政治经济学的理论体系已经建立，这就是中国特色社会主义政治经济学的创立。

（三）中国特色社会主义政治经济学的发展阶段

以江泽民同志为核心的党的第三代中央领导集体建立了社会主义市场经济的基本框架，提出了建立社会主义市场经济体制的改革目标，确立了社会主义初级阶段的基本经济制度，构建了社会主义初级阶段的基本分配制度，提出了公有制实现形式多样化的思想，深化了中国特色社会主义政治经济学。

（四）中国特色社会主义政治经济学的丰富阶段

党的十六大以后，以胡锦涛为总书记的党中央提出了科学发展观，党中央进行了一系列重大理论创新，形成了以科学发展观为指导的一系列方针政策，提出了一系列新的理论观点，在新的历史条件下深入系列地回答了什么是发展，为什么发展和怎样发展的重大问题，深化了对中国特色社会主义经济发展规律的认识，丰富和完善了中国特色社会主义政治经济学。

（五）中国特色社会主义政治经济学的形成阶段

习近平同志在继承马克思主义政治经济学基本原理和总结当代中国现代化建设实践经验的基础上，在吸收当代中国优秀学术成果、中华民族几千年优秀经济思想和借鉴世界各国经济发展经验教训的基础上，发展和完善了中国特色社会主义政治经济学，推动了中国特色社会主义政治经济学的系统化，是马克思主义政治经济学中国化、时代化的最新成果。党的十八大以来，习近平多次强调，要学好用好马克思主义政治经济学，并就发展当代中国马克思主义政治经济学和中国特色社会主义政治经济学发表了一系列重要讲话，开创了中国特色社会主义政治经济学发展的新时代。

认识清楚这几个发展阶段，对我们运用中国特色社会主义政治进行实现"中国梦"的实践具有十分重要的意义。

二、关于中国特色社会主义政治经济学的理论体系

中国特色社会主义政治经济学是一个完整的体系，对于这个体系我们应当很好地掌握。

（一）中国特色社会主义政治经济学的内涵特征与学科特点

中国特色社会主义政治经济学是马克思主义政治经济学基本原理与当代中国实践相结合，同时吸取中国历史优秀文明成果和世界上各国优秀文明成果的产物，与马克思恩格斯创立的、后为列宁毛泽等继承发展的马克思主义政治经济学一脉相承，是中国化、时代化了的马克思主义政治经济学。中国特色社会主义政治经济学是中国版的社会主义政治经济学，是中国特色社会主义理论体系的重要组成部分，是指导中国特色社会主义经济建设的理论基础。[①] 中国特色社会主义政治经济学研究的并不是一般意义上的社会主义，而是中国特色社会主义，具体来说是中国特色社会主义生产方式以及与之相适应的生产关系和交换关系，或者说是中国特色社会主义生产关系及其运动规律。[②] 中国特色社会主义政治经济学是发展中国特色社会主义经济的实践经验的理论总结，是当代中国马克思主义政治经济学最重要的组成部分。[③] 中国特色社会主义政治经济学是马克思主义政治经济学在新的历史条件和社会经济条件下的创新成果，是中国特色社会主义经济制度和经济发展道路的理论概括。[④]

学术界虽然对"中国特色社会主义政治经济学"的概念理解表述不一，但是对马克思主义政治经济学中国化和时代化的认识逐步深化，概念的内涵和外延也逐步明确和具体。中国特色社会主义政治经济学诞生、形成、发展和完善于中国特色社会主义建设、改革与发展的实践过程，是研究中国特色社会主义生产关系及其运动规律的科学理论，生动体现了马克思主义政治经济学在当代中国的创新运用和发展。

作为马克思主义政治经济学的重要组成部分，中国特色社会主义政治经济学探索的是社会基本经济规律，但中国特色经社会主义政治经济学研究的是中国特色社会主义，揭示中国特色社会主义经济发展的规律，所以中国特色社会主义政治经济学既具有一般政治经济学的普遍性，又具有中国特色社会主义政治经济学的特殊性。

政治经济学的一般性有世界性和历史性。世界性是指中国特色社会主义政治经济学包含着人类共同的价值追求，并可以与别国经济理论与实践

① 张宇. 中国特色社会主义政治经济学的科学内涵 [J]. 经济研究，2017（5）.

② 邱海平. 中国特色社会主义政治经济学的重大理论与实践价值 [J]. 前线，2017（2）：10-15.

③ 简新华. 发展和运用中国特色社会主义政治经济学引领经济新常态 [J]. 经济研究，2016（3）：21-25.

④ 洪银兴. 中国特色社会主义政治经济学的创新发展 [J]. 红旗文稿，2016（7）：4-9.

相互学习和借鉴。① 另外，政治经济学具有历史性。正如恩格斯指出的，"人们在生产和交换时所处的条件，各个国家各不相同，而在每一个国家里，各个世代又各不相同。因此，政治经济学不可能对一切国家和一切历史时代都是一样的，政治经济学本质上是一门历史科学"②。历史研究是构建政治经济学的基石，是中国特色社会主义政治经济学的稳固基础，只有把问题放在历史的坐标系中进行考察，才能作出实事求是的评价；只有正确而充分地认识历史，才能总结经验教训，进而升华为理论。③ 另外，正是由于政治经济学具有历史性，其研究对象在不同的国家、同一个国家的不同世代又各不相同，所以政治经济学从空间来说又具有每个国家的特殊性。④ 符合中国发展规律的政治经济学应该具有民族性，民族性是指中国特色社会主义政治经济学的基本立场、基本观点、基本方法以及决定基本立场、基本观点、基本方法的基本国情、基本实践都具有特殊性。对于中国特色社会主义政治经济学来说，该理论形成于中国、发展于中国、服务于中国，其主题是讲好中国故事，总结中国经验，为中国的改革和发展提供理论支撑和科学指导，因此具有中国特色。有学者将其特殊性表述为国家主体性，认为中国特色社会主义政治经济学具有国家主体性，是指中国特色的社会主义政治经济学区别于其他国家的社会主义政治经济学，是中国特色的，强调的是中国。这里说的"特色"是相对于其他社会主义国家来说的，其实讲的就是中国的国家性⑤。

中国特色社会主义政治经济学是政治经济学，同时又是对中国道路的理论总结，因而不可避免地具有政治经济学的共性即历史性、世界性以及中国特色的个性即民族性、国家主体性。学者们对这一问题的观点符合矛盾普遍性和特殊性辩证关系的哲学原理，是经济规律普遍性与特殊性的统一。具体到我国高校经济学学科教育中，应进一步巩固和加强中国特色社会主义政治经济学在经济学学科门类和财政党政教育体系中的重要基础和指导地位，进一步强化中国特色社会主义政治经济学对财经类、工商管理类所属分支学科和专业的统领和支撑作用，突出中国特色社会主义政治经济学的基本概念、范畴、原理和方法在其他相关学科和课程构成体系中的

① 逄锦聚.中国特色社会主义政治经济学的民族性与世界性［J］.经济研究，2016（10）：4-11.
② 马克思，恩格斯.马克思恩格斯选集：第3卷［M］.北京：人民出版社，1972.
③ 武力.中国特色社会主义政治经济学和历史研究［J］.经济导刊，2016（8）：28-31.
④ 杨春学.社会主义政治经济学的"中国特色"问题［J］.经济研究，2016（8）：4-16.
⑤ 王立胜.论中国特色社会主义政治经济学的国家主体性［J］.学习与探索，2016（8）：1-11.

理论基础地位。

（二）什么是中国特色社会主义政治经济学的理论来源

中国特色社会主义政治经济学的根本源头是马克思主义政治经济学，包括马克思、恩格斯、列宁博大精深的政治经济学基本观点，直接来源是毛泽东思想（特别是毛泽东的经济思想），历史借鉴是苏联的经验教训，指导原则是"马学"为魂（用马克思主义的精髓统领中国经济学）、"中学"为体（以中国特色社会主义经济理论为主体内容）、"西学"为用（善于借鉴西方经济学有用的方法）。① 可以概括为四个方面：马克思主义政治经济学；中国的基本国情和当代中国实践；中华民族优秀文化传统中的丰富经济思想；对世界人类文明成果的借鉴。② 也有学者认为马克思主义政治经济学理论逻辑是中国特色社会主义政治经济学理论之源，中国特色社会主义经济发展实践逻辑要求马克思主义政治经济学中国化。③

虽然学界对中国特色社会主义政治经济学理论渊源的概括思路各异、论证表述不一，但达成明确共识的是马克思主义政治经济学与中国特色社会主义政治经济学之间是"源"与"流"的关系。马克思主义经济学是中国特色社会主义政治经济学的"魂"，中国特色社会主义政治经济学要以马克思主义经济学的基本立场、基本观点、基本方法为灵魂。立足于我国改革开放和社会主义现代化建设的伟大实践经验是中国特色社会主义政治经济学的"体"，中国特色社会主义政治经济学是马克思主义经济学在中国的新发展，是马克思主义中国化的重要组成部分，也是中国特色社会主义理沦体系的重要组成部分，具有鲜活的生命力。

（三）什么是中国特色社会主义政治经济学的研究对象

根据马克思主义唯物史观，生产关系和生产力是一对矛盾，二者密不可分；经济基础与上层建筑是一对矛盾，二者密不可分。因此，在研究生产关系时不能不联系生产力和上层建筑进行研究。

对于中国特色社会主义政治经济学的研究对象，多数学者都认同其研究对象是中国特色社会主义的生产关系及其运动规律，或者说是中国特色社会主义生产方式以及与之相适应的生产关系和交换关系。第一种观点是以生产力和生产关系的矛盾运动为研究对象，应把重视生产力的发展和重

---

① 杨承训. 中国特色社会主义政治经济学的理论溯源和生成背景［J］. 毛泽东邓小平理论研究，2016（2）：8-13.

② 王立胜，郭冠清. 论中国特色社会主义政治经济学理论来源［J］. 经济学动态，2016（5）：4-13.

③ 杨承训. 中国特色社会主义政治经济学本质论及相辅的四个理论"方程"［J］. 毛泽东邓小平理论研究，2016（3）：14-20.

视社会主义生产关系的发展自觉地统一起来①。在研究对象上要求更加突出生产力的发展，并从发展生产力的角度研究生产关系，在生产力与生产关系的统一中把握经济发展规律，为社会主义经济发展服务。因此，重视对经济发展的研究是中国特色社会主义政治经济学的一个突出亮点②。第二种观点是以中国特色社会主义经济形态为研究对象，中国特色社会主义政治经济学的研究对象是中国特色社会主义经济形态。这既包括改革开放以后确立的中国特色社会主义生产关系或经济制度，也包括在此基础上形成的中国特色社会主义经济发展战略、发展理念、发展政策和发展道路。也有学者认为研究对象是中国社会主义现代化进程中的改革与发展，既具有马克思主义政治经济学的本质属性，又具有揭示中国改革开放后经济发展的特殊属性，创新了马克思主义政治经济学。③ 第三种观点是以社会主义初级阶段的经济关系为研究对象。中国特色社会主义政治经济学的研究对象是中国社会主义初级阶段的生产方式及与之相适应的生产关系、交换关系。具体来说，要研究社会主义初级阶段的社会生产力、生产关系，包括经济制度、经济体制、经济运行、经济改革、经济发展、对外经济关系等，研究它们的相互关系及其在社会再生产中表现的规律性。④

对于中国特色社会主义政治经济学的研究对象，有学者认为应当以生产力和生产关系的矛盾运动为研究对象，有学者认为应当以中国特色社会主义经济形态为研究对象，也有学者认为应当以社会主义初级阶段的经济关系为研究对象。虽然在研究对象上略有差异，但都是在中国特色社会主义理论体系的大框架下进行的学术探讨，都是以马克思主义政治经济学的基本原理为指导，都离不开中国特色社会主义经济建设的伟大实践。

三、关于中国特色社会主义政治经济学的研究任务与研究方法

与传统马克思主义政治经济学的研究任务相比较，新时代条件下中国特色社会主义政治经济学研究所面临的问题不同，其研究任务与马克思恩

---

① 刘伟，顾海良，张宇，等. 当代马克思主义政治经济学十五讲 [J]. 出版发行研究，2016（4）.

② 张宇. 关于中国特色社会主义政治经济学的若干问题 [J]. 国家行政学院学报，2016（2）：45-50.

③ 杨承训. 中国特色社会主义政治经济学的理论溯源和生成背景 [J]. 毛泽东邓小平理论研究，2016（2）：8-13.

④ 逄锦聚. 中国特色社会主义政治经济学论纲 [J]. 政治经济学评论，2016，7（5）：87-110.

格斯创立的马克思主义政治经济学相比毫无疑问发生了很大的转变。

中国特色社会主义政治经济学的研究任务是揭示社会主义经济运动规律，为完善社会主义经济制度、促进生产力发展、满足人们日益增长的物质文化需要，实现人的全面发展，实现共同富裕提供理论指导，是建设的理论。① 一些学者认为社会主义市场经济应该成为中国特色社会主义政治经济学的研究任务，认为中国特色社会主义政治经济学的核心命题在于考察如何坚持社会主义市场经济改革方向。② 还有学者认为抽象和概括社会主义市场经济经济运行规律是中国特色社会主义政治经济学的历史责任和重要使命。③ 但是，在对待社会主义市场经济问题上，也有学者持相反观点，认为社会主义市场经济不能成为构建中国特色社会主义政治经济学的主线，构建中国特色社会主义政治经济学，不要偏向搞经济运行、竞争层面的研究，也不要导向应用经济学，而是要根据《资本论》的思想脉络及其提供的基本路径、基本方法去做。④ 在社会主义初级阶段生产关系的基础上利用市场机制以人民为中心发展，是中国特色社会主义政治经济学理论要解决的核心问题。⑤

由此可以看出，不管是主张揭示社会主义经济运动规律，还是主张重在研究社会主义市场经济，不管是主张将经济发展还是引领新常态等问题作为中国特色社会主义政治经济学的研究任务，这些都是我国当前经济领域面临的重大课题，需要通过中国特色社会主义政治经济学的理论发展予以解决。可见，尽管讨论的角度不同，但可以看出学者们在研究任务的问题上也没有拘泥于传统马克思主义政治经济学的研究任务，而是结合当代中国新的实践提出了中国特色社会主义政治经济学的研究任务。

中国特色社会主义政治经济学不仅包含一系列重大原则和新思想、新观点、新论断，也贯穿了科学的思想方法和思维方法，具有重要的方法论意义。第一，坚持辩证唯物主义和历史唯物主义的基本方法⑥。马克思主

---

① 逄锦聚. 中国特色社会主义政治经济学论纲 [J]. 政治经济学评论，2016，7（5）：87-110.

② 刘伟. 在马克思主义与中国实践结合中发展中国特色社会主义政治经济学 [J]. 经济研究，2016（5）：4-13.

③ 谢地. 增强中国特色社会主义政治经济学对经济运行规律的解释力和话语权 [J]. 政治经济学评论，2017，8（2）：13-32.

④ 胡钧. 以马克思主义为指导构建中国特色社会主义政治经济学 [J]. 改革与战略，2017（5）：1-3.

⑤ 巫文强. 中国特色社会主义政治经济学：利用市场机制以人民为中心发展——兼谈中国特色社会主义政治经济学理论体系的构建 [J]. 学术论坛，2016，37（12）：75-80.

⑥ 卫兴华. 坚持和发展中国特色社会主义政治经济学 [J]. 前线，2016（2）：33-35.

义政治经济学的主要方法，即辩证唯物主义和历史唯物主义，也依然是中国特色社会主义政治经济学的重要方法。历史唯物主义和辩证唯物主义的方法论贯彻在中国特色社会主义政治经济学研究中，可以具体表现为许多方法，如矛盾分析的方法、历史与逻辑统一的方法、抽象法、人是历史主体的分析方法、以实践为基础的分析方法等①。第二，坚持生产力和生产关系矛盾运动的唯物史观。只有坚持马克思主义唯物史观，坚持从分析生产力与生产关系矛盾运动入手，才能正确认识我国经济改革的本质特征，把改革的实质归结为生产关系的深刻变革，理解这种生产关系变革的根本动因是解放和发展生产力的历史要求②。生产力和生产关系的矛盾分析，是马克思主义政治经济学的基本方法论，也可以说是马克思主义经济学的基本范式，中国特色社会主义政治经济学应坚持这个范式。生产力同生产关系一起成为中国特色社会主义政治经济学的研究对象，会牵动中国特色社会主义政治经济学理论体系的一系列突破③。

　　总结中国特色社会主义政治经济学的研究方法，既要坚持马克思主义唯物辩证法和唯物史观的根本方法和实践认识论，也要批判地吸收西方经济学研究方法的有益成分，立足我国经济发展实践，探索和建构适应自身情况的中国特色社会主义政治经济学方法体系。在研究中既要尊重运用辩证法，也要综合运用历史分析、实证分析、比较研究和定性与定量相结合的方法，等等；在运用唯物辩证法和唯物史观时，应将其转化为具体方法，并注意具体问题具体分析，在具体问题上处理好一般、特殊、个别的关系。

　　① 逄锦聚. 中国特色社会主义政治经济学论纲［J］. 政治经济学评论，2016，7（5）：89-110.

　　② 刘伟. 在马克思主义与中国实践的结合中发展中国特色社会主义政治经济学［J］. 政治经济学评论，2016，7（4）：44-50.

　　③ 洪银兴. 关于中国特色社会主义政治经济学理论体系建设的几个问题［J］. 人文杂志，2017（12）：27-33.

深化改革
大力提升成都市创新创业国际影响力

林德萍 邓 唯 徐苑琳①

摘要：创新创业发展战略是新常态经济增长形势下的国家重大战略，也是未来中国发展的战略支撑。本研究以被定位为第六座国家中心城市的成都为例，通过深入调研，分析成都提升区域创新创业国际影响力的不足及存在问题，并从多元培育、科学引领、细化政策、加大宣传等方面探讨了提升成都创新创业国际影响力的策略与建议，以期为中国其他城市提供参考与借鉴。

关键词：国际影响；区域；创新创业

创新创业发展战略是新常态经济增长形势下的国家重大战略，也是未来中国发展的战略支撑。当前，全球掀起了新一轮创新创业热潮，进入技术促动经济社会变革的创新大时代。国家深入实施创新驱动发展战略、推进"大众创业、万众创新"、加大供给侧结构性改革力度、实施"互联网+""中国制造2025"计划。2015年政府工作报告指出要把"大众创业、万众创新"打造成推动中国经济继续前行的"双引擎"之一。2016年，李克强考察时指出创新创业是实施创新驱动发展战略的重要抓手，是推进供给侧结构性改革战略的重要抓手，是推进供给侧结构性改革的重要体现，是培育新动能的有力支撑。当前，中华大地掀起了"大众创业""草根创业"的新浪潮，形成"万众创新""人人创新"的新态势。2015年四川省人民政府工作报告要求："主动适应经济发展新常态，坚持稳中求进工作总基调，以提高发展质量和效益为中心，深入实施'三大发展战略'，加快转方式调整结构促升级，着力防风险补短板增后劲，狠抓改革攻坚，推进依法治省，加强民生保障，促进创业创新创造，大力推进经济建设、政治建

---

① 林德萍、徐苑琳，中共成都市委党校；邓唯，中共四川省委党校。

设、文化建设、社会建设、生态文明建设,实现经济持续健康发展和社会和谐稳定。"① "加大对大众创业、万众创新的政策支持,最大限度释放微观主体活力,推动非公有制经济壮大规模、提升水平。"②

成都,是西部中心城市,西部发展引领城市,被定位为第六座国家中心城市,是四川建设国家全面创新改革试验区的核心城市,已经步入"新常态、万亿级、再出发"的新阶段,发展已经站上新的历史起点,亟需加快推进国际影响力的创新创业中心建设。成都建设国际影响力的创新创业中心,才能以全面推进创新创业为契机,抢抓重大机遇、破解发展难题、厚植发展优势,切实深入实施创新驱动发展战略。对成都全面深化改革、推进成都经济高质量发展、建设全面体现新发展理念的城市,以及积极发挥城市的带动示范辐射作用和为中国其他城市发展提供借鉴,具有重大的现实意义和深远的历史意义。

一、成都打造国际影响力的区域创新创业中心的做法及优势

党的十八大以来,成都市委市政府高度重视和积极推进创新创业,准确把握习近平总书记对四川工作重要指示精神中关于创新发展的重大要求,认真贯彻落实中央"四个全面"战略布局、"五大发展理念"和省委"三大发展战略"部署,牢牢把握全球科技革命和产业变革新趋势,大力实施"改革创新、转型升级"总体战略,主动适应经济发展新常态,加快转方式调结构,积极培育发展新动能,为经济社会持续较快发展提供了有力支撑③。2015 年,成都制订全面创新改革试验实施方案,实施"创业天府"行动计划,搭建"创业天府·菁蓉汇"平台;高新区获批成为了国家自主创新示范区;天府新区规划 73 平方千米建设成都科学城;成功举办成都全球创新创业交易会,达成全球创新创业"成都共识"④,成都被评为"2015 年中国十大创业城市"。2015 年 12 月成都市第十二届委员会第六次全体会议通过了《中共成都市委关于系统推进全面创新改革加快建设具有

---

① 省政府办公厅. 2015 年四川省政府工作报告 [R/OL]. (2015-02-25). http://www.sc.gov.cn/10462/10464/10797/2015/2/5/10326259.shtml.

② 省政府办公厅. 2015 年四川省政府工作报告 [R/OL]. (2015-02-25). http://www.sc.gov.cn/10462/10464/10797/2015/2/5/10326259.shtml.

③ 缪琴,胡清,徐璨,等. 中共成都市委关于系统推进全面创新改革加快建设具有国际影响力的区域创新创业中心的决定 [N]. 成都日报, 2015-12-11.

④ 廖良智. 政府工作报告——在成都市第十六届人民代表大会第四次会议上 [N]. 成都市人民政府公报, 2016-02-15.

国际影响力的区域创新创业中心的决定》①，更是以"2通道""3抓手""4战略""5保障"为成都建设区域创新创业中心进行了战略导向和全面部署。

当前，成都已经显示出了良好的创新创业发展态势，并取得了不俗的成效和较强的综合实力。据权威机构清科研究中心发布的报告指出，当前中国已形成"北京、上海、深圳"＋"成都、武汉"的"3+2"创新创业格局②。在清华大学启迪创新研究院以"政、产、学、研、金、贸、介、媒体"八项指标对我国154个GDP超过1 200亿元的地级以上城市调研评比公布的创新创业软环境权威榜单"2014中国城市创新创业环境排行榜"中，成都排名第3位，入列前三甲。据中国社科院发布的《中国城市竞争力报告》显示，成都位列2015年综合增量竞争力十大城市的第8位，2015年中国宜商城市第9位，经济增长的后发优势比较明显。同时，成都还是2015中国文化城市的第9名。在2016年腾讯研究院和腾讯开放平台发布的《2016创新创业白皮书》中，根据有效创业项目数量、创业环境和资本集聚度活跃开发者的数量等指标综合测评，成都被列为中国城市第六位，被认为是发展潜力巨大，并凭借自身资源禀赋走出了适合自身发展的特色发展道路的城市之一（见表1）。

表1 2014中国创新创业城市前十名分布（含直辖市）

排名	榜单	行政级别	所在省份
1	北京	直辖市	—
2	上海	直辖市	—
3	深圳	计划单列市	广东
4	广州	省会	广东
5	杭州	省会	浙江
6	成都	省会	四川
7	重庆	直辖市	—
8	天津	直辖市	—
9	南京	省会	江苏
10	武汉	省会	湖北

数据来源：2015中国城市创新创业环境评价研究报告。

---

① 张魁勇. 中共成都市委十二届六次全会举行［N］. 成都日报，2015-12-07.
② 中国商务新闻网. "双创"推动成都转型升级［N］. 国际商报，2015-10-26.

具体而言，成都在以下四方面具有突出的优势：

（一）人才环境较为优越

成都科教资源丰富，现有普通及重点高等院校 53 所，两院院士 34 人，享受国务院特殊津贴专家 2 769 人。据市人社局数据，截至 2014 年年底，共有各类人才 389.67 万人，其中，具有大专以上学历或者初级以上职称的人员 222.05 万人，人数为人才总量的 65%，居副省级城市前列。成都在人才政策上也比较优越，如在高精尖人才引进资金一次性奖励方面，额度为120 万~300 万元，最低额度比杭州、广州、重庆等城市高，支持力度居副省级城市前列。

良好的创新创业环境得到了大学生、海归的高度认可。据国家统计局成都调查队 2015 年发布的《成都大学生创业情况调查报告》显示，成都已成为全国为数不多的创业活跃城市，创业环境优势明显，被认可度高。调查中，85.3% 大学生看好"一带一路"建设给成都带来的潜力和机遇；73.2% 认为第三产业快速发展是创业的最佳土壤；70.7% 看好良好的宜居环境带来的引凤落巢影响；60.6% 看好创业成本相对沿海较低的优势①。

中国与全球化智库（CCG）联合智联卓聘网公布的《2015 年中国海归就业与创业报告》显示，中国海归有 4.3% 选择到成都创业或者就业，热衷度在副省级城市中只低于广州（5.8%）和深圳（4.7%）（见图 1）。

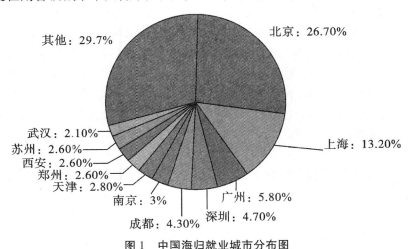

图 1　中国海归就业城市分布图

（二）金融支撑实力相对雄厚

2015 年，成都市金融业增加值达 1 254.2 亿元，增长 15.5%，占地区

---

① 尹婷婷. 成都大学生创业环境优势明显 ［N］. 成都日报，2015-07-16.

生产总值的比重达到 11.6%，拉动服务业增长 3.5%。在第七期 CDI·CFCI 中国金融中心综合竞争力排名中居中西部第 1 位，副省级城市第 3 位，全国第 6 位，金融综合竞争力仅次于上海、北京、深圳、广州、天津，对创新创业的支撑作用力强劲，已形成位居全国前列的中小企业金融和农村金融。2016 年中国西部首只 5 亿元规模创新创业基金落户成都，成都高新区与韩国最大风险投资机构——韩国投资伙伴株式会社（Korea Investment Partners，以下简称"KIP"）签署了《战略合作协议》和《中韩创新创业基金合作协议》，深入推进成都国家自主创新示范区发展。

（三）创新创业服务非常优化

成都的中介服务和服务环境非常优化。在清华大学启迪创新研究院公布 2014 年"中国城市创新创业——中介服务环境"排行榜中排第 2 位，仅次于广州。

中介服务业已成为完善我市创新创业生态系统，促进经济社会发展的重要力量。近五年来，成都就业人口年增长率为 2.85%，而中介组织从业人口年均增长率为 7.9%，作为连接政府、企业、创业者等要素的重要纽带，在创新创业上发挥着积极作用。

（四）核心区国际影响力凸显

成都高新区是全国第八个、西部第一个国家自主创新示范区，创新创业的国际化参与能力、经济发展外向度都比较好。截至 2015 年年底，高新区累计入驻各类企业数量已突破 6 万家，达到 60 274 家；拥有高新技术企业 680 家，占四川省的 25%、成都市的 39%；在孵科技型中小企业累计已达 6 730 家，孵化体系更加完善，孵化水平和服务能力居四川省首位、全国前列。聚集了 Intel、GE、飞利浦、西门子等 104 家世界 500 强企业，国内外知名企业的研发中心超过 60 家①，以及 25 万余名各类人才，在全国、全球的产业影响力持续提升。

二、成都打造国际影响力的区域创新创业中心的不足及存在问题

（一）主体潜力很大，"双创"活力释放不足

其一，创业主体不够多元，潜力人群未得到重视和引导。成都在创新创业主体定位和扶持投放上，主要针对的是重点主体，包括大学生、海归

---

① 崔彩凤. 成都高新区全力打造国际创新创业中心［N］. 中国高新技术产业导报，2016-03-07.

及科研院所人员等，对其他人群则较少涉及。

如老年人潜力主体，成都重视度不高。当前成都并未形成明确和系统的老年人创新创业政策法规，虽有老年大学、社区老年培训园等场所，但更多是提供休闲娱乐服务，对身体条件较好、持有创业愿望、具备创业基础的老年人来说，较难获得创新创业支持和引导。对比美国，更显不足。据考夫曼基金会研究，2012 年美国新创企业中有 23.4% 是由 55～64 岁的老年人创立的，2013 年、2014 年、2015 年占比更呈上升趋势。当前成都老龄化问题突出，2015 年 60 岁及以上老年人口已增至 259.89 万人，占总人口的 21.17%，其中 60～64 岁人口有 84.75 万人，约占老年总人口 32.6%，具有相当的创新创业潜力，亟需引导和扶持。

其二，重点主体活力激发不充分，需调整加重经验型培育。为实际了解我市大学生的创业诉求，本课题组在四川大学、四川师范大学、成都大学等 5 所院校进行了问卷调研，下发问卷 9 790 份，收回有效问卷 5 176 份，有效率为 76.2%。

问卷反映，当前相关部门工作和培育方式并未满足大学生的要求，影响了活力释放。满意度反馈如下（满分为 10 分）：对政府服务机构满意度为 6.8 分，对高校管理部门满意度为 5.3 分，对实践孵化基地满意度为 4.4 分。

经验和能力是束缚活力的主因。创业困难情况调查表（见图 2）表明，影响因素排前三的分别是缺乏经营管理经验、缺少资金、难以承受失败后果。其中，缺乏经营管理经验高达 71%，48% 难以承受失败后果，35% 缺乏合作伙伴，29% 缺乏合适项目，可见，大学生有着过重的风险忧患负荷，寻找项目、组建团队、开创企业的能力比较差，加之家庭和传统观念影响，家人反对导致创业困难的比率达 37%，大学生的创业活力度有待提升。

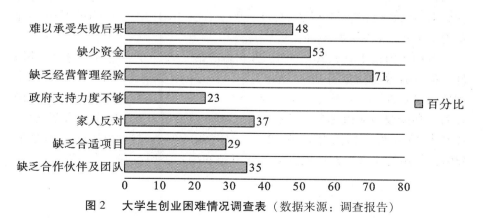

图 2　大学生创业困难情况调查表（数据来源：调查报告）

（二）科技创新较低，促创能力仍需提升

成都创新能力较差，对创业的推动作用力偏低，一定程度上束缚了创新创业生态系统发展。福布斯中国大陆城市创新力排行榜中，成都位列"2015 中国大陆最具创新力的 30 个城市"第 17 位，比 2014 年上升 4 位，但是上榜的 13 位副省级城市，成都只列第 9 位，即使在副省级城市中，成都创新都有明显不足。而中商网公布的 2015 年中国创新城市 20 强中，成都排位虽有上升，但也只列 15 位（见图 3）。

排名	城市		排名	城市
1	北京 ★★★★★★★		11	西安 ★★★★★
2	深圳 ★★★★★★★		12	宁波 ★★★★★
3	上海 ★★★★★★★		13	常州 ★★★★
4	苏州 ★★★★★★		14	长沙 ★★★★
5	南京 ★★★★★★		15	成都 ★★★★
6	天津 ★★★★★★		16	合肥 ★★★★
7	广州 ★★★★★★		17	大连 ★★★★
8	杭州 ★★★★★★		18	郑州 ★★★
9	武汉 ★★★★★		19	扬州 ★★★
10	厦门 ★★★★★		20	东莞 ★★★

注：依据为人口素质及研发投入、融资环境、创新产出

图 3　2015 年中国创新城市 20 强（数据来源：中商网）

在科研投入和产出上，成都跟国内一线城市和部分副省级城市存在差距。发展网《2014 年成都市"国际化水平"统计监测报告》指出，与国内五个中心城市相比，成都 R&D 经费在经济实力领域实现程度最低，为 44.2%。2014 年成都 GDP 为 10 056.6 亿元，居副省级城市第 4 位，但全社会 R&D 投入的增长慢于 GDP 增长，全社会 R&D 投入占 GDP 总值的比重为 2.1%，仅为深圳 4% 的一半。

专利实力也不强，2015 年成都专利申请 77 538 件，专利授权 44 852 件，拥有有效发明专利 19 758 件。发明专利申请受理量 29 791 件，发明专利授权量 6 206 件，居我国发明专利申请受理量城市排名第 4 位，居我国发明专利授权量城市排名第 6 位（见表 2、表 3）。万人有效发明专利数，成都为 13.6 件，约为北京的 22%，上海的 46%，深圳的 18%，南京的 43%，苏州的 49%，跟中国部分一线城市和副省级城市有一定差距。

表2   2015 年我国发明专利申请受理量城市排名

排名	城市	发明专利申请受理量（件）
1	青岛	44 962
2	苏州	43 196
3	深圳	40 028
4	成都	29 791
5	南京	27 825
6	无锡	24 053
7	广州	20 087
8	杭州	17 814
9	合肥	16 268
10	宁波	16 056

（资料来源：国家知识产权局）

表3   2015 年我国发明专利授权量城市排名

排名	城市	发明专利授权量（件）
1	深圳	16 956
2	苏州	10 488
3	杭州	8 298
4	南京	8 268
5	广州	6 626
6	成都	6 206
7	武汉	6 003
8	西安	5 992
9	无锡	5 481
10	宁波	5 412

（数据来源：国家知识产权局）

（三）品牌推广不佳，国际影响力未凸显

成都"双创"品牌推广效应不佳。从媒体关注度看，以标题含有"创新创业"搜索 2015 年百度新闻，非精确导出下，1~11 月，对成都的报道量为 15 条，在副省级城市中低于西安（161 条）、厦门（85 条）、广州（38 条）、杭州（38 条）、大连（16 条）、哈尔滨（16 条）、深圳（15 条）七个城市，报道量较低。在 2014 年副省级城市创新知名度排名榜中，成都为第 5 名，比 2013 年略有上升，但得分仅为首位的深圳得分的 52.86%

（见表4）。

表4 2014年副省级城市创新知名度排名

城市名称	2013年得分	2013年排名	2014年得分	2014年排名	排名变化
深圳	10	1	100	1	0
广州	75.42	2	73.17	2	0
杭州	73.32	3	69.3	3	0
厦门	61.36	4	63.31	4	0
成都	49.43	6	52.86	5	1
宁波	52.54	5	51.33	6	−1
南京	48.13	7	45.69	7	0
青岛	44.64	9	44.45	8	1
西安	42.86	10	43.46	9	1
武汉	45.59	8	42.07	10	−2
济南	39.41	11	38.87	11	0
大连	35.13	12	34.67	12	0
沈阳	34.27	13	33.74	13	0
长春	31.38	14	30.77	14	0
哈尔滨	28.68	15	27.59	15	0

（数据来源：中国城市创新创业环境评价研究报告）

相对成都在中国城市创新创业环境排行榜上的第3位排名，以及较好的产业和品牌基础，截至2014年年底，成都市有效注册商标达14.7万件，居中西部城市首位；驰名商标达98件，居副省级城市第3位，显然，成都在"双创"品牌的宣传推广、渠道拓展、合力集聚上做得不够好，运营更多体现为一次效应，叠加和增值的二次效应生成差，牵引乘数指标低，降低了创新创业生态体系的经济社会效应，影响了整个文化氛围。

（四）众创空间偏弱，整体带动效应不足

（1）众创空间处于初级发展阶段，相对数量较少、成熟度不高。2018年全球维基站点统计，在其注册的中国创客空间共21家，其中成都仅1家。据国内最新统计数据，成都现有众创空间10余家，领域涵盖3D打印、移动计算、开源硬件和物联网等，与北京、上海、深圳等城市相比，众创空间起步较晚，数量较少，同时受政策倾向、产业基础和科技服务限制，在发展计划的整合度、政策资金的支持度、产业配套的畅通度、社区网络的成熟度上都较弱。

（2）专项政策细化深入不够。跟多个城市一样，成都将众创空间发展作为创业创新的重要组成部分，但更强调孵化器作用，推行扩大规模、增强合作、异地孵化等措施。这可以解决众创空间转化为现实生产需要历经的"创意到原型""原型到成品""小批量生产"等阶段，但对资金投入、市场预测、商品生产等则未有涉及或涉及不深（见表5）。

表5　　　　　　　各地众创空间发展政策比较

省、市	政策来源	名称	类型
北京	《"创业中国"中关村引领工程（2015—2020年）》	创客组织	包括北京创客空间、清华创客社团等各类创客组织，以及创客空间模式的智能硬件孵化器和加速器
上海	《"创业浦江"行动计划（2015—2020年）》	众创空间	包括创业营、苏河汇等新型孵化模式，依托大学科技园、产业园的"创业苗圃+孵化器+加速器"创业孵化模式，大企业"设立的产业驱动型孵化器"创业社区等
天津	《关于发展众创空间推进大众创新创业的若干政策措施》	众创空间	包括北大创业训练营、京津互联创业咖啡等新型孵化器、天津高新区与南开大学合作共建的"iV创新空间"、民办非营利机构天津创客空间等
武汉	《东湖国家自主创新示范区条例》《东湖国家自主创新示范区关于建设创业光谷的若干意见》	创新型孵化器	"孵化+创设"、互联网在线创业服务平台等创新型孵化器
成都	《成都"创业天府"行动计划（2015—2025年）》	众创空间	包括众创空间、创新孵化载体、网上虚拟孵化平台、"创业苗圃—孵化器—加速器"的全链条孵化培育体系等
青岛	《创业青年千帆启航工程实施方案》	创新型孵化器	包括创新型孵化器、专业孵化器、企业、高校院所衍生创业群落、新型创业社区等
厦门	《厦门市人民政府关于发展众创空间推进大众创新创业的实施意见》	众创空间	众创空间是新型业态的创业孵化器
广东	《广东省人民政府关于加快科技创新的若干政策意见》《关于进一步促进创业带动就业的意见》	创业孵化基地	高校和社会力量新建或利用各种场地资源改造建设创业孵化基地
江苏	《"创业中国"苏南创新创业示范工程实施方案（2015—2020年）》	新型孵化器	包括苏州工业园区云彩创新孵化器、无锡高新区3S创业咖啡馆、常州高新区"嘉壹度"青年创新工场、武进高新区青武·创客空间、镇江高新区五洲创客中心等新型孵化服务机构

（3）金融辅助较滞后，远远落后深圳等地。如众筹，深圳现有54家平台，其中有39家专注于股权众筹，还有深圳市众筹同业公会这一全国首个经政府批准的众筹行业协会，行业活跃度很高。据众筹家数据研究院2015年发布的"互联网非公开股权融资平台综合实力排名"，深圳的众投

邦、大家投、天使客、云筹网等众筹平台均位列前十。而成都活跃的股权众筹平台主要包括聚天下、洪七公、天天投、麒麟众筹等，数量不到深圳的 25%，在前一排名榜中，实际总融资额、透明度、成功项目和平台影响力等指标评比都未进入前 20 名，就众创空间推动力来说，跟深圳可谓相距甚远。

三、推动成都打造国际影响力的区域创新创业中心的发展对策

(一) 多元培育，活跃创新创业动能

一是重视发掘潜力主体，适度扩大创业主群。参照世界多国做法，针对成都市行业具体特点，出台相关政策，适当放宽对职业上岗的限制。如推动适宜老年人创业探索，据日本出租汽车协会统计，2014 年日本出租车从业人员平均年龄达 56.1 岁，其中 35% 为 60 岁以上老人，而中国出租车行业法定退休年龄是 60 岁，建议相关专家进行论证，考虑类似行业的政策调整和试点。

二是实战调整教育方式，深度释放创业活力。结合国际通用的 KAB、SYB 等标准化课程，构建本土特色、实践经验浓厚的课程体系，深化创业实训基地建设，深度激发创业主体尤其是具有较高创新能力的重点主体的创业意愿和内在动能，引导其择业和创业。

三是补充丰富组织结构，多方厚积社会支持。参考纽约市做法，在政府部门和学校院所以外，调动智囊团、创业家联合会、创业研究会、家庭协会等多结构组织力量，激发大众创新创业的积极态度和正能量，使创业主体尽可能获得家庭和社会的最大支持。建议在创业性公益活动中，开发以创业者家属等附属人群为主的辅创活动。

(二) 科学引领，升级产研创新业态

一是扩充科技中介，配套综合服务功能。改变当前我市中介机构偏供求、唯买卖的服务现状，使之服务兼顾商品化和生产化，强化生产性调整、研发更新等方面的服务助力，提升科研成果的生产转化率。建议参考伦敦市"知识天使"指导体系做法，在创业培训、创业实动、项目推介、项目评审、信贷支持等方面拓展中介组织的综合服务功能。

二是政府主导创建，打造市民联动平台。成都市现有多个创业项目管理平台，但缺少政府牵头、面向市民且整合度较高的公益性援助平台。建议参考广州、厦门智库促创的做法，建立创业项目库和创业指导资源库，聚集专家、企业家、志愿者和广大市民，广泛征集和发布符合本市产业发

展升级要求的，投资少、易成长、前景好的创业项目，提供政策咨询、法律援助、市场评估、生产开业等公益指导，聚合科技创新的大众创业力量。

三是贯通信息共享，增强市场有效论证。全球联系是创新创业重要的技术来源和资本来源，可借鉴深圳的做法，通过举办创新创业国际会议、启动全球创新创业直通车计划等，推动成都与世界的信息融通，使科技创业资源与国际元素、国际资本、国际学术广泛对接，打造国际创客聚积、创新强劲的发展高地。

（三）细化政策，开拓众创空间新局

一是调整扶持政策，补充细化措施。借鉴天津相关政策，在投资建设、企业注册、资金扶持、成果转化等方面细化对众创空间发展的扶持措施，更好地实现众创科技成果与经济生产的衔接转化。

二是加大空间培育，协同形成合力。鼓励建立众创空间联盟或协会，通过行业间自律，推动智力、社会等资本流动和经验、知识、设备等资源共享。上海市政府以"创业浦江行动计划"提出在 2020 年将上海发展成为全球创客最佳实践城市，形成 100 个创新联盟。成都可结合市情，科学推进创客联盟、创新联盟建设。

三是驱动草根金融，助力众筹造血。促进众筹平台、创新群基金等发展，增强众创空间的"造血"功能。建议借鉴全球影响力最大的众筹平台美国 Kickstarter 的运作方式，探索创客空间的商业模式和运行模式，激发草根金融活力，改变我市现有众创空间依附政府、学校和企业生存的现状。

（四）加大宣传，增强国际名片效应

一是政府引领，构筑宣传立体网。创新创业不仅是政府关注的重点，还应成为政府宣传的重点。可参考美国总统奥巴马亲自参与白宫通俗创业视频拍摄、举办白宫创客嘉年华（Maker Faire），纽约市市长迈克尔·布隆伯格举办"创新进行曲"活动等做法，以政府引领构筑宣传立体网络，提升创新创业的宣传效应。

二是文化相乘，叠加社会化效应。将创新意识、创业理念等引进高等院校乃至中小学、社区、街道等的文教活动中，形成植根本土、底蕴丰富、特色鲜明的创新创业文化氛围，利用各种传播途径形成受众对双创品牌在精神上的高度认同。

三是网络亲民，增强新媒体吸引。通过绘制发布"成都创新创业坐标""成都众创空间地图"、建立 QQ 群、微信公众号等新型媒介宣传，吸引大众和媒体聚焦成都，增值创新创业品牌，扩大经典成功案例的效应。

参考文献

［1］段玉厂，傅首清. 中关村高层次创新创业人才循环机制建设路径研究——基于与硅谷的比较［J］. 管理评论，2015（7）.

［2］张来武. 以六次产业理论引领创新创业［J］. 中国软科学，2016（1）.

［3］董池. 我国区域创新创业体系生态化研究［D］. 北京：北京林业大学，2016.

［4］徐德英，韩伯棠. 政策供需匹配模型构建及实证研究——以北京市创新创业政策为例［J］. 科学研究，2015（12）.

［5］郭俊华，杨艳. 全链条孵化视角下的科技创新创业载体研究——以上海市为例［J］. 科技进步与对策，2015（9）.

［6］程实，罗宁. 金融与创新创业国家战略［J］. 金融论坛，2015（7）.

［7］惠双民. 关于"十三五"期间创新创业、创新驱动发展的思考［J］. 经济研究参考，2016（2）.

经济新常态下崇州市中小企业融资的破与立

唐辉　高凌　唐云[①]

摘要： 受国家政策、金融环境和中小企业自身缺陷的影响，中小企业融资总量大、风险高、融资难已严重制约了中小企业的发展，成为当前亟待解决的问题。本文以崇州市为例，分析了四川中小企业融资存在的问题和成因，有针对性地提出对策，以期能为解决中小企业融资带来一些参考性建议。

关键词： 中小企业；四川；融资

中小企业是我国经济结构的重要组成部分。经济新常态下，受积极的财政政策和稳健的货币政策的影响，作为中国经济发展的风向标，中小企业得到了迅速发展，与此同时，中小企业间的竞争也愈发激烈。受地方融资服务平台建设滞后、金融体系不够完善、企业自身发展不足、融资渠道狭窄等因素的影响，中小企业融资困难，发展遭遇瓶颈。要保证崇州市中小企业的发展势头，必须立足自身城市发展现状，利用好融资政策、金融机构、法制建设、民间力量，丰富融资渠道、降低融资成本，从而盘活整个群体，促进中小企业健康发展。

一、突出重点的"破"：崇州市中小企业融资存在的主要问题

近年来，崇州市经济始终保持着平稳较快的发展，2017 年全市生产总值 300.4 亿元，同比增长 10.5%。截至 2017 年年底，崇州市中小企业总数占全市企业总数的 85% 以上，营业收入占全部企业营业总收入的 80% 以

---

① 唐辉，女，汉，江苏如皋人，中共崇州市委党校讲师，硕士，主要从事管理学研究；高凌，男，汉，四川成都人，中共崇州市委党校高级讲师，本科，主要从事经济学研究；唐云，女，汉，江苏江安人，中共四川省委党校，硕士，主要从事管理学研究。

上，中小企业已成为全市经济发展的主体力量。但是 2016 年 8 月以来，崇州市经融机构信贷投放快速回落，首次出现贷款月度环比下降的情况，中小企业融资面临瓶颈，亟待崇州市全力以赴地"破"。

（一）融资担保供给明显失衡，服务平台建设滞后

当前，崇州市融资担保体系建设尚处于起步阶段，全市专业担保机构尚无一家注册资本达亿元以上。由于担保机构资金有限，满足不了众多中小企业的融资需求，在风险防范和服务中小企业之间难以平衡，造成了业务开展过于谨慎，审批条件过于苛刻，中小企业难以进入金融机构信贷门槛。此外，崇州市虽已出台《崇州市人民政府关于支持中小企业加快发展的意见》，但是部分政府部门在贯彻落实方面不尽如人意。在信贷政策上，没有结合各个乡镇的实际情况；在融资服务平台建设上，面向中小企业的服务机构较少；在政府优惠和扶持政策落实上，变相收费、以罚代管和办事效率低等现象依然存在。

（二）无风险利率创历史新高，金融体系不够完善

无风险利率指的是投资某项没有风险的对象所能获得的利息率，作为风险较小的投资对象，近年来，我国国债利率不断刷新历史水平，全社会的融资成本居高难下，中小企业向银行借贷不得不面对较高的利率、繁杂的名目[1]。而民间借贷成本更高，按规定，小额贷款公司贷款利率必须控制在央行公布的同期同档次贷款基准利率的 4 倍以内，目前我市小额贷款公司利率水平账面上反映一般都是 20%～25%，但在实际执行中，加上担保公司的担保费及贷款保证金，企业贷款实际成本大大高于规定的上限，此外，环节过多、链条过长也推高了融资的成本。

（三）中小企业管理相对保守，自身发展相对不足

中小企业管理落后、人才缺乏、技术落后、产品单一、质量欠缺、生产规模有限，也造成了企业融资困难。部分企业管理者的经营理念相对保守，无长远规划，创新意识较差，产品开发和市场研究缺乏科学依据，抵御市场风险能力不足；缺乏现代管理意识，企业管理多数流于家族式管理，经营策略手段不足，股权单一；由于企业的自律性欠佳，财务本身的严谨性、成本控制、内部审计、风险投资控制存在缺陷，少数中小企业财务透明度低，财务管理制度不健全，致使银企之间缺乏必要的信任[2]。

---

① 纪建强. 科技型小微企业融资难的原因及对策研究 [J]. 科技进步与对策，2013（12）.

② 罗仲伟，任国良，文春晖. 为什么小微企业融资缺口越来越大：一个理论分析 [J]. 经济管理，2012（9）.

（四）资源配置具有二元特征，融资渠道相对狭窄

我国的二元经济结构直接导致我国金融体系的二元结构特征。国有经济体系与私人经济体系，正规金融市场与民间金融市场，两种"双重"结构催生了金融资源分配的失衡，导致了对中小企业群体的金融排斥，致使中小企业发展的支持资金不足[①]。对于准备上市的中小企业创业板股票市场，由于存在明显的投资风险，风险敏感的投资者不愿将资金注入创业板市场，导致创业板证券市场发育不够完善。

二、有的放矢的"立"：完善崇州市中小企业融资的对策建议

资金是企业运转的血液，企业的资金结构及数量直接影响自身的运行与发展。中小企业规模小的特点决定了其融资结构具有独特性，决定了其很难获得银行或其他金融机构支持，所以，思考的重点就放在了如何贷到款上来[②]。本文所强调的"立"，是有的放矢的"立"，是深入提炼概括和总结先进国家和地区的成功经验，为崇州市中小企业探索融资路径树立合理的标杆。

（一）健全融资政策，搭建融资平台

1. 制定实施细则促进扶持政策落地

督促市级相关部门和单位制定实施细则，全面落实各项扶持措施，促进中小企业加快发展。实施企业主营业务收入上台阶奖励办法，及时组织考核，对主营业务首次迈进 1 亿元、5 000 万元和 1 000 万元的中小企业实施奖励。积极争取国家中小企业专项资金、省中小扶持专项资金以及小型微型企业发展扶持资金，发挥其对中小企业项目建设的引导扶持作用。

2. 落实差别化的中小企业信贷政策

经济新常态下，企业提档转型升级速度加快，崇州市要坚持区别对待、有扶有控原则，重点支持高端成长型产业、新型先导性服务业、战略性新兴产业及传统产业技术改造升级。支持工业企业稳妥化解过剩产能，对产能过剩行业未取得合法手续的新增产能建设项目，一律不给予授信；对未按期完成淘汰任务、长期亏损、失去清偿能力和市场竞争能力的僵尸企业，坚决压缩退出相关贷款。

3. 搭建中小企业金融服务对接平台

一是加强与市人民银行、银监局等部门沟通协调，组织召开针对中小

---

① 黄宇峰. 中小型企业融资困境及解决思路 [J]. 统计与决策，2011（20）.

② 茹莉. 破解科技型小微企业融资难问题的对策 [J]. 经济纵横，2013（9）.

微企业的各类融资对接会，加大融资方式宣传培训力度，增强企业与银行机构互动，提高企业融资成功率。二是探索银政企合作新模式，联合市人民银行、市银监局对中小企业生产经营和融资情况进行深入调查，依托崇州市的企业库，突出诚实守信、科技创新、资源节约、优势成长等特点，选取辖区内重点培育的中小企业建立"崇州市金融服务重点中小企业库"。三是加强"银、政、企、担"融资对接平台的建设，通过对接平台力求解决融资信息和融资方式的沟通对称，支持担保机构为提供资产抵押有困难的中小企业提供融资担保。[①]

4. 加强中小企业的社会化服务建设

结合全省中小企业服务平台建设首批"窗口"平台项目建设，采取国家、省、市共同出资的方式，打造崇州市中小企业服务大厅、网络服务大厅。中心项目建成后，服务中心将采取组建服务促进会的方式，整合社会中介组织力量和联合园区特色服务平台、小企业创业基地等服务平台，为中小企业提供信息咨询、创业辅导、管理咨询、投资融资、贷款担保等社会化服务，并通过积极争取国家、省市服务体系补助资金，降低对企业的服务价格，改善中小企业社会服务环境。

（二）完善金融体系，改进金融服务

1. 健全金融监管部门差异化监管措施

进一步健全完善金融监管部门中小企业金融服务差异化监管措施，引导督促金融机构建立完善中小企业信贷考核激励机制和信贷人员尽责免责机制。加大相关部门沟通协调力度，完善中小企业贷款快速核销、税前拨付等优惠措施，有效发挥劳动密集型企业小额担保贷款、民贸企业贷款贴息、再贴现等政策措施的融资作用。各银行业金融机构要加强中小企业金融服务专营机构建设，完善授信业务机制，简化信贷审批环节，创新金融产品和服务方式，采取不动产、应收账款、股权、知识产权等质押方式，增加中小企业贷款抵押渠道的多样化。

2. 构建信用约束机制和评级征信工作

建设和完善中小企业信用信息征集机制和评价体系。组织开展信用宣传、信用培育、信用征集、信用激励和信用评级工作，支持中小企业积极参加第三方信用评级，实行信用等级评定制度。坚持"标本兼治、重在治本"的原则，整合税务、工商、银行、海关等部门业务信息，建立企业信用档案，利用信息平台定期向社会公示。完善个人和企业征信系统，为中

---

① 王益峰，吴亚萍. 基于生命周期理论的小微企业发展［J］. 科技进步与对策，2013（4）.

小企业融资提供方便快速的查询服务。

3. 完善贷款风险补偿资金和激励机制

按不超过银行当年新增小企业贷款总额的 0.5% 给予风险补偿，有限支持已授牌的首批诚信中小企业。建立融资项目对接长效机制和信息共享平台，创造条件建立崇州市中小企业融资超市，逐步拓展和延伸我市融资担保公共服务平台。

4. 创新中小企业信贷产品和融资机制

积极推进科技金融结合创新试点，加快发展科技支行和中小企业专营支行，围绕国家知识产权质押试点园区，引导银行机构开办商标权、专利权等无形资产抵押贷款。以大企业大集团为核心，鼓励和支持更多产业链工业企业加入应收账款质押融资服务平台①。推广运用金融信息服务"库网平台"，拓展银企融资信息"移动互联"交换渠道，整合企业信用信息，促进金融产品开发。认真落实新增客户首贷奖补、重点产业固定资产贷款奖补、基金投资项目奖补、支农支小贷款奖补等财政奖补措施，健全实体企业贷款风险补贴等投融资风险机制。

（三）加强企业建设，规范内部治理

1. 提升企业智力支持

以多种形式吸引更多的优秀科技人员到中小型企业工作，加强对企业家的培养，不断提高其经营管理水平。中小企业应充分发挥"船小好调头"的优势，新常态下，走高科技发展道路，努力做到融资方式由主要靠自我积累和银行借贷向多元化融资转变；产业定位由传统型向科技型转变，从根本上扭转由于产业结构不合理而导致的融资困难。

2. 提高企业管理水平

中小企业要尽快建立起适应市场经济需要的经营管理模式，吸收专业性的管理和技术人才，建立健全内控制度。实现"企业家素质由经验型向知识型、开拓型转变；企业管理由传统的家族式管理向科学的现代化管理转变；产权制度由自然人产权向现代企业产权制度转变"②。完善企业经济责任追究制度，合法经营、规范管理，尽快进入银行的授信范围，取得金融支持。

3. 完善企业财务制度

企业的财务状况是一个公司经营现状和发展的重要反映。财务管理滞

---

① 陈玉荣. 科技型中小企业各生命周期阶段的特点及融资策略 [J]. 科技进步与对策，2010 (24).

② 邹斌，邓正军. 工业企业融资的困境与出路——关于湖北宣恩县工业企业融资情况的调查与思考 [J]. 科技信息，2007 (14).

后，内部资金就会出现问题。因此，要依法建账，确保会计资料真实完整，严格按照国家统一的会计制度规定进行会计核算，坚决摒弃账外账等弄虚作假行为。此外，要定期向社会各有关部门提供全面准确的财务信息，确保按期如数偿还银行贷款。

4. 强化企业信用观念

中小企业银行贷款得不到有效解决的一个重要原因是企业信用问题。中小企业必须用良好的信用观念，依法开展生产经营及融资活动，逐步在社会树立起守信用、重履约的良好形象，取得银行的信任。做好资金融通的提前规划，强化资金管理，让资金透明化。根据产业政策、市场前景和企业实际，做好企业发展及资金需求规划，及早确定融资目标，以把握市场机遇。

（四）拓展融资途径，构建多元渠道

1. 实施规范改制，培育成熟型中小企业上市融资

相关政府机构应指导中小企业规范改制和上市，培育和支持一批高成长性中小企业在中小板、创业板、海外上市直接融资，鼓励外来资本参与中小企业上市融资。根据《崇州市上市融资工作的实施意见》精神，积极参与工业企业上市融资工作，按照加强培育、做好储备、帮助上市的工作思路和指导思想，形成培育一批、申报一批、上市一批的工作格局；采取一户一策的方式，帮助企业排除障碍，创造上市条件。

2. 发展民营金融，助推成长型中小企业融资力度

鼓励支持民间资本进入金融业、投资小额贷款公司、村镇银行、参与农村信用社和城市商业银行改制发展。从总体规模来看，虽然民营金融在全市的金融体系中还处于次要地位，但在较短的时间内已显示出较强的生命力和较高的成长性，其贷款质量与风险防控并不亚于国有金融机构。

3. 引进风投公司，开展科技型中小企业风险投资

搭建科技金融资源聚集的物理平台，整合崇州市科技成果转化服务平台，提升"金融超市"窗口的服务功能和能力，助力中小企业成长。组织开展中小企业融资活动，打通中小企业与金融机构融资通道。组织企业开展高新技术与金融资本对接推进会，因企施策，适时举办银企对接。推动知识产权质押贷款，支持企业通过发明专利或使用新型专利等自主知识产权获得银行贷款授信。

4. 推动直接融资，支持工业企业走出去投资贷款

完善"上市和挂牌后备资源库"工业企业名录，强化辅导培育和综合金融服务，推动符合条件的工业企业在主板、中小板、创业板、新三板、

区域性股权市场等多层次资本市场挂牌上市、融资[1]。建立银行间市场直接债务融资培育辅导机制，支持科技型企业发行中期票据、定向工具、项目收益票据以及绿色债券等创新型债务融资工具。持续开展工业企业跨境人民币业务政策辅导，引导银行机构提供跨境人民币金融服务方案，推动工业企业用好"外保内贷"和"内保外贷"的外汇管理政策，支持符合条件的中外资企业借用外债[2]。

---

[1] 马鸿杰，胡汉辉. 集群内中小企业信贷融资因素分析——基于常州三个产业集群的实证 [J]. 软科学，2009（7）.

[2] 徐力行，郭静. 科技中小企业融资支持体系的国际比较 [J]. 科技进步与对策，2012（2）.

坚定社会主义市场经济方向改革的思考

丁登林①

摘要： 正确认识和理性思考我国的社会主义市场经济改革，是关系到我国经济改革方向性的大问题。40 年的改革实践表明，以市场经济为方向的改革是发展中国特色社会主义、实现中华民族伟大复兴的必由之路，是我国社会主义经济改革的必然选择。以市场经济为方向的改革作为一场我国前人没有的伟大革命，不可能一帆风顺，也不可能一蹴而就。因而，改革中出现的各种矛盾和问题也是难以避免。我们要在新时代的历史起点上形成坚定社会主义市场经济方向改革的新共识，进一步坚定改革的决心和信心，形成新的改革合力和动力。

关键词： 坚定社会主义市场经济方向；改革；必然选择；新共识

我国的经济改革已进行了 40 年，伴随着以社会主义市场经济方向改革的历史进程，我国经济社会发展发生了极为深刻的变化：一方面是经济快速发展和人民生活水平的迅速提高获得了前所未有的成就；另一方面是在改革的进程中伴随着出现了一些新情况、新矛盾和新问题。因而，从理论界到社会大众对以市场经济为方向的改革产生了一些争议，有人甚至对以市场经济为方向的改革提出了质疑和否定。由此，在以市场经济方向改革的共识上生产了障碍。我们究竟怎样看待当前的经济改革？如何正确认识改革进程中出现的矛盾和问题？这对于我们站在新时代的征程上如何推进改革极为重要，本文就坚定社会主义市场经济方向改革这一重大问题提出个人的思考。

一、以社会主义市场经济为方向的改革是唯一的正确选择

1. 高度集中的计划经济体制束缚了我国生产力发展

20 世纪 50 年代，我国社会主义生产资料改造完成后实行了计划经济

---

① 丁登林，中共达州市委党校。

体制。这种管理体制权力高度集中，把一切经济活动置于指令性计划中，对价值规律和市场机制的作用重视不够。这种高度集权式的体制自开始形成就客观存在着一定的弊端，即在理论上不承认企业和个人是独立的商品生产经营者，排斥市场机制的作用。在实践上随着时间推移和条件的变化其弊端越来越暴露出来：政府主要依靠指令性计划、行政干预造成经济计划与经济运行实际的脱节和背离；国家对企业实行统收统支，企业不承担生产经营盈亏的责任；分配中平均主义，企业职工收入不与企业经济效益挂钩、不与个人劳动贡献挂钩，束缚了企业和广大职工的生产经营积极性。正如邓小平同志所指出的，"我们过去一直搞计划经济，但多年的实践证明，在某种意义上说，只搞计划经济会束缚生产力的发展。"的确，这种高度集中的僵化模式不利于充分发挥广大人民群众的积极性、主动性和创造性，不利于正确调节社会主义经济中的各种利益和矛盾，不利于各种生产要素的合理配置和有效运用，不利于适应千变万化的社会需求，致使国民经济长期缺乏活力和动力，最终导致我国社会生产力发展缓慢。

2. 社会主义市场经济体制为解放和发展生产力提供了最强大的动力和最充分的条件

什么样的生产关系和经济体制能够更适合我国生产力发展呢？我们党和人民为此进行了长期艰苦的探索，党的十一届三中全会确立了改革开放路线，开始进行经济改革。经过改革探索，终于在 20 世纪 90 年代找到了最能代表生产力发展要求的社会主义市场经济体制。1992 年春，邓小平指出，"是计划多一点还是市场多一点，不是社会主义与资本主义的本质区别。计划经济不等于社会主义，资本主义也有计划；市场经济不等于资本主义，社会主义也有市场。"邓小平关于社会主义市场经济的思想，解决了把社会主义与市场经济对立起来的思想束缚，成为我们党制定改革目标的基本理论依据。党的十四大明确提出"我国经济体制改革的目标是建立社会主义市场经济体制"，这为我国以社会主义市场经济为方向改革找到了一个全新的目标模式，由此奠定了当代中国新的基本经济制度框架。社会主义市场经济体制既是一种新的社会资源配置方式，又是一种新的生产关系的体现和反映，这种生产关系为生产力发展创造了最广阔的空间，提供了最强大动力和最充分条件。社会主义市场经济体制在所有制上要求以公有制为主体，多种所有制经济共同发展；在相互关系上要求各种生产要素进入市场，建立有利于公平竞争的市场体系；在分配关系上要求把按劳分配与按生产要素分配结合起来；同时相应地要求通过建立宏观调控体系来克服市场经济的一些缺陷。这样一种新的生产关系和体制，能够使社会生产力获得发展的动力和条件，从而把社会生产力总水平不断推进。

3. 以市场经济为方向的改革推动了我国经济社会快速发展

40年的经济改革，特别是以市场经济为方向的改革是推动经济发展的巨大动力，最大限度地提高了全社会的资源配置效率，造就了今日中国繁荣的局面：一是促进了国民经济快速发展和综合国力极大增强。40年来的改革，我国经济年均增长9.5%，大大高于世界经济同期3%的水平。2017年我国GDP超过80万亿元，经济总量居世界第二位；经济总量占世界经济份额已达到10%以上，对世界经济增长的贡献率超过20%；进出口总额达到3万多亿美元，成为世界第一大贸易出口国。二是城乡居民收入大幅度增长，人民生活水平有了显著提高。城乡居民消费水平以年均7%以上的速度增长，2017年全国居民人均可支配收入25 974元。其中城镇居民人均可支配收入达到36 396元，农民人均纯收入达到13 432元。中国人民生活从短缺走向充裕、从贫困走向小康。现行联合国标准下的7亿多贫困人口成功脱贫，占同期全球减贫人口总数70%以上。三是社会主义市场经济体制已经建立，市场化程度比较高。其中，生活资料商品已全部市场化，生产资料商品市场化率90%以上。当前，我国已经从计划经济转变到了市场经济时代，社会主义市场经济体制已经建立，市场经济运行机制已经在全社会资源配置中发挥着决定性作用。这一系列深刻的变化，在中国的经济社会发展史上是空前的，是任何人都否认不了的。

二、正确看待我国经济改革进程中出现的新情况新问题

1. 清醒认识以社会主义市场经济方向的改革涉及各方面利益凸现出的矛盾

我国以社会主义市场经济方向的改革在取得巨大成就的同时也出现了不少新问题和新矛盾，难免出现争议乃至质疑。随着以社会主义市场经济方向的改革进入触及面广、涉及利益层次深的阶段，其改革的复杂性和艰巨性大大增强，矛盾和问题也表现得越来越多。例如，因国有企业改制许多职工下了岗，对下岗职工补偿不足，再就业机制和社会保障体系又没跟上；在国有企业改制中，出现国有资产流失问题甚至权力寻租导致腐败；住房、医疗、教育负担重和不公平；城乡差距、区域差距、社会不同利益阶层间收入差距日益拉大造成的矛盾和严重问题，等等。正如党的十九大报告所指出的，"发展不平衡不充分的一些突出问题尚未解决，发展质量和效益还不高，创新能力不够强，实体经济水平有待提高，生态环境保护

任重道远；民生领域还有不少短板，脱贫攻坚任务艰巨，城乡区域发展和收入分配差距依然较大，群众在就业、教育、医疗、居住、养老等方面面临不少难题。"特别是应该由政府担负的为广大人民群众提供公益性的医疗、教育、社会保障等公共产品采取市场化改革的失误，牺牲了广大人民群众的利益。而政府公共管理能力却严重缺失，社会保障制度严重滞后，没有把公平有效地提供社会公共品作为自己的重要任务，权力进入市场导致了权钱交易的腐败现象的产生，造成了新的社会矛盾。

2. 用辩证的历史观看待以社会主义市场经济为方向改革的得与失

面对上述出现的新矛盾及问题，笔者认为需要理性分析，要用辩证的历史观和发展的眼光来看待改革的得与失。上述这些新的矛盾和问题的产生，有的是因为改革方案不周全、改革政策不协调、不配套、不健全造成的，如企业改制被扭曲、社会保障滞后等。但是，最根本原因是体制机制未理顺，改革不彻底，市场经济被扭曲。一些人因出现这些现象而转向对市场经济的责难在所难免。但笔者认为，这不是市场经济自身的错，更不应该由此否定市场经济方向的改革。我们应该看到，人民生活水平的普遍提高是受益于市场经济方向的改革、大力发展市场经济的结果。我们必须明白和认识到，我国经济社会发展取得的一切成就，都是同坚决地推进市场经济改革分不开的，是改革充分激发了各种经济主体的极大创造潜能，是改革使社会主义经济焕发出新的生机和活力，促进社会主义制度优越性的极大发挥。同时，我们要认识到，建立社会主义市场经济体制也是一种人与人之间的利益关系调整。有些改革措施对大家都能有绝对收益，但一部分人利益会少一些，一部分人利益会多一些，形成相对收益的差距。还有一些改革措施是从长远利益设计考虑，但却不可避免在短期内要受到一定的利益损失。我们要在以社会主义市场经济方向的改革中不断探索，要通过全面深化经济体制改革来解决前进中的矛盾和问题。

三、在新时代的征程上形成坚定社会主义市场经济方向改革的新共识

1. 坚定社会主义市场经济方向改革不动摇

在全面深化改革新的历史时期，是彷徨犹豫畏缩不前还是坚定社会主义市场经济方向改革不动摇，将直接关系到中国的前途与命运。中国社会主义市场经济改革，不仅是苏联模式计划经济向中国特色社会主义市场经济的改革，也是从几千年传统农业社会向现代工业化、信息化、城镇化、

农业现代化社会的伟大转变。在改革进程中，全党全民要百折不挠地艰苦努力。当前，我国全面深化经济改革已进入"深水区"，改革难度进一步加大，一些综合配套改革因为涉及深层利益格局调整而面临重重阻力。我国正处在改革开放和全面建设小康社会的关键时期，又处于国际经济面临许多挑战和国际贸易摩擦加剧的时期。我们既深刻感受到目前面临难得的发展机遇，又切实体会到世界经济形势发展对我们的严峻挑战。我们除了努力适应世界经济、科技发展的大潮流、大趋势之外，别无选择。这就要求我们要牢固树立社会主义市场经济发展观和改革观，反思并认真纠正自己在思想上和在工作中对社会主义市场经济改革动摇和懈怠的情绪，尽快将人们对改革的关注和热情转化为促进改革的决心和信心。我们只有始终保持一股冲劲、闯劲、韧劲，才可能跨过艰难险阻，将改革开放大业推向一个新的境界。

2. 加快经济改革步伐，不断健全和完善社会主义市场经济体制

党的十九大报告指出，"加快完善社会主义市场经济体制。经济体制改革必须以完善产权制度和要素市场化配置为重点，实现产权有效激励、要素自由流动、价格反应灵活、竞争公平有序、企业优胜劣汰。要完善各类国有资产管理体制，改革国有资本授权经营体制，加快国有经济布局优化、结构调整、战略性重组，促进国有资产保值增值，推动国有资本做强做优做大，有效防止国有资产流失。深化国有企业改革，发展混合所有制经济，培育具有全球竞争力的世界一流企业。全面实施市场准入负面清单制度，清理废除妨碍统一市场和公平竞争的各种规定和做法，支持民营企业发展，激发各类市场主体活力。"根据十九大精神要求，在当前及未来一定时期，全面深化经济体制改革，加快完善社会主义市场经济体制应着重在这些方面努力：一是深化行政管理体制改革。把深化行政管理体制的改革作为关键，以转变政府职能为重点，通过政资分开等根本性的改革措施实现政企分开、政事分开。切实把政府职能转变到经济调节、市场监管、社会管理和公共服务上来。处理好政府和市场的关系，必须更加尊重市场规律，更好发挥政府作用。二是建立现代企业制度。推行公有制多种实现形式，推动国有资本更多投向关系国家安全和国民经济命脉的重要行业和关键领域，推动国有企业实现股份制改革。三是毫不动摇鼓励、支持、引导非公有制经济发展，要打破行业垄断，放宽民营企业的市场准入。让各种市场主体能够公平竞争，拥有平等获取资源、资金等生产要素的机会。保障不同所有制经济主体公平参与市场竞争、同等受到法律保护。四是要健全和完善现代市场体系，推进生产要素市场化改革。加强宏

观调控目标和政策手段机制化建设。加快完善劳动、资本、技术、管理等生产要素市场体系。五是加快改革财税体制，健全中央和地方财力与事权相匹配的体制，完善促进基本公共服务均等化和主体功能区建设的公共财政体系，构建地方税体系，形成有利于结构优化、社会公平的税收制度。六是深化金融体制改革，健全促进宏观经济稳定、支持实体经济发展、与企业体系相匹配的多层次金融体系。七是要深化收入分配制度。实现劳动报酬增长和劳动生产率提高同步，提高居民收入在国民收入分配中的比重，提高劳动报酬在初次分配中的比重。加快健全以税收、社会保障、转移支付为主要手段的再分配调节机制。通过上述这些方面的深化改革，就能不断推进我国社会主义市场经济体制的健全和完善。

3. 坚持以人民为中心，让改革和发展成果由全体人民群众共享

经济改革和发展应当不断提高人民物质文化生活水平，这是改革开放和社会主义现代化建设的根本目的。从这一目的出发，来规定我们怎么样改革和发展。应当明白，不断发展社会生产力，归根到底都是为了满足广大人民群众日益增长的物质文化生活需要，不断实现最广大人民群众的根本利益。只有不断提高人民群众生活水平，才能发挥劳动人民群众发展生产力的积极因素和创造性，才能充分体现我国社会主义制度的优越性。在全面深化经济改革中，要充分体现以人民为中心，充分体现广大人民群众的根本利益。我们要明确，改革是为了让最广大全体人民群众受益，而不能以牺牲广大人民群众的利益为代价。以牺牲广大人民群众利益为代价的改革思路和措施是不可取的，应该纠正和避免。在当前的改革中，要重视解决收入差距过大、收入分配不公的问题，使广大人民群众拥有平等享受改革和发展成果的权利。要努力寻求现有社会各阶层、各群体之间的利益平衡，妥善处理好不同利益群体关系。要多谋民生之利，多解民生之忧，解决好人民群众最关心最直接最现实的利益问题。真正实现学有所教、劳有所得、病有所医、老有所养、住有所居，使改革发展成果更多、更公平惠及全体人民群众，以充分体现广大人民群众的根本利益。

参考文献

［1］邓小平. 邓小平文选：第3卷［M］. 北京：人民出版社，2001：370-385.

［2］习近平. 决胜全面建成小康社会 夺取新时代中国特色社会主义伟大胜利——在中国共产党第十九次全国代表大会上的报告［R］. 北京：人民出版社，2017.

［3］国家统计局. 2017年国民经济和社会发展统计公报［R/OL］.（2018-02-28）. http://www.stats.gov.cn/tjsj/zxfb/201802/t20180228_1585631.html.

新时代德阳工业经济高质量发展的思考

杨晓军[①]

摘要: 为促进德阳工业经济高质量发展,应充分利用德阳工业基础雄厚的优势,把握成德一体化发展机遇,将产城融合、城乡一体化、产业转型升级和高质量发展同步推进,实施工业经济高质量发展八大重点工程。

关键词: 工业;质量;思考

习近平总书记来四川视察重要讲话强调"要着力推动经济高质量发展"。德阳正在创建国家创新型城市,大力实施创新驱动战略,以"质量第一、效益优先"理念为指导,夯实工业基础,大力开展质量提升行动,加大品牌培育力度,打造高品质"德阳制造"。

一、德阳工业经济的现状

德阳是中国重大技术装备制造业基地和全国三大动力设备制造基地之一,也是中国唯一的"联合国清洁能源示范城市"。2017年,德阳实现工业总产值3 826.5亿元,规模以上工业企业1 378户,是全省除成都外唯一超过千户的市州,工业经济规模稳居全省第二。

德阳目前面临的主要问题仍然是工业经济发展的不平衡不充分。第一,制造业大而不强,产业结构有待进一步优化。德阳有剑南春、东方电气、川油宏华等核心龙头企业,但数量偏少,产业链不完整,未形成产业集群效应。第二,战略新兴产业尚未形成有力支撑,新一代信息技术在制造业的应用处于初期。第三,国际领军型人才缺乏,企业高级管理及技术人才数量不能满足企业发展的需求,人才流失现象比较普遍。第四,德阳的"火电、水电、核电、风电、太阳能、生物质"等"六电并举"的能源装备产业存在重制造、轻研发、弱市场的结构"短板",长期处于产业链

---

① 杨晓军,中共德阳市委党校。

的低端环节，特别是成套发电装备、关键核心技术、延伸发展的研发设计、工程承包、技术咨询等现代服务业发展不充分。

二、德阳工业经济高质量发展的任务

工业经济高质量发展，是体现新发展理念的发展，应当以增进民生福祉、满足人民群众对美好生活向往为出发点和落脚点，持续提高产业、产品、企业和要素四个层面的供给质量水平、质量层次和品牌影响力，实现供给体系从"中低端"向"中高端"的转变。

（一）坚持转型升级，优化资源配置

德阳要落实"中国制造2025"等各项行动计划，引导工业企业转变发展理念、发展模式、投资方式，加快产业转型升级，加快建设制造强市。

（1）加快产业转型升级。瞄准战略新兴产业，集中力量突破一批关键技术和重大装备（产品），引领德阳制造业向中高端制造迈进。增强优势产业参与全球价值链的广度和深度，形成一批以高端能源装备、石油钻探装备、清洁能源和通用航空、智能制造、电子信息等为代表的世界级产业集群。

（2）改造传统制造业。改造提升机械、食品、化工、医药、建材"五大传统"优势产业，推动传统优势产业工艺流程、产品、功能、服务和价值链"五个升级"，实现创新能力、发展后劲、品牌效应、集聚水平、经济效益"五个提升"，将德阳打造成传统产业转型升级示范区。

（3）千方百计加大产业招商，深入推进"项目年"。建立技术改造、技术攻关、两化融合、节能减排等重点项目库，在重点行业和重点领域实施一批重大技术改造项目。坚持问题导向，落实督办制，实施项目精细化与动态化管理，加强招商引资工作，有效推动投资任务的完成和项目的顺利进行。

（二）坚持质量领先，提升竞争能力

德阳要把提高供给体系质量作为主攻方向，全方位提高质量意识、质量素养和质量水平。围绕重点行业、重点产品持续开展对标提升行动，进一步提升中高端产品、高附加值和优质服务供给比重，力争使制造业质量竞争力居全国前列。

（1）设计领先。紧跟市场需求和多元化消费，鼓励企业创新产品设计，推动食品饮料、医药、建材等产品高端化、绿色化、优质化发展。

（2）工艺领先。围绕轨道交通装备、通用航空、清洁能源等研发生产，推广应用先进制造工艺，加强创新能力建设，推进智能化改造和重大产业基地建设。

（3）材料领先。加快石墨烯、铝空电池等高端材料创新研发，提升原材料供给水平，形成高性能、功能化、差别化的先进基础材料供给体系。

（4）服务领先。加快培育现代物流、现代金融、人力资源、研发设计、信息服务、会展、商务等生产性服务体系，推进成德一体化进程，错位、共建西部物流中心、商贸中心、金融中心为重点的高端化、专业化、标准化服务项目。

（5）流通领先。加强电子商务产业载体、物流体系、人才体系建设，不断提升电子商务服务质量。

（6）技术领先。建立完善科技服务体系，建设专业技术创新服务平台，大力发展法律、知识产权、审计等创新服务机构。发展工业设计、计量测试、标准研发、检验检测认证等技术性服务业，促进生产性服务业专业化、高端化发展。

（三）坚持绿色发展，改善环境质量

德阳要把绿色发展作为建设制造强市的着力点，加强节能环保技术、工艺、装备的推广应用，全面推行清洁生产，提高资源回收利用效率，构建绿色制造体系。探索运用环境准入倒逼机制，对1 560户"散乱污"企业采取依法取缔关闭、停产治理和搬迁入园等分企施策进行治理。抓好磷石膏综合利用项目，从建材、化工、土壤改良剂等多方面使磷石膏变废为宝。大力推进全域生态环境联防联控联治，打好大气、水、土壤污染防治"三大战役"，推进污染物总量减排。

（四）坚持两化互动，融合现代科技

德阳必须把握数字革命的机遇，加快建立产业创新体系，推动物联网、大数据、人工智能、云计算等信息技术和实体经济深度融合。顺应制造业产业形态和生产模式变革，建立数字化、智能化、网络化等特征的自动化生产系统和制造执行系统，建设30个具有德阳产业特色的智能生产线、数字化车间、智能工厂，将"德阳装备制造工业云"平台打造成为服务全川、辐射全国的工业云和大数据产业发展服务平台。

三、德阳工业经济高质量发展的对策

充分利用德阳工业基础雄厚的优势，把握成德一体化发展的战略机遇，将产城融合、城乡一体化、产业转型升级和高质量发展同步推进，实施工业经济高质量发展八大基础工程。

（一）实施品牌创建工程

建立以市场为导向的品牌培育、评价和管理体系，推广品牌先进理念和质量方法，切实发挥品牌产品的质量示范和引领作用。

大力宣传"德阳制造"的良好形象，讲好品牌故事，积极营造提品质、创品牌的浓厚氛围。完善质量资助和激励政策，推动企业提品质、创品牌，为企业提供品牌创建、品牌推介、品牌营运等服务。加大对著名品牌的扶持力度，进一步推动品牌企业加强质量保证能力建设，提升产品技术水平和市场竞争能力。依托剑南春、什邡雪茄、德阳酱油、中江挂面等特色优势资源，打造一批有机产品认证、地理标志保护、生态原产地品牌。

（二）实施高质量攻关工程

高品质的"德阳制造"是德阳工业经济高质量发展的标志。为确保"德阳制造"的可靠性和稳定性，实现均衡生产，降低消耗，保证产品或工作质量使其长期稳定在先进标准水平，必须实施高质量攻关。

（1）合作改进。鼓励先进制造业、战略性新兴产业相关企业加强"产学研"合作，加强标杆比对，实施重大质量改进和技术改造。

（2）分级管理。建立质量分级制度，倡导优质优价，激发企业质量创新和质量提升的积极性。

（3）技术创新。综合运用互联网、大数据、人工智能等手段，促进质量管理、质量技术、质量工作方法创新，推广采用先进成型的加工方法、在线检测装置、智能化生产和物流系统及检测设备，加快生产与服务方式向数字化、网络化、智能化、柔性化转变。

（4）标准引领。鼓励企业参与或主导制定行业标准、国家标准、国际标准，支持社会组织和产业联盟制定团体标准，推动我市先进技术向专利化标准转化。

（5）标杆打造。建立标准化与科技创新深度融合的促进机制，打造一批高端装备制造业标准化示范企业，带动提升产业发展。

（6）体系完善。加快区域性中心实验室和省级质检中心建设，着力构建重点突出、系统完善的市、县检验检测体系。

（三）实施创新驱动工程

创新是引领发展的第一动力，也是建设现代化经济体系，实现高质量发展的战略支撑和根本要求。德阳要以"创新突破"为手段，以"9张清单"① 为统缆，打通军民融合、科技经济融合和科技金融融合三个通道，助推新兴产业发展。

第一，坚持上下联动，实施挂图作战，强化申报指导，促进德阳工业投资和技改投资增速双中高、排名双靠前。第二，深入推进百户重点企业建立市级以上技术中心工作，进一步推动小企业创新创业。第三，深入开展淘汰落后产能工作，重点抓好化工、钢铁、造纸、纺织、印染等行业的44户企业淘汰落后产能工作。加快燃煤锅炉淘汰，全面完成城市建成区内6台每小时10蒸吨及以下燃煤锅炉的淘汰任务。第四，继续推进成德通信并网、"028"区号共用，落实成德产业转移。

（四）实施开放新区打造工程

充分发挥德阳在重大装备研发制造、品牌资本、海外销售平台等综合优势，实施开放新区打造工程，鼓励推动重点企业采用多种投资贸易方式积极参与国际重大项目合作，实现"德阳造"从产品输出向产业输出的提升。

（1）融入国家重大发展战略。抢抓"一带一路"、长江经济带、四川自贸区、成渝经济区等战略机遇，以加快中欧班列德阳现代物流港建设为突破口，争取将成都自贸试验区的经验、措施、办法，在经过第三方评估机构评估认定后，优先在德阳重点产业园区推广示范，实现成德两地联动招商、育商和产业联动发展。

（2）打造重大开放平台。推动成德共建四川铁路自由贸易港，推进德阳综合保税区申建，吸引鼓励制造、贸易、物流、金融、信息等临港产业发展，西向对接中亚、欧洲等区域需求。通过资本、技术、标准输出融入中巴经济走廊和孟中印缅经济走廊建设，打通面向南亚、东南亚的"海上通道"，打造便捷的网上虚拟产业园。

（3）推动全方位开放合作。加强政策引导，承接订单转移、企业转移、产能整合，推动产业合作由加工制造环节为主向合作研发、联合设计、市场营销、品牌培育等高端环节延伸，实现企业国际化经营。建立招商引资新模式，激励推动企业走出去，支持专业外经贸智库发展。深挖县域开放潜力，形成产业特色突出、国际竞争力强的开放型经济支撑体系。

---

① "9张清单"：综合改革清单、军民融合发展改革试点清单、技术攻关清单、成果转化清单、重大项目清单、科技创新平台建设清单、开发区储备清单、金融对接清单、可复制可推广经验清单。

（4）全面提升开放质量。推进开放型经济"放管服"改革，建设与国际规则相对接的经济管理模式，构建法治营商环境，激发市场主体发展活力。

（五）实施企业家示范带动工程

激发企业家专注品质追求卓越的精神，强化"诚信为本""以质取胜"战略意识。引导企业家专注专长领域，以工匠精神保证质量、效用和信誉，把产品和服务做精做细，立志打造"百年老店"。弘扬企业家履行责任、勇于担当的精神，实施企业标准和团体标准的自我声明、公开和监督制度，建立完善企业标准领跑者制度，强化质量安全保障主体责任。

（六）实施区域发展协同提升工程

立足各县市区的实际，构建共生共荣的区域产业生态，通过商业模式的创新和重大项目的合作，实现区域内的产业协同和质量升级同步发展。第一，推进园区发展"六个统筹"。在产业规划、招商引资、项目建设、土地资源配置、基础设施建设、服务体系建设方面实现统筹，加快建设主业突出、集聚效应明显的工业园区。第二，推进特色园区、国别园区发展，建成 20 个特色产业园区。第三，推进园区服务体系建设，全市 7 个省级及以上工业园区全部纳入省"园保贷"试点。第四，建立考核评价体系，将园区内的企业进行综合评价分类，政府对优势企业在资源要素配置上进行倾斜，对发展水平落后、综合效益差的企业进行规范转型引领。

（七）实施军民深度融合工程

德阳实施军民深度融合工程，要把重大装备领域军民融合作为高质量发展的主攻方向，实现军民技术、产业、资源聚合发展、互动共赢。第一，深化本地企业与中央军工集团战略合作，加快建设军民融合创新产业园。第二，开展军民两用技术联合攻关，加大军标、民标融合力度，完善军民标准通用化服务体系。第三，以五大中央企业为依托，以国防科技工业和高新技术产业为核心，组建航空、高端装备、新材料、生物医药、核技术应用五大军民融合产业联盟，建设军工核心聚集区。第四，坚持市场共享、渠道共用，与航天科工、中国航空工业、中科院成都分院、四川大学等大型集团和科研院所，建立常态化沟通对接机制，合作共建产业配套、联合实验室，加大成果应用研究。

（八）实施人才保障工程

树立质量意识，中小学和职业教育要开展有针对性的质量专题教育活动。完善"聚才、育才、惠才、暖才"人才服务体系，设立德阳创新人才奖，对在技术、管理、研发创新有突出贡献的创新人才给予奖励。为职业技能型人才制定住房、就业、社会保障等优惠政策。切实兑现"1+3"领军人才政策，加大投入力度，实施"绿灯政策"，增强创新人才的归属感。形成区域创新人才梯队，进一步完善市级人才引进奖励机制，通过对人才及项目的定向资助、奖励等模式，培育、吸引、留住更多的创新人才。实施国际化人才吸引计划，采取配套"项目+资本"模式，重点支持优秀国际化企业及团队引进培养，造就一批熟悉国际金融、贸易、法律等知识的外向型经济人才队伍。

马克思恩格斯小农经济理论
与广汉市小农户参与现代农业的模式研究

朱颖秋①

摘要： 随着我国经济发展进入新常态，小农户在土地承包制改革后进行了现代农业经营体制的创新探索。本文通过对马克思恩格斯小农经济理论的分析，阐明当前我国家庭联产承包责任制和小农户存在的合理性，并研究广汉市小农户参与现代农业的四种主要模式及面临的三大困境，从而提出相应的对策。

关键词： 小农经济理论；小农户；模式；广汉

党的十九大报告把"乡村振兴战略"纳入决胜全面建成小康社会的"七大战略"之一，提出要实现小农户和现代农业发展有机衔接。当前，家庭联产承包责任制是我国基本经营制度，以家庭为基本单位的小农户仍是我国农业生产经营的主体。但在全面建成小康社会、"四化同步"以及农业全球化竞争的大环境下，日益老龄化、兼业化的小农户面临的挑战越来越突出，生产生活境况与其他群体相比还比较脆弱，小农户难以单纯依靠自身力量实现农业现代化[1]。因此，我国小农户进行了现代农业经营体制的创新探索，小农户参与现代农业的多种合作模式也取得了重大进展，积累了许多经验。

本文通过回顾马克思恩格斯小农经济理论，梳理"小农经济必趋向消亡"的依据和前提条件，从而说明当前我国家庭联产承包责任制和小农户存在的合理性，并以在现代农业领域积极改革创新的广汉市为例，找出小农户参与现代农业的主要模式及推行的困境，并提出对策。其成果有利于丰富现代农业经营体制理论创新和改革实践，同时也有利于推进乡村振兴战略、农业供给侧结构性改革、脱贫攻坚战略和"五大发展理念"的贯彻实施。

---

① 朱颖秋，中共德阳市委党校。

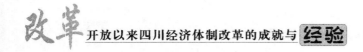

一、马克思恩格斯小农经济理论

马克思的"小农"是指以小土地所有制为基础的、以手工劳动为手段的拥有狭小土地面积的自耕小农。恩格斯在马克思"小农"的基础上，纳入了租佃者，提出了"小农经济"。他们认为小农经济的分散性、封闭性和孤立性，将阻碍生产关系的变革和社会的进步，而封建权利和资产阶级的双重剥削以及大工业发展对小农经济的排挤都必然导致"这种小生产正在无法挽救地走向灭亡和衰落"[2]。

然而，"小农经济必趋向消亡"是一个长期过程，并且是建立在一定前提条件下的。马克思在《资本论》中不仅承认自耕农在一定历史阶段、一定条件下的合理性，而且认为只有"人口的大多数生活在农村，占统治地位的不是社会劳动而是孤立劳动……"[3] 这些条件发生转变，形成土地的剥夺和资本雇佣劳动时，小农经济才会走向衰亡。恩格斯也认为"不要以自己的干预去加速其灭亡"。2017 年，我国户籍人口城镇化率仅为42.35%，大部分外出务工农民存在很大的不稳定性，同时我国土地的空间分散及丘陵、山地面积广阔使得实现生产过程的空间集中和时间集中难度较大，而小农经营大多数仍然使用了现代农业科学技术和生产手段。在今天过时的是传统手工劳动条件下的小规模生产，而不是家庭生产组织形式[2]，因此，要客观对待现代农业和小农经济的发展，肯定当前家庭联产承包责任制和小农户存在的合理性，并且积极探索小农户与现代农业有机衔接的模式。

二、广汉市小农户参与现代农业的主要模式

德阳市广汉市自然条件优越，农耕畜牧发达，农业发展居四川省内前列。曾是全国率先大胆推行家庭联产承包责任制的地区，近几年，在探索发展现代农业方面也取得了丰硕成果。

2018 年 1 月，通过实地调研发现，广汉市发展现代农业的经营主体包括农业大户、家庭农场、农民专业合作组织、公司、社会化农业服务组织、小农户等，其中农业大户、家庭农场是实现现代农业的主要力量和政府重要扶持对象，小农户参与现代农业相对较少，但小农户借助合作组织、公司、农业大户、园区等外部力量也积极参与到了现代农业生产中，主要存在以下四种模式。

（一）"公司+小农户"模式

"公司+小农户"模式能够降低市场选择、销售等一系列交易成本，增加双方收益，促进农业产业结构调整和优化，有利于品牌建立和现代农业产业链的完善，同时由于彼此负责任程度较低，具有高度的灵活性，因此，广泛适用于粮食、蔬菜、水果等种植业。例如，四川蔬瑞生态农业科技有限公司专门从事生态农业全过程农事保姆服务，包括种植、施肥、管理、采收、贮存、运输等相关农事指导，目前已与7个乡130户左右的小农户实现合作，其中包括大量贫困户，促进了大量小农户增收。

但该模式也存在诸多问题。一是小农户收益增加较少或利益无法得到有效保障。一方面，该模式属于松散的利益联结方式，小农户因主要参与生产环节而分享利润较低；另一方面，在合作过程中，公司处于相对优势地位，小农户处于相对弱势地位，公司可能在交易价格等方面侵害小农户利益，而小农户因无法快速找到合适的买家只能忍受直到最终拒绝合作，小农户的经济利益无法得到有效保障。同时，自然灾害、动物疫情等不可抗拒因素也使小农户利益受到很大威胁。二是较易出现违约行为。中国传统社会不具备孕育契约精神的社会土壤，对契约的尊重和保护力度重视不够，且违约行为成本很低，因此违约率较高。在合作过程中，即使签订了生产和销售合同，一旦生产资料价格变动导致小农户成本增加，或者市场上该农产品价格高于合作公司，小农户容易出现违约行为。任何一方出现违约，最终均会因为选择新的合作伙伴而增加交易费用。三是产品质量无法保证。由于公司无法全程监控小农户生产，只能依靠中途巡视、监督以及最终农产品质量检测来保证产品质量，以劣充好等机会主义行为时有发生，因此，该模式在保证产品质量上是较低效的。四是现代农业基础设施建设和规模效应较低。由于合作关系具有很大的不稳定性，公司和小农户均不敢投入大量的资金来建设现代农业基础设施，也不敢进行大规模的土地整合，零散不成规模的田块又限制了机械化程度，因此规模效应较低。

（二）"协会+小农户"模式

农业协会作为引导小农户加入大市场和参与现代农业的中介组织，在一定程度上将分散的小农户集中在一起进行无偿或低偿的培训和农事指导，克服了小农户信息和技术匮乏的困难。例如，广汉市南兴镇党委积极探索，先后成立花木协会、兰花协会、小家禽协会、制种协会、优质稻种植协会、食用菌协会等，推动小农聚合。

但调研发现，目前多数协会的组织化程度不高，一些协会成立目的是为了获得国家政策支持或者政府主导下成立的形式上的组织，内部成员属于松散关系，无法达到生产规模的协同发展，且与外界联系不紧密，难以为成员带来新的市场机会。

（三）"合作社+小农户"模式

"合作社+小农户"是目前最主要的模式。该模式下，小农户可以以入股形式参与现代农业，各主体归属感和认同感较强，且产品质量较高，合作社既能够为小农户进行各种服务，又能以组织规模替代要素规模，利用规模效益帮助农户降低成本、增加收入，利益联结更为紧密，广泛适用于水产养殖、粮食种植、蔬菜种植等行业。例如，广汉亭江渔业养殖专业合作社共有213户，社员能够获得水产站等提供的优质鱼苗和先进的养殖技术，并相互监督进行无公害养殖，目前该合作社水产品基本直接批发到成都、绵阳地区，口碑和销量较好。

然而，目前很多合作社发展并不成熟，实力也比较弱小，无法有效承担应有的角色。一是合作社并不规范。"挂牌社"使小农户很少甚至没有获得相关的现代农业服务，而一些公司为获得资金扶持联合注册的"翻牌社"更是不需要农户的参与。二是合作社内部成员的异质性问题突出。当前合作社的发起人中公司、农业大户、村干部占很大比例，由于成员自身资源禀赋、参与动机、投入合作社资源的差异，极易分化为核心成员和小农户两大社员结构，合作社容易被少数核心社员控制。三是弱者联合难以满足发展现代农业需求。将合作社放于中国这个大市场内，它们都只能算是"弱者联合起来的组织"，较难改变其在生产技术、资金、市场适应和增加收益方面的弱势地位，难以满足现代农业发展需求，其推动小农户参与现代农业的作用有限。

（四）"公司+合作社+小农户"模式

"公司+合作社+小农户"被普遍认为是目前较好的模式。该模式下的公司包括农民控股公司或者具有研发、生产、加工、销售等能力的专业公司，该模式一是具有较低的交易费用，公司与小农户分别减少了寻找原料和市场的成本；二是以公司的形象参与市场竞争，便于在外界形成统一的产品品牌，赢得市场信任；三是由于合作社的中介作用，合作关系更加紧密，投入现代农业基础设施建设的概率更大，规模效应更高；四是能更好地保证产品质量，如一旦出现产品不合格将对整个合作社产品不予收购，这样社员间将相互监督；五是小农户可以通过合作社与公司进行谈判，更好地维护自身利益。例如，广汉佳正种植合作社主要从事蔬菜种植，合作社为小农户提供一定的服务，并与从事泡菜加工销售的公司签订长期合同，蔬菜除少部分自行售卖，几乎全部销售给公司深加工为泡菜，目前该泡菜系列获得"四川省绿色健康放心食品"称号。

然而，该模式也存在松散或紧密的合作关系，这取决于合作社是否充分发挥作用，当合作社只是一个松散的组织或完全被公司控制时，该模式仅仅只能发挥"公司+小农户"的作用。

三、广汉市小农户参与现代农业的模式推进的困境

（一）合作主体积极性不高

一方面，公司、农业大户、合作社等主体与小农户合作的意愿不高。通过实地调研发现，绝大多数公司拥有自己的生产基地，且多数公司主要负责人表示发展基地是主要方向，而大多数的合作社成员是具有一定种植规模的农户，其核心成员也表示更加偏向让种植面积较大的农户加入。

另一方面，小农户主动参与现代农业的积极性不高。一是小农户获取信息能力较弱，对当前参与现代农业的模式了解较少，处于被动地位；二是小农户文化水平较低，思想观念滞后，生产经营比较僵化，等待观望思想严重；三是目前许多小农户外出打工，留下妇女、老人等从事农业种植，其主要目的是满足家庭生计需求，营利动机弱；四是小农户参与现代农业的多数模式还处于摸索阶段，小农户分享利润低且利益无法得到保障，而发展现代农业需要投入大量资金，风险大而收益低，极大地挫伤了小农户生产经营的积极性。

（二）缺乏有效的利益分配机制

各经营主体的合作从起点到终点的根本目的就是为了实现"合作剩余"[4]。目前小农户和现代农业有机衔接的多种模式处于摸索阶段，各具优点，但运行机制还不够完善，缺乏有效的利益分配机制成为了制约各个模式发展的根本原因。

调研发现，农业"产、加、销"完整产业链各个环节利润均存在很大差异，在多种合作模式中，以买断型利益分配方式和价格型合同方式为主，返利型合同方式、参股联结方式等利益分配方式很少，小农户处于产业价值链利润分享弱势地位。加上参与合作的普遍是小企业，经济实力较弱，公司存在巨大的生存压力，从而无法和小农户共享有限的加工、销售利润。

（三）金融创新支撑不足

发展现代农业需要大量的资金支持，而当前农村资本存量和公司实力有限，政府财政支持对象和额度也很有限，因此，需要依靠贷款等方式进

行融资。但调研主体多反映存在贷款门槛高、无抵押物、无担保等问题。并且目前融资渠道仍然比较单一，商业性金融机构积极性不高，多数对农业经营了解不足，再加上农业贷款收益比较低，涉农贷款风险规避机制不完善等原因，金融机构一般不愿意为农业提供贷款，尤其是小农户，虽然政府出台了相关政策，但仍存在消极执行等问题。

四、广汉市小农户和现代农业有机衔接的对策

（一）客观认识小农户和现代农业发展问题

新型城镇化、农业现代化的过程本身就是一个减少小规模土地经营者的过程，城镇化进程中大部分小农户选择转变为城镇居民是必然趋势，不可鼓吹"小农美好论"或限制小农户的转变。政府要巩固和完善以土地家庭承包经营为核心的农村基本经营制度，实行"三权分置"，放活土地经营权，同时进行户籍制度、社保制度等多方面的配套改革，让有意愿、有能力的小农户向城镇转移，将土地留给真正想从事农业的农户。

但也不可过度鼓吹规模经营，以牺牲小农户的利益来加快实现农业现代化必将引起新的社会矛盾。一方面，小农户有其经济和社会价值，如抵御城镇化风险、降低农民生活成本等；另一方面，小农户的存在不是制约现代农业发展的根本原因，千百年传承下来的精耕细作使得个体劳动的农业生产率并不低，并且近年来小农户对农技人员进村入户指导的需求也十分强烈。同时，随着人们更加重视食品安全和营养，无公害、有机、绿色、生态的农产品供不应求，某种程度上小农户在生产这类农产品上更具优势。因此，政府要通过政策、媒体等多种渠道引导人们客观、正确地认识小农户和现代农业发展问题。

（二）创新发展多种合作模式

由于农业上经营不同的产品，其风险、技术要求、土地需求以及管理方式等都存在较大差别，因此小农户参与现代农业并不存在唯一最优模式。因此，要积极创新发展多种合作模式，例如，公司通过品牌连接合作社中的小农户，为小农户提供标准化的生产技术指导和培训等服务并收取一定费用，小农户将最终合格的农产品交由公司进行直接销售或公司进行包装、加工后进行销售，公司从卖出的农产品最终价格中按一定标准进行提成，其余部分归小农户所有，形成"公司+合作社+小农户+市场"的模式，两者均能从中获得激励，并能延伸现代农业产业链条。同时，"小农户科技园+小农户""科研单位+园区+小农户""农联+小农户"等也是小农户

参与现代农业的较好模式。

（三）建立完善的利益分配机制

坚持和完善买断型利益分配方式、价格型合同方式、服务型合同方式。积极推广返利型合同方式，使小农户参与加工、流通环节的利益分成，获得公司的"二次返利"，使合作形成紧密型利益联结机制；积极推广参股联结方式，使小农户拥有公司、合作社等的股份，参与经营管理和监督，形成紧密的利益关系；积极推广中介组织带动利益分配方式，公司等为小农户提供农产品生产、加工、营销一体化经营服务并收取服务费或按最终销售量提成。建立多种利益分配方式，改变小农户的"弱势"地位，最终形成"风险共担、利益共享"的利益共同体。

（四）发挥政府服务功能

政府要改变过去在小农户参与现代农业活动中的"缺位"和"越位"，要提供更加有效的公共服务。一是制定农产品质量、价格等各项有利于现代农业发展的政策法规，制定和完善支持新型经营主体及针对小农发展政策，要注重研究创设普适性政策。二是加大财政资金支持，引导做好农村资金融通、农业信贷、农业保险等，积极发展农业普惠式金融体系[5]。三是引导适度成立农民合作组织，逐步规范合作社发展。四是多渠道加大对发展现代农业的宣传，引导小农户实施农业标准化生产，并加强教育培训服务来提升小农的自我发展能力。五是引导从事农业服务公司的发展，为小农户提供更多的农事服务。

参考文献

[1] 张红宇. 实现小农户和现代农业发展有机衔接 [N]. 农民日报，2017-11-21（001）.

[2] 盛秀婷，姚慧琴. 辩证看待现代化农业和小农经济的发展——基于马克思农业资本论的思想视角 [J]. 未来与发展，2014，37（1）：24-28.

[3] 马克思. 资本论：第3卷（下）[M]. 北京：人民出版社，1972.

[4] 张婷. 绿色食品生产者质量控制行为研究 [D]. 雅安：四川农业大学，2013.

[5] 陈廉. 我国农业企业化发展问题研究 [D]. 北京：中共中央党校，2013

利用土地支持政策推进乡村振兴中的
田园综合体试点建设

邓　蓉①

摘要： 1978 年的冬天安徽凤阳小岗村 18 个农村党员写血书要求家庭联产承包，这拉开了中国改革开放的序幕。1982 年到 1986 年连续五年中央一号文件是关于农村问题的，党的十八大以来连续六年中央一号文件是关于深化农村改革的。因此，"三农问题"一直是全党工作的重中之重，40 年来都在不断探索解决农村发展出现的新问题、新矛盾的实践路径。党的十九大提出实施乡村振兴战略。

关键词： 农村改革 40 年；乡村振兴；田园综合体；用地政策

党的十九大重要报告提出实施乡村振兴战略。乡村的振兴，需要更多的新业态、新模式、新运营的加入，而田园综合体模式是一种资源整合，是以循环农业、创意农业为依托的一、二、三产业融合以及"旅游+"综合性的综合体，其特点是外来资本，即城市资本与和当地"三农"要素的深度整合。2018 年都江堰市被财政部定为四川省唯一田园综合体模式试点区（市）县，作为实施乡村振兴的可操作样本——首个田园综合体模式建设既能体现党的十九大提出的建立健全城乡融合发展的体制机制精神，也是探索成都市第十三次党代会确立建设国家中心城市总体目标下的城乡统筹示范城市的重要路径，因此，探索意义重大。同时，一方面农村集体产权制度、农村土地制度等相继改革为建设田园综合体模式奠定了强大基础；另一方面，用地指标及土地的利益权属问题又是田园综合体开发中最为困扰政府、社会资本、农民的难题，为此，笔者梳理现行相关政策、收集调研相关省市主要做法，获得比较分析与启示，希望对都江堰市田园综合体试点工作有所裨益。

---

① 邓蓉，中共都江堰市委党校。

一、建设田园综合体的主要用地限制

作为农业供给侧改革和产业转型升级的重要抓手与载体，田园综合体有政府主导的基础设施建设包括市政道路、自来水厂、污水处理厂等；社会资本主导的产业发展包括农产品深加工、乡村民宿旅游、现代服务等；新型农业主体主导的现代农业、循环农业等都需要大量的建设用地、设施用地、配套用地。因此，田园综合体建设的基础是土地，但目前有严格的制度与政策限制。

一是基本农田政策限制，包括基本农田划定由国务院批准；不得超越土地利用规划；土地用途管制；城市建设用地挂钩指标不得以劣地换好地，不得置换基本农田。

二是农用地政策限制，包括严禁随意扩大设施用地范围；以农业为依托的休闲观光用地按照建设用地管理，与农用地管理的税收不一样；所有土地用途转换都必须足额缴纳相应金额，占补平衡。

二、建设田园综合体可利用的政策空间

从 2016—2017 年连续两年中央一号文件到《国务院关于深入推进新型城镇化建设的若干意见》等寻求田园综合体用地政策的空间，为解决田园综合体用地问题指出了五个方向。

一是规范推进城乡建设用地增减挂钩。也就是说，从城乡建设用地增减挂钩所获得的用地指标是田园综合体用地来源之一。过去 10 余年都江堰市利用国务院"全国统筹城乡配套改革试验区"机遇，将土地增减挂钩政策用于城乡一体发展与"5·12"汶川特大地震灾后重建中，通过土地整治与综合整治的"小挂钩""大挂钩"等方式积累了较为丰富的经验，可为下一步田园综合体试点建设提供较为完善的实践蓝本。

二是建立城镇低效用地再开发激励机制。允许存量土地使用权人在不违反法律法规、符合相关规划的前提下，按照有关规定经批准后对土地进行再开发，这是提高原有用地效率的方式。

三是因地制宜推进低丘缓坡地开发。这种方式可新增建设用地，成都市耕地面积约 544 万亩，占全市土地面积 27.6%的丘区和 32.3%的山区形成了丰富的山地资源，都江堰作为成都平原的扇形地貌的"扇把"形成了独特的"六山一水三分田"自然景观，决定了低丘缓坡体量大，可开发空

间足。

四是完善土地经营权和宅基地使用权流转机制。第一是农业地流转，取得一定年限的使用权；第二是农民有偿自愿退出的宅基地，退出后减少的乡村集体建设用地指标可以通过第一种方式转化为增加的城市建设用地指标。目前，泸州市泸县是中央《关于农村土地征收、集体建设用地入市、宅基地制度改革试点工作的意见》33 个县中宅基地制度改革试点县之一，其试点方向可为都江堰市提供相关路径参考。

五是充分挖掘潜力巨大的"四荒地"。现行经济环境中未得到充分、合理、有效利用的土地包括荒山、荒沟、荒丘、荒滩等被称为"四荒地"，现行法律规定农民集体经济组织"四荒地"使用权、承包、租赁或拍卖的期限最长不得超过 50 年。2006 年中央鼓励利用"四荒地"发展休闲农业、田园综合体，对中西部少数民族地区和集中连片特困地区利用"四荒地"发展休闲农业、田园综合体等其建设用地指标给予倾斜。

三、建设田园综合体的用地建议

1. 利用政策"风口"

一是国有建设用地"优先倾斜"。很多省市对于田园综合体试点建设都会优先安排用地指标，同时还配有奖惩用地指标。如浙江对如期完成年度规划目标任务的，省里按实际使用指标的 50% 给予配套奖励，其中信息经济、环保、高端装备制造等产业类特色小镇按 60% 给予配套奖励；对 3 年内未达到规划目标任务的，加倍倒扣省奖励的用地指标。因此，在打造田园综合体试点建设的前期需认真研究这些奖惩措施和相关政策，做到有的放矢。

二是增减挂钩"集中兵力"。一直以来地方虽然都有"增减挂钩"项目指标，但受数量与区域限制，量小分散，不能形成合力做"大事"，目前一些省市开始探索城乡用地增减挂钩和集体土地流转"收缩"战略，将过去"撒胡椒面"的方式变为"集中倾斜"的方式。比如湖北省 2017 年起单列下达每个特色小（城）镇（包括田园综合体试点建设）500 亩增减挂钩指标；内蒙古自治区鼓励农村牧区集体经济组织和农牧民以土地入股、集体建设用地使用权转让、租赁等方式有序地进行农家乐、牧家乐、家庭旅馆、农庄旅游等旅游开发项目试点。这些政策措施都极大地提高了土地供应和使用效率。因此，田园综合体试点建设需要选择"增减挂钩"项目指标投放重点，因地制宜将减挂钩土地支持政策用在"刀刃"上、促进我市田园综合体试点建设。

三是集体建设用地"布局试点"。2017 年 8 月 21 日国土资源部、住房城乡建设部印发了《利用集体建设用地建设租赁住房试点方案》的通知，选择了包括成都市在内的 13 个城市做试点。2017 年 8 月 29 日河北省率先出台实施意见，提出"在集体经济组织引导下，探索农户以宅基地使用权及农房财产权入股发展农宅合作社。在不改变农村集体土地所有权和农民宅基地使用权的前提下，鼓励农村居民与城镇居民合作建房、合作开发美丽乡村建设"，为我市加快推进田园综合体试点建设又提供了另一条建设用地路径。都江堰市应抓住中央试点城市的机遇，尽快布局试点区块，将集体建设用地建设租赁住房与田园综合体试点建设结合起来，用几年时间试点出具有政治、社会、经济效益的示范综合体，为全省提供实践蓝本。

2. 借鉴土地"捆绑出让"

由于田园综合体试点建设主要是以产业为核心形成的产城融合农业综合体，因此其土地用途可分为住宅用地、产业用地、商业用地、公共服务用地及其他用地等。因此，在拿地平衡上，可借鉴佛山南海住宅、产业用地捆绑出让经验。佛山南海作为中央"土地三项改革"33 个县之一的集体建设用地改革试验区，在近几年探索实践中为特色小镇拿地提供了借鉴蓝本。按照南海探索实施的"混合功能出让"新供地方式，连片的工业区、村集体工业园区可在规划的引领下，允许部分土地在符合环保与安全生产要求下，探索商住混合工业的用地功能，即通过住宅用地与产业用地捆绑拿地的方式，来获取住宅用地。产业用地与住宅用地比例可根据具体情况而定，一般可按 5∶5 或者 6∶4 的配比来平衡拿地。

3. 探索产业用地"代建补偿"

田园综合体试点建设中不仅用地指标有限，权属也相当复杂。既有国有，又有集体，还有私营，大城市周边又多以城中村和旧厂房为主，涉及村民、集体经济组织、企业、政府等多方利益主体。因此，在产业用地的获取方式上，协调多方利益关系，解决新增用地需求大、存量土地利用效率低、土地结构不合理等矛盾是推进田园综合体试点建设落地工作的基础。可尝试探索产业用地"代建补偿"形式，即开发方所需产业用地可采用租赁和转让相结合的方式获得，其中，转让部分的补偿方式，根据相关政策，可采取货币补偿、物业补偿、货币补偿与物业补偿相结合的形式。田园综合体试点园区内各方受益，开发方通过物业补偿的方式，可缓解一次性支付出让金的资金压力；进入园区的企业可通过租赁方式，降低资金压力，也可通过购买获得物业产权，可出售也可抵押；村集体经济组织获得代建物业后，再返租给园区运营商，可再获物业租金收益；对于农民来说，可获得土地出租收益，获得具有升值空间的补偿物业，同时也能获得物业返租的收益。

根据权属不同，也可采取作价入股的方式。作价入股主要是与村集体经济组织合作，成立合作开发公司，风险共担，降低前期资金需求；其缺点则是增加了项目决策制约以及股东之间协调的工作。

4. 寻求"合作工改"创新

对于使用权在私营业主一方，可探索多方合作工改创新。政府通过差别化土地政策和地区产业规划，与开发运营方、私营企业主进行合作商谈。私营业主允许土地进行产业升级改造，并以改造后的部分面积作为商住面积赠予改造方；开发运营方根据与私营业主和政府规定进行物业分配和产业运营；政府可根据项目投资落地成本、投资进度、生产经营等逐年给予支持，同时鼓励私营企业主以土地使用权作价入股的方式参与，降低产业用地成本。

5. 关注农地入市"镇级统筹"

北京大兴区是中央"三块地"改革中的集体建设用地入市试点县之一，它在全国率先提出了集体经营性建设用地入市"镇级统筹"模式——以镇为基本单元锁定土地总量、优化总体布局；降低土地存量，提高用地质量；明晰土地产权，完善股权设置。采取"以人入股、以地入股和人地混合"等模式，合理考虑各村集体土地面积，区位、规划用途以及等权重设计股权结构。通过进行乡镇土地资源公平配置的统筹，确保了镇域内各村土地发展权共享和收益平衡。通过"镇级统筹"，有效地解决了单个农户、单个村庄发展无法独自解决的土地利用与产业发展问题。目前，大兴区 4 200 余宗集体经营性建设用地全都实现了"镇级统筹"。

最后需要说明的是，与单纯的现代农业园区、传统的工业园区不同，田园综合体试点建设将从土地财政向税收财政进行转变，从土地资源买卖向创新资源流动进行转变。因此，在前期进行田园综合体试点建设策划与规划中就要搞明白其未来的盈利模式和特性，只有明白未来钱怎么回收，怎么持续盈利，才知道当下应该以怎样的土地模式进行开发、合作。

甘孜州经济高质量发展之我见

汤红蒂①

摘要：我国经济发展进入由"高速增长"转向"高质量发展"的新时代，推动高质量发展是确定今后发展思路、制定经济政策、实施宏观调控的根本要求。甘孜州经济与省内其他地区相比滞后，现状显然不能满足人民群众的美好生活期望，要实现脱贫攻坚、产业兴旺、改善民生、全面小康目标，必须坚持以经济高质量发展要求为统领，结合甘孜州情，努力走出一条符合藏区实际，具有甘孜特色的经济发展新路子。本文通过梳理甘孜州经济现状，提出下一步发展必须遵循经济高质量发展的必要性，分析高质量发展的可行性，进而进行应用性研究，提出适合甘孜州情的经济高质量发展对策。

关键词：甘孜州；经济；高质量发展

中国特色社会主义进入了新时代，我国经济发展也进入了由"高速增长"转向"高质量发展"的新时代。推动高质量发展是我们当前和今后一个时期确定发展思路、制定经济政策、实施宏观调控的根本要求。

甘孜州地处四川西部，是青藏高原与四川盆地连接地带，属横断山系川西高原区，面积15.3万平方千米，下辖1个市和17个县，2017年户籍人口总数为110.11万人。由于自然环境限制，全州资源开发程度较低，经济社会发展相对缓慢，加之处于国家限制开发地带，甘孜州经济发展一直滞后，GDP总量位于全省末位。和许多经济不发达地区类似，甘孜州也存在着不科学的经济增长方式、不合理的产业结构的现象。经济增长主要依赖于资源开发和资本投入，结构性矛盾突出，产业层次低，竞争力弱。从三次产业结构上看，2017年，甘孜州三次产业结构调整为24：39.1：36.9，而同期四川省三次产业比重为11.6：38.7：49.7。其中第一产业比重达24%，远远高于全省的11.6%和阿坝州的15.7%。分析内部结构，第一产

---

① 汤红蒂，中共甘孜州委党校。

业还是以传统农业为主，现代农业规模较小；第二产业仍以水电、矿产资源开发为主，处于粗放式的原材料生产供给状态，产业链条短，尚未形成产业链延伸和增值最大化；第三产业以批零贸易餐饮业等传统服务业为主，现代服务业发展滞后。据 2017 年统计数据，甘孜州实现地区生产总值（GDP）261.5 亿元，为全省最末一位，同比增长 9.1%，为全省增速最快。

一、坚持甘孜州经济高质量发展的必要性

1. 高层领导指示关怀

党的十八大以来，习近平总书记 3 次来四川视察指导，5 次发表重要讲话，20 多次对四川工作作出重要批示。2018 年春节前夕习近平总书记再次来川视察，提出推动治蜀兴川再上新台阶的总体要求和"五个着力"的重点任务。2018 年 5 月 2 日至 4 日，四川省委书记彭清华将甘孜州作为赴藏区调研的第一站，奔波千里，深入泸定、道孚、炉霍等县视察调研。彭清华充分肯定甘孜州经济社会发展所取得的巨大成就、发生的根本性变化，分析甘孜州所处的战略地位、面临的特殊州情、存在的问题短板，从六个方面对甘孜州工作把脉定向，为推动甘孜州繁荣发展和长治久安提供了遵循。其中第五个方面就深刻阐明了要认真践行新发展理念，走出一条高原藏区高质量发展的路子。坚持绿水青山就是金山银山，加快推进基础设施建设，深入实施乡村振兴战略，大力发展全域旅游和特色优势产业，坚定走生态优先绿色发展之路，推动藏区科学发展、可持续发展、高质量发展。

2. 改善民生水平需要

甘孜州经济发展起步晚、底子薄，积累少、实力弱，发展不平衡不充分问题十分突出，2017 年人均 GDP 相当于全省的 49%，全社会固定资产投资问题排全省第 19 位，财政自给率仅为 7.96%，多项指标全省垫底，仍然是"一个省的面积、一个县的人口、一个乡的财政"。甘孜州目前滞后的经济发展现状，显然不能达到人民群众的美好生活期望，甘孜州"十三五"规划提出要以人为本，改善民生、增进福祉，五年后主要民生指标要超过全省平均水平，要实现这一目标，单靠国家支援"输血"是不现实的，更多还需要自身努力，以习近平总书记来川视察讲话精神、彭清华书记来甘孜州视察讲话精神为指导，以高质量发展要求为统领，加强党对经济工作的领导，充分调动各方抓好经济工作的积极性，努力走出一条符合藏区实际，具有甘孜州特色的经济发展新路子。

3. 自身经济社会发展要求

习近平总书记强调，坚持把改革的力度、发展的速度和社会可承受的程度统一起来，在保持社会稳定中推进改革发展，通过改革发展促进社会稳定。甘孜州面临复杂的维稳形势，还有 2020 年前全面脱贫、实现小康社会的任务，要更好地完成脱贫攻坚任务及维护社会稳定，从根本上讲，必须处理好改革、发展、稳定的关系，以稳定促发展，以发展保稳定，发展是解决一切问题的根本，必须落实新发展理念，推动经济社会健康协调发展。虽然甘孜州经济基础薄弱，但在发展过程中，却不能重蹈覆辙，走低水平、低效率、高污染之路，必须高起点、高规划、高要求，以高质量发展为纲领，更加注重提升经济质量和效益。

二、坚持甘孜州经济高质量发展的可行性

1. 历史上曾有过经济发达的辉煌时刻

甘孜州经济虽然较省内其他地区落后，但也曾有过辉煌时刻。著名的"茶马古道"就是四川茶叶历史上的辉煌篇章。甘孜州首府康定市过去叫打箭炉，20 世纪 30 年代末至 40 年代初是闻名于世的藏汉贸易中心城市。其中，茶叶交易在其中占据了中心地位。经康定入藏的边茶，约占整个藏区消费总量的七成。茶叶等物资的大量交流，促进了多民族融合与团结，形成了独特的锅庄文化。20 世纪 30 年代，当时西康省省会的康定城，就已经成为闻名于世的藏汉贸易的中心城市，是与上海、武汉齐名的三大商埠之一。有着良好的经贸基础和历史，也是促进甘孜州经济发展的动力之一。

2. 目前正处于经济社会发展的机遇窗口期

随着党的十九大作出全面建成小康社会、开启建设社会主义现代化强国的战略部署，"一带一路"建设、长江经济带发展、新一轮西部大开发等国家战略相继提出，甘孜州面临前所未有的良好机遇，有着面对"三区三州"深度贫困地区出台的特殊帮扶政策；有着四川省委构建"一干多支"发展谋划；有着广东、省内各地市区对口帮扶的支援，多项优惠政策必将助力甘孜州经济高起点、高质量发展，对甘孜州未来加强生态环境保护、加强基础设施建设、推动特色产业发展、形成全域旅游支柱产业、集中力量打赢脱贫攻坚战等战略实施起到了关键作用。

3. 多年的发展奠定了良好基础

"十一五"规划中甘孜州委州政府就提出以建设生态经济第一州为目

标，"十二五"规划提出建设"美丽生态和谐幸福新甘孜"战略定位，"十三五"规划提出加快建设美丽生态和谐小康甘孜，围绕同步全面建成小康社会这一目标，突出脱贫奔康和长治久安两个关键，统筹抓好发展、民生、稳定三件大事，精心组织实施"扶贫攻坚、依法治州、产业富民、交通先行、城乡提升、生态文明建设"六大战略，确保实现与全国全省同步全面建成小康社会。可以看出政策具有连续性，大政方针没有改变，总体目标没有改变，全州已然统一思想，心往一处想——坚定不移地走生态经济绿色发展之路；劲往一处使——建设美丽生态和谐小康甘孜。这样的持续政策产生了良好的效果，例如"十二五"期间，甘孜州生产总值年均增长9.4%、全社会固定资产投资累计达1 900亿元、社会消费品零售总额年均增长13%、城镇居民人均可支配收入年均增长11%、农村居民人均可支配收入年均增长21.5%，经济增长质量和效益明显改善。有了以上良好的思想基础和经济基础，再充分发挥后发优势，不断吸收周边地区经济发展的经验教训，甘孜州就可以走出适合州情的高质量发展之路。

三、推动甘孜州经济高质量发展路径思考

经济高质量增长需要经济质量变革、效率变革和动力变革。习近平总书记来川视察时，提出了符合四川省情的高质量发展途径，即夯实实体经济；强化创新驱动；推动城乡协调发展；抓好生态文明建设；增强改革动力。甘孜州也需要在这一纲领领导下，结合甘孜州情，推出相应措施，实现经济高质量发展目标。

1. 转变观念，树立高质量发展理念

放眼周围，梳理发达地区经济发展经验，有着纵观全局、先进的思想意识非常关键，对整个地区经济发展起着导向作用。树立了先进发展理念，才可能走上科学发展、创新发展、可持续发展的路子。甘孜州要加快发展，还需要深入学习习近平新时代中国特色社会主义思想，提升干部思想和能力素质，进一步解放思想，扩大开放，立足高远，开拓创新，破除"小富即安"的盆地意识，摒弃保守、落后、封闭、狭隘的观念，以"创新、协调、绿色、开放、共享"五大发展理念为指引，立足实情、审时度势、充分发挥后发优势，不断吸收周边地区经济发展的经验教训，走出适合州情的可持续发展之路。

2. 找准发展方向，加快经济结构调整

按照四川省的规划，产业调整主要是推进产业迈向中高端，改造提升

传统产业，培育壮大新兴产业，做大做强"双七双五"产业。而甘孜州由于经济基础差，发展相对落后，上述产业均不占优势，优势在于天然优质的资源禀赋上，包括大量富有特色的旅游资源和丰富独特的农牧业产品、中藏药材、水电、太阳能、矿产等资源，因此，坚持生态经济、绿色产业富民的发展理念，以全域旅游业为龙头，大力发展生态旅游、休闲旅游、乡村旅游、医疗养护、保健养生、体验经济、个性化消费等产业，同时着眼"山顶戴帽子、山腰挣票子、山下饱肚子"的产业发展思路，加快发展生态矿产业和特色农牧业，推出高质量、高性价比、高度品牌化的高原特色产品，促进三次产业融合发展是甘孜州的必然选择。

3. 坚持绿色发展思维，大兴生态经济建设

资源优势是推动以旅游为首的经济发展的重要支撑，也是甘孜州未来发展的最大潜力，保护好丰富的自然资源和人文资源，才有资格谈及下一步的发展。甘孜州由于所处地理位置的限制，大部分地区处于限制开发区和自然保护区，自然地质条件差，生态脆弱，又处于地震活跃带，易发生泥石流、滑坡等自然灾害，也面临着草原退化、水土流失等现实问题，保护生态资源刻不容缓。在今后发展中，仍然要坚持绿色发展思维，走开发与保护并重的绿色发展之路，严格控制高能耗、高污染、低效能的产业转移和承接，严守生态红线不逾越，坚决筑牢长江上游生态屏障。通过生态与农牧业、旅游、养生、文化等跨界融合形成新业态新模式，推动新兴产业发展，增加附加值与竞争力，在保护良好生态环境的同时，给州内群众带来更多增加财富、提升幸福的机会。

4. 补齐短板，推进交通先行、城乡提升战略

甘孜州目前最大的发展瓶颈就是交通，虽然已建成康定和稻城机场，甘孜机场2018年正式开建，极大改善了交通条件，但由于地广人稀辐射面小，加之气候寒冷和地理条件限制，航班少、成本高、价格相对偏高，虽提出了"飞机+"的发展理念，飞行带来的旅游经济效益还十分有限，目前交通出行主要还是以公路为主。四川省内21个地市州中，甘孜州高速公路建成最晚，2018年年底才建成通到州府所在地康定市。除了交通，其他民生基础设施建设也相对滞后。好在这些年特别是精准扶贫行动开展以来，在国家大力扶持下，水电通信等基础设施建设有了长足发展。截至2017年，行政村宽带通信覆盖达到63.9%，"互联网+"基础设施建设步伐加快。下一步还迫切需要推进交通先行、城乡提升战略，加快水电通信等基础设施建设，加快城镇化建设，推进城乡统筹发展。

5. 全域旅游为主导，加快旅游业融合发展

四川省尚未开发的世界级旅游资源50%集中在甘孜州，极具开发价

值。甘孜州委州政府在科学总结和分析的基础上，于 2012 年在全省首提"全域旅游"发展战略，2016 年 2 月，甘孜州被确定为国家首批"全域旅游示范区"创建单位。2017 年全年接待游客 1 668 万人次，实现旅游收入 166 亿元，较 2016 年分别增长 28.1% 和 27.3%，成为全国热度最高的全域旅游目的地之一。有了这样的发展基础，优先发展旅游业是大势所趋。因此，必须着眼全域布局，按照彭清华书记"推动旅游景观全域优化、服务供给全域配套、景区治理全域覆盖、相关产业全域联动、发展成果全民共享"的要求，培育休闲观光、山地旅游、生态康养等旅游新业态，形成"春赏花、夏避暑、秋观叶、冬玩雪"四季旅游市场，通过旅游带动其他产业发展，加强旅游同三次产业融合，真正实现旅游对整个经济和社会发展的龙头作用，以建设世界旅游目的地和全域旅游示范区为目标，推进经济创新高。

6. 以脱贫攻坚为契机，坚持扶贫与产业发展相结合

甘孜州是全国 14 个集中连片贫困地区和全省扶贫攻坚"四大片区"的重要组成部分，甘孜州贫困人口"点多、面广、程度深"，扶贫任务极其艰巨繁重，全州 18 个县（市）均为国家片区贫困县（其中，石渠、色达、理塘、德格、甘孜 5 县是国家扶贫开发重点县），建档立卡的贫困村 1 360 个、贫困户 4.843 3 万户、贫困人口 19.746 4 万人，分别占全州农牧区 2 679 个行政村和 93.97 万农牧民人口总数的 50.77% 和 21.01%。经过几年努力，甘孜州扶贫攻坚工作取得了良好成效。2017 年基本完成泸定县脱贫"摘帽"、366 个贫困村退出，11 787 户、4.852 4 万人脱贫的年度目标，为今后的脱贫攻坚工作做出了有益的探索，奠定了坚实的基础。

脱贫攻坚对甘孜州来说，是最大的政治任务、最大的民生问题，也是最大的发展机遇。总结成功经验，首要就是坚持扶贫与产业发展相结合，根据各地实际情况，认清优势资源，跟随消费升级浪潮，主抓产业项目开发，培育贫困群众增收的新增长点。通过鼓励和扶持经营主体、贫困户组建合作社发展生产，不断完善"政府+公司+农户""公司+基地+农户""公司+农户""合作经济组织+公司+农户"等模式，促进产业化经营、乡村旅游与扶贫开发有效对接，精准发力、精准施策，实现产业转型升级，构建脱贫致富坚实支撑。

7. 坚持产业富民战略，加快发展特色产业

产业是经济发展的重要基础和有力支撑，产业兴则经济兴，产业强则经济强。根据甘孜州情，在保护生态的大前提下，认清优势资源，走特色产业发展之路大有可为，截至 2017 年年底，累计引进培育涉农企业 142

户、发展新型农业经营主体 6 796 个、建成特色农林产业基地 167 万亩、登记认证"三品一标"农特产品 175 个，首次实现蔬菜供港直销。根据现有经济发展水平，先在"质"上做文章，着力提升产品质量、建立产品追溯制度，建立电商交易平台、打通物流障碍，符合现阶段发展需要。具体来说，通过深化农业供给侧结构性改革，围绕"一圈一带一走廊"农业产业布局，坚持"东南提升、北部拓展"思路，重点抓好"2 个百万亩"特色产业基地和"3 个百千米"绿色生态产业示范带建设，打造"圣洁甘孜"特色产品统一招牌，充分发挥产品品牌效应。加快两河口、苏洼龙、叶巴滩等"两江一河"干流水电开发，力争到 2025 年水电装机突破 2 000 万千瓦。着力发展"飞地经济"，加快推进成甘、甘眉等工业园区建设，加大园区招商引资，积极承接省内外发达地区产业项目转移。打破体制机制障碍，积极创造良好的经济发展环境，甘孜州经济新发展指日可待。

参考文献

［1］肖友才. 学深悟透凝共识 实干担当新作为［N］. 甘孜日报，2018-05-10（2）.

［2］学习贯彻全省市厅级主要领导干部读书班精神［N］. 四川日报，2018-04-17（1）.

［3］甘孜藏族自治州统计局. 甘孜藏族自治州 2017 年国民经济和社会发展统计公报［N］. 甘孜日报，2018-03-14（6）.

关于推动职业教育改革与发展的思考

——以绵阳市为例

林劲松①

摘要： 职业教育培养的技工人才是支撑制造业发展的重要保障之一，文章以绵阳市作为样本，重点研究了绵阳市职业教育的发展现状以及对本地制造业的人才供给情况，最后对地方政府如何引导支持职业教育发展并服务于地方制造业转型升级提出了一些建议。

关键词： 职业教育；内涵发展；工学交替；顶层设计

习近平总书记指出，"工业强国都是技师技工的大国""作为一个制造业大国，我们的人才基础应该是技工，要大力培育支撑中国制造、中国创造的高技能人才队伍"。鉴于此，推动职业教育的改革与发展，补齐高素质技能人才队伍短板，培育打造形成与制造业布局发展相适应的梯队式、多层次、专业化、高素质产业人才队伍，服务并满足于制造业的转型升级具有重要意义。笔者对绵阳的职业教育发展情况及服务地方制造业的现状进行了调查和思考。

一、绵阳职业教育发展现状与对制造业供给情况

（一）绵阳职业教育总体发展良好

（1）职业教育规模相对稳定。全市现有高职高专5所（其中国家示范高职1所），技师学院2所，中职学校29所（其中国家示范中职学校1所）。2018年4月，在校高端技能型本科生400人，居全省第3位；高职学生40 052人，在全省列前4位（成都、德阳、眉山之后）；中职在校生38 566人，在全省列10位左右。

（2）内涵发展扎实推进。办学层次涵盖中职、高职和高端技能型本

---

① 林劲松，中共绵阳市委党校。

科，开设 12 个专业大类，共 78 个专业。建成国家级实训基地 10 个，职业教育校内实训课程开出率达 90% 以上。2016 年以来参加全省中职学生技能大赛累计获奖人数 115 人，获得一等奖 25 人，特别是 2017 年代表全省参加全国中职学生技能大赛获得二等奖 4 项，三等奖 5 项，创历史新高。

（3）学生就业持续向好。"十二五"以来，全市职业院校毕业生一次性就业率稳定在 95% 左右，专业对口就业率稳定在 85% 以上。2017 年，初次就业的职业院校毕业生平均签约工资达 3 516 元，较 2014 年前增长 486 元，年均增长率 5.35%。

（4）试点工作有序推进。绵阳职业技术学院等 7 个省级、江油职中等 4 个市级现代学徒制试点项目扎实推进。2016 年以来，机电技术与应用、汽车制造等 15 个专业分别与苏州宝馨科技实业股份有限公司、四川野马汽车股份有限公司等 10 余家企业开展现代学徒制试点，试点学生达 800 余人。

（二）对制造业的供给成效与差距并存

（1）为在绵制造企业输送了大量人才。"十二五"以来，绵阳职业教育针对制造业需求，开设制造业相关专业 37 个（其中高职院校和技师学院开设 28 个，中职学校开设 9 个），占专业总数的 47.44%。每年为绵阳制造企业输送毕业生 1 300 名左右，对吸引企业入驻园区、落户绵阳起到了积极作用。

（2）无法满足部分在绵制造业企业的需求。职业教育的毕业生与制造业转型升级的用工需求出现了一定偏差。以绵阳高新区 2017 年以来的用工需求为例，传统的制造业企业普思、际华三五三六、艾默生等劳动密集型用工量大幅下降，加之智能制造装备的逐渐增加，用工需求向熟练操作工、中高级技术工人转移，很难从在绵职业院校招聘到合适的毕业生。

（三）未来的供需矛盾可能会加大

（1）技工需求数量将大幅增加。随着绵阳重大制造业项目陆续建成投产，2019 年全市工业投资总额将超过 600 亿元，规模以上制造业产值超过全市工业比重 45%，仅对微电子、光电子、汽车电子、现代机械制造与信息服务等技能人才需求就超过 1 000 人。据估算，制造业及关联配套企业对技能人才的需求量年均将达到 3 000 人。

（2）技工需求层次将大幅提高。通过与绵阳制造企业走访座谈了解，企业对普通工人和初级技术工人需求呈逐年下降趋势，但对中、高级技能人才年需求量将超过 2 000 人，比现在增长了一倍左右，作为支撑制造业强市建设的关键要素，绵阳职教对高技能人才的供给能力非常有限。

二、绵阳职业教育对本地制造业供给存在的问题

（一）职业教育结构亟待调整

（1）办学体系不顺。目前，绵阳职业教育办学体系由教育部门管理的中职学校和高职学院，以及人社部门管理的技工学校和技师学院组成，其中教育部门负责颁发全日制和非全日制学历（毕业）证书，人社部门负责颁发职业技能等级证书。双重管理造成部分高职院校同时挂技师学院牌子，出现了违规举办学校的情况，教育部门和人社部门互不发放毕业证书的情况时有发生。职业教育在发展方向、实训基地建设、招生、宣传、专业设置、课程建设等方面各自为战，缺乏统筹，资源浪费现象严重。

（2）专业结构不优。绵阳职业院校现开设的专业中涉及第一产业的有5个、第三产业的有36个，第二产业虽达到37个，但学生就读数不高。以2018年4月为例，全市高职高专在校生中，医学类和教育类专业学生16 558人，占在校生总数的41.23%；与制造业紧密相关的专业数学生12 904人，占在校生总数的32.14%。中职学校现开设与制造业紧密相关的专业仅有9个，学生总数为8 390人，占在校生总数的21.75%。

（二）与制造业发展不匹配

（1）办学目的不以服务产业发展为主。职业院校本应以培养技能人才、服务产业发展为主，但是受社会价值观的影响，不少职业院校的学生不愿意到生产一线工作，不想成为"大国工匠"，而想通过各种方式继续升学争当"白领"。部分职业学校以开设面向高考的"升学班"来吸引学生就读，简单扩大招生规模，个别中职学校近3年的高考升学率甚至超过了50%。

（2）专业设置与经济发展进程不同步。绵阳全市多数职业院校是由多所学校整合而成，存在师资结构、设施设备、实训基地等局限，加之为化解历史遗留问题，院校专业设置以人设岗，与地方经济发展脱节。以绵阳财经学校为例，前身由绵阳商贸学校、绵阳财贸学校和绵阳粮油技校整合形成，因其会计相关专业教师数量最多，使该校成为绵阳规模最大的会计学专业学校。

（3）课程设置与本地产业契合度不高。受制于专业师资数量和质量，部分职业院校只能按教育部的最低要求开设课程，缺乏与绵阳制造业实际需求对应的能力，造成毕业生就业后无法胜任或需要很长时间适应。以中职教育开设的模具制造技术业为例，学校只能对学生进行模具制造加工培

育，无法满足九洲集团军品车间等模具需求大户对技能人员要求既能从事加工制造，还要具备模具设计能力的要求。

（三）校企合作存在诸多障碍

（1）校企双方对合作的认识不一致。职业院校和制造企业尚未建立良性的合作机制，在培养目标、培养方案、共同开发专业课程、共享人才培养红利等方面价值取向不同。制造业企业用人更多倾向于简单培训即上岗，加之不少企业认为校企合作培养的人才难为己所用，不愿意投入资金、设备与学校进行合作。院校方面则更多只想借助企业为学生完成实习实训任务，不愿做过多对接。

（2）产业集聚度低导致合作成本高。受制于绵阳工业园区产业集聚度不高和单个企业实训岗位供给能力不足，职业学校推行工学交替教学模式和现代学徒制需要将学生分散到各个企业，管理难度较大、安全隐患较多，导致学校办学成本增加。单个规模不大的企业提供较多工学交替实训岗位又将降低企业生产率，增加企业运行成本。

（四）毕业生留绵就业程度低

（1）毕业生外流情况非常突出。2015年以来，全市中高职毕业生在绵平均就业率不到25%，与制造业相关的更低于平均水平；而且，在绵就业的毕业生中，从事制造业的普遍不超过3年。以西南科技大学与绵阳职业技术学院联合举办的高端技能型本科为例，所开设的材料科学与工程、机械制造设施及其自动化2个专业每年共招生100人，2017年第一届毕业生中，留绵工作的仅3人，其余学生分赴成都、沿海等薪资较高的城市，以沿海为主。

（2）在绵技能型人才流失严重。在绵阳就业的30岁以下与制造业相关专业的技能型人才年流失率在30%以上，2017年留绵工作的3名技能型本科毕业生已有2人离开。江油六合锻造招聘的机电技术应用和数控技术应用专业的中职毕业生年流失率在80%以上；九洲集团各民品分公司技能型人才年流失率超过20%；集团本部军品近3年流失率分别是1.7%、2.1%和3.5%，虽较低但也呈现较明显的上升趋势。

三、推动绵阳职业教育改革与发展的思考

（一）开展职业教育顶层设计

（1）编制职业教育发展规划。建议编制《绵阳市中长期职业教育发展规划》，统筹学校布局、专业设置、课程开发，从规划层面上提高职教供

给的针对性和前瞻性，从战略层面上科学引导职业教育发展与国民经济发展深度融合，有计划地提高高职教育的范围和数量，有选择地增加与制造业相关的专业设置，积极争取拓展技能型本科招生专业和招生规模，确保职业教育满足产业发展需要。

（2）优化职业教育体系。全面清理全市职业学校和培训机构，学历职业教育机构全部交由教育部门统一管理，对符合条件的学生，人社部门须为其办理职业技能等级证书。非学历职业教育机构全部交由人社部门负责管理，对符合条件的参训人员，教育部门须为其注册非全日制学籍，并按规定颁发学历教育毕业证书。教育部门要严格落实国家、省关于高中阶段招生职普比的规定，指导学生选择适合的学校和专业接受职业教育；进一步整合职教资源，规范办学行为、提高师资队伍水平和人才供给质量；人社部门要进一步统筹全市职业技能培训资源，加强市县级职业技能培训，拓宽为企业直接培养技能型人才的渠道。

（二）引导职业院校关注本地制造业的发展

（1）设立发展基金支持院校增扩本地制造业所需专业。资金要做到专款专用，用于支持现有职业院校增设与本市制造业紧密相关的专业，支持其扩大办学规模、加强实训设施设备建设、提升办学水平。

（2）引进与制造业相关的知名职业院校。支持新建符合本地制造业发展需求的职业院校建设2~3所，政府给予用地保障、税费减免等支持，并提供办公、生活保障服务；对以本地制造产业发展急需专业为主的高等职业教育机构，可以参照青岛模式无偿代建校园基础设施。

（3）根据毕业生在本地就业情况给予职业院校奖励。根据其毕业生留绵就业情况，建议有关部门制定专项考核标准，对毕业生在绵阳就业3年以上的，采取以奖代补方式对其毕业院校进行适当奖励。

（三）深入推进校企在人才培养方面的合作

（1）引导企业与院校合作大力开设订单班。建议设立订单培养联系制度，有关部门定期研判制造业发展趋势、职业院校发展状况和技能人才需求情况，协调引导支持企业与职业院校共同开设技能人才订单班；校企双方针对岗位需求制定技能培养目标，设置明确的课程并给予学生充分顶岗锻炼的机会。在增加毕业学生对口就业比例、缩短学生岗位适应期的同时，减少学生学习期间支出，有效降低企业运营成本、提高劳动生产率。

（2）推广园中校、企中校等办学模式。大力推广工学交替模式，在产业相近度、集中度高的工业园区和技能型人才需求较大的企业，建立职业院校校区或教学点开展技能型人才培养，让职业学校学生能够提前熟悉将来可能从事的工作岗位。

（3）广泛开展高层次人才和设施设备共享。建议设立企业与职业院校高技能人才、设施设备共享机制。鼓励企业高层次人才到学校兼职，学校专业课程教师到企业实践锻炼；探索校企合作建设实训基地，利用企业设施设备为学生提供更多的实践学习机会，利用学校实训设施解决部分企业产能不足的困境，实现互利双赢。

（四）切实采取措施提高毕业生本地就业率

（1）建立技能型人才供需信息平台。借鉴现有引进高端人才和科技人才模式，设立绵阳产业技能人才供给需求信息平台，根据全市制造业发展现状和趋势研判，及时发布制造业对技能型人才的需求和全日制、在职人才供给信息，提高供需对接效率。

（2）对留绵就业的技能性人才给予奖励。政府对留本地工作并获得市级技能大赛二等奖以上的技能型人才在技能等级认定、廉租房和公租房等方面给予关照；对企业技术能手，设立技能津贴，在子女入学等方面发放绿卡；推荐技能大师享受国家津贴，对技能大赛获奖人才优先解决编制。

试析民口企业参与军民融合
深度发展的问题和建议

王显强[①]

摘要：民口企业参与军民融合既有利于引入市场竞争，打破军工企业封闭垄断的格局，充分利用民口企业拥有的大量创新思维和先进技术资源推动国防工业又好又快发展，又有利于整合社会资源提高国防经费的使用效益，促进军工企业改制转型。但通过这几年军民融合深度发展的实践发现，民口企业参与军民融合困难重重，既有政策、体制机制等宏观困难，又有参与的渠道平台、市场壁垒等微观操作困难。这些难点障碍如果不能有效突破，民口企业参与军民融深度发展就难以继续推进。

关键词：民口企业；军民融合；难点问题；措施建议

党的十九大把军民融合深度发展上升为富国强军的国家战略来推进，并把实施军民融合发展战略写入党章，作为党领导中国特色社会主义经济建设必须实施的七大战略之一。但是最近这几年在推进在军民融合深度发展过程中遇到了很多关键性的难点，特别是"民参军"的壁垒，不突破这些关键性难点，军民融合就难以继续推进。本文重点分析民口企业参与军民融合深度发展的难点问题和建议。

一、民口企业参与军民融合的意义

军民融合是双向的，既包括"军转民"又包括"民参军"，军转民意义重大，民口企业参军同样意义重大。通过这几年推进军民融合的实践，逐步认识到民口企业参与军民融合主要有以下一些重大意义。

（一）有利于提高装备质量

把民营企业拥有的大量创新思维、先进技术和研制生产设备资源引入

[①] 王显强，中共绵阳市委党校。

军工行业，大大提高武器装备的质量水平。加强军民融合，可以扩大技术和信息交流，便于将民用最新技术、产品和工艺用于国防领域，确保国防科技工业基础充满活力。

（二）有利于减轻国家财政压力

有效缓解国防科技工业基础建设投资巨大、新技术新产品新材料科研投资巨大，提高国防经费的使用效益。通过采买民用产品和服务降低政府的开发风险，缩短开发时间，减少工装和设施费用，并减少政府的监督费用。将军民制造过程融为一体，可以提高规模经济，从而降低成本。

（三）有利于促进军工企业改制转型

运用民营企业技术进步与质量管理水平，实现武器装备关键技术自主可控创新发展。国务院发布的《推动军民融合深度发展的意见》中明确指出，积极引入社会资本参与军工企业股份制改造，有利于让军工企业转型为现代化科学管理的公司企业，转变军工企业的体制机制，以适应现代战争的需要。

（四）有利于建立军民一体维修保障机制

大量军民通用的原材料、元器件、零部件可以得到充分利用，满足应对现代战争多种安全威胁、多样化军事任务的需求。

二、民口企业参与军民融合的难点问题

目前民口企业参与军民融合难点很多，归结起来主要有如下五点：

（一）体制机制不畅，军民二元体制未突破

一是当前国防能力建设和地方经济发展按照军民两种属性分线管理，军民之间缺乏顶层设计和统一领导，部门职能也存在交叉和多头管理等问题，不利于军、民两方面科研生产能力和两类产业的整体规划、资源共享、统筹发展。二是目前国防科研院所、军工企业集团自成体系、自我封闭仍还较突出，致使有意愿"民参军"的企业无从"下手"，民口领域的新兴前沿技术和优质创新资源很难进入军口领域，军口也面临"知音难觅"。三是在现行国防军工考核制度下，一些军工企业集团为了做大整体产值等考核指标，往往优先倾向于内部或关联单位配套，而不是按照市场机制面向行业内外和全社会择优比价选择配套，只有本系统内难于解决的才寻求对外合作。这种考核机制下形成的隐性壁垒，阻碍军民优势资源力量社会化大协作、阻碍"民参军"。

（二）参军门槛较高，军工资质取得较难

参军门槛即军工资质在 2017 年 10 月 1 日之后，由原来的军工"四证"

变为"三证",减少了一个,表面上看虽然是降低了军工装备市场的准入门槛,但并未降低对装备承制单位("民参军"企业)质量管理水平和质量保证能力的要求,反而是更高了。同时,军工"四证"或现在的"三证"申请周期长、成本高、手续繁琐,且审批权集中在省及省以上,企业取得相关证书要一年或二至三年,很多军工项目从前期接触、项目洽谈、签订保密协议、军方培训、各类许可证申办一系列过程下来,企业拿到订单需要一年以上,耗时耗力,企业难以承受,这些繁杂的门槛让很多民口企业知难而退,不愿意参与军民融合。

(三)信息渠道缺乏,军民需求对接不畅

一是军方相应管理单位分散,且没有公开地址和联系方式,致使"民参军"成本较高或"无路可寻",联系对接较难。二是受体制机制、政策规定等原因影响,军民供需信息不对称,民口不了解军口需求,军口不了解民口的产品、技术等,军工行业需求又不能随便通过网络发布,一些可查询平台的推广度和覆盖面又不够。三是近年来很多积极探索,组建了军民两用技术交易中心、军民融合大型科学仪器共享平台等创新转化和资源共享平台,但军工单位参与程度还不够,尚未形成完善的技术转移、成果转化及供需对接服务体系,科研院所和军民融合大企业的国家重点实验室、国防科技实验室、技术中心面向民口企业开放还不足,众多创新资源面向民口企业共享还较少,利用率还不高。四是军工科研项目开题立项之初,民营企业很难直接参与,限制了后期民营企业的参与空间和深度。民口企业不能全流程、全范围参与,军民融合就不可能真正"深下去",军民融合深度发展就是一句空话。

(四)市场壁垒存在,企业参军范围狭窄

长期以来,国防科技工业形成了自成体系、垄断封闭的传统思维,开放思想、竞争观念和包容合作意识不强,军队装备采购部门和军工集团长期固有的合作关系,以及各军工集团内部长期固有的配套协作关系,形成了较为牢固的部门利益和封闭观念,这无形中就形成了民口企业参军的重重壁垒。一是在一些军工科研生产领域的招标、邀标、竞标过程中,存在国有军工企业优先民口企业的现象,一些军品市场领域因长期沉淀而导致的军工自然垄断存在。二是民口企业获取军方任务发布渠道较少,现有军方技术标准、程序规定等查询渠道有限,民口企业难以快速有效地进入和获取军方市场。三是受保密约束、标准规范等原因制约,民口企业参军范围有限,大多数企业主要通过其产品配套而参军。四是参军企业产品大多应用于军方通用装备等较低配套层次,较少或难于涉足军工总装或关键分系统，同时企业以技术、股权等其他形式参军的还较少，核心竞争力较弱，参军范围和市场有限。

（五）政策支撑不足，尚须完善政策体系

目前，虽然从上到下都出台了一些政策措施，但涉及"民参军"方面的还比较少，而且大都是指导性的，特别是涉及税收待遇、准入门槛、管理权限等深层次问题上的还较少，缺乏具体针对性和操作性。同时，"民参军"缺乏配套支持政策，民口企业的直接竞争对手是军工企业，军工企业在国家政策优惠、军品市场渠道等方面享受着大量资源和具备诸多优势，而民口企业处于相对劣势，亟需政府给予政策支持，但目前很多地方还缺乏完善的"民参军"支持政策，不利于"民参军"的快速发展壮大。

三、民口企业参与军民融合的对策措施建议

（一）正确认识引导企业参军

随着军民融合上升为国家战略并推进实施后，企业参军热情高涨，需要予以正确引导。一是不是所有民口企业都适合"参军"。企业"参军"后，受保密等政策及要求影响，企业在自身宣传、市场拓展、产品标准等方面会受到限制，在企业投资主体、产品形式、订货渠道、定价模式等较单一的情况下，如果没有足够的资本和较强的核心竞争力及研发能力作支撑，企业"参军"风险会很大。二是企业通过军工认证，戴上"参军"光环后，不是业务就会源源不断，高枕无忧，军品质量至上，终身负责，发生一起质量事故，都会给国防军工单位、企业和个人带来严重后果，参军企业也随时都会面临着因竞争失败而退出"民参军"领域的后果。三是"民参军"不是企业必须要取得所有军工"三证"。企业只有承担《武器装备科研生产许可目录》内的军品任务，才需要拿"三证"，承担许可目录之外的专用装备和一般配套产品通常不再进行许可审查，对于参与"军选民用"军品产品招标竞争的企业而言，国家和军队不设特别资格限制，没有特殊门槛。上述这些都需要对企业加以宣传和正确引导。

（二）创新破解军民二元体制

一是机构设置方面，争取在中央军民融合发展委员会领导下，推动建立自上而下的地方军民融合领导机构，加强力量统筹和工作领导。二是工作机制方面，完善建立军民融合发展专门机构，健全常态化工作机制，形成军地企共同参与、各部门"一盘棋"的联动推进工作体系。三是对接机制方面，在健全院地联席会议制度的基础上，建立政府、军分区、部门、

在绵军工科研院所和企业共同参与的常态化"民参军"联席会议制度，重点推动科研院所、军工和军民融合龙头企业与大中小民口企业的互动交流、需求对接，畅通军民信息渠道、供需渠道、技术服务渠道和联合预研渠道等。四是军工资质方面，探索建立民口企业争取军工资质"绿色通道"，成立培训中心，发展中介服务机构，支持、帮助有意愿、有能力的民口企业争取军工"三证"，解决取得军工资质难的问题。

（三）深化军民资源共建共享

建设完善军民融合大型科学仪器共享平台，推进军地科研资源、设施设备等开放共享。充分发挥国家军民两用技术交易中心的功能和作用，构建成果柜台交易市场和军民融合高技术交易公共信息网络，定期举办军地企资源、科研成果、军民需求等信息发布活动，建立信息发布制度。进一步统筹政产学研用资源，加强军民融合产业联盟、企业技术中心、重点实验室等建设，推进军民资源共享。积极发挥国防军工科技资源富集优势，联合优势民口企业大力开展军工技术成果转化试点，强化军民两用技术联合攻关。

（四）加强军民融合载体建设

重点加强国家军民两用技术交易中心建设，加快建成独具军民融合特色的综合服务平台；并加快做优做实军民融合高技术产业联盟，探索打造成军民市场供需对接平台，形成上述两者分工明确、健全完善的平台化服务体系。建设完善军队武器采购信息异地查询点（全军武器装备采购信息网）、军民融合公共服务平台涉密专网查询点等网络平台，为"民参军"企业提供全方位的科研、生产、需求等信息和资源服务。

（五）大力拓展"民参军"市场

一是加快国防军工单位混合所有制改革和市场化进程，以资本为纽带，以拓宽社会投资领域为重点，引入社会力量，实现投资主体和产权结构多元化，逐渐破除军工集团的封闭体系和一些军工市场领域的垄断现象。二是探索建立科学的军民生产要素流动机制，促进军民两用产品、技术等全要素双向融合、有机衔接。引导支持具有先进技术和产品的民口企业，向工信部和国防科工局申报纳入《民参军技术与产品推荐目录》，支持与军方开展配套合作、承担军工能力建设项目。三是大力支持民企"创新求变"，加强自主品牌和自主创新能力建设，鼓励和引导民企开展先进技术对标和企业创新，针对市场需求倒逼产品创新和技术升级，增强民口企业参与国防军工市场竞争的核心竞争力。

（六）抓好人才金融服务保障

一方面，完善专家智库，探索建设军民融合新型智库；继续开展军民融合专题培训等各类培训班，造就一批"民参军"领域创新创业人才、管理人才和技术能手；探索科技人员科研成果转化激励政策，推进科技成果加速向民口转移转化。另一方面，深化产融合作试点、应收账款融资试点和应急转贷资金功效；积极引导各级军民融合产业发展基金、科技成果转化基金等各类基金以及风险投资与"民参军"企业对接合作，推进破解企业资金瓶颈；设立各级军民融合产业发展专项资金，支持"民参军"企业实施再研发和产业化项目、申请军工资质、军工配套、承接军品预研、提升平台服务能力、探索标准化应用等。

（七）着力完善配套支持政策

加强顶层规划设计，研究制定"民参军"有关配套政策、优惠政策等政策措施，突出针对性、操作性和实效性，并落实实施。实施军民标准通用化工程，探索开展军民标准融合试点，制定军民融合"立改废"清单，形成军民融合国家标准的清单政策体系，降低军工技术转民用再研发和"民参军"企业承接军工项目成果的转化成本。

绵阳市深化国有企业改革研究

杨　艳①

　　摘要：国有企业改革是整个经济体制改革的中心环节，也是经济体制改革的重点和难点。改革开放 40 年来，我国经济社会取得了令世人瞩目的历史性成就。国有企业也经历了放权让利、两权分离、公司制改革、公司治理创新等重要阶段。本文对绵阳市国有企业的现实情况进行了充分的梳理，归纳了绵阳市深化国有企业改革的主要做法，并针对当前绵阳市国有企业深化改革存在的主要困难和问题，提出了具体的应对策略和解决措施。

　　关键词：国有企业；改革；发展对策

　　国有企业属于全民所有，是推进国家现代化、保障人民共同利益的重要力量，是党和国家事业发展的重要物质基础和政治基础。国有企业改革是整个经济体制改革的中心环节，也是经济体制改革的重点和难点。绵阳市要站在新的起点上，认清现状、找准问题、增添措施、深化改革，推动国有企业在新的形势下持续健康发展。

一、绵阳市国有企业发展现状

　　通过对绵阳市国资委等政府部门及全市国有企业的走访调查和座谈交流，笔者了解到，绵阳市国资委成立于 2005 年 10 月，代表市人民政府对 9 户市属出资企业履行出资人职责，同时对市辖 9 个县（市）区国有资产监管机构履行指导监督职责，对市属 10 户和在绵纳入国资党委的 16 户央属、省属、外地属企业履行党的建设管理职责。国资系统职工人数超过 10 万人，党的关系在国资委党委的国有企业共有 26 户，基层党组织 743 个，党员 18 305 名。目前，绵阳市国有企业主要呈现出以下几方面的特点：一

---

　　① 杨艳，中共绵阳市委党校。

是改革不断深化。一大批原有企业已完成改制重组；按产业类型构建的资本投资运营公司已成雏形；以公司制为代表的现代企业制度在企业中已普遍建立；企业生产经营的要素资源已主要靠市场取得；企业法人治理结构和内控制度已基本建立；企业内部的劳动、人事、分配制度已普遍建立；企业法律顾问制度在企业已初步建立。二是整体规模大。截至 2017 年年底，全市国有企业资产总量 2 049.5 亿元，所有者权益 389.4 亿元，在全国非省会地市级城市中名列前茅。其中，长虹集团整体销售规模突破 1 000 亿元，九洲集团产值突破 200 亿元。涉及工业、金融、通信、交通、能源、水利、商业、旅游等行业，职工总数和基层党员人数庞大。三是运行效果好。在四川省 21 个市州国资委中，绵阳市工业总产值、营业收入、增加值、固定资产投资额、资产总量及所有者权益排名均靠前。四是工业比重大。绵阳市的工业基础主要是"三线"建设时期形成的，以电子和军工为主。以 2017 年为例，工业企业的资产总量、营业收入、利润总额、上缴税金分别占到出资企业总量指标的 50%、93%、55%、92%。

二、绵阳市深化国有企业改革的主要做法和面临的主要问题

党的十八大以来，绵阳市紧紧围绕中央、四川省改革精神，贯彻落实中央、四川省关于深化国资国企改革的总体要求，注重"六个"突出，取得了绵阳市国资国有企业改革新成效。

（一）突出组织领导，确保改革工作协调运转

全市自上而下构建了推进绵阳市国资国有企业改革的组织体系、工作机制、目标体系、改革台账，强化统筹协调，定期考核，有力地保障了各项改革任务推动落实。

（二）突出规则制定，确保改革政策体系整体衔接

绵阳市以《关于进一步深化我市国资国有企业改革的意见》为统领，制定出台了"1+15"系列改革文件及配套政策，形成了绵阳市深化国资国有企业改革的总体设计及详细路线图，为落实改革举措奠定了坚实的基础。着力完善国资监管体制，完成国务院国资委委托的《地方国资监管机构职能转变》课题；形成了《关于完善国资监管体制的报告》；大力实施简政放权，激发企业活力。

（三）突出试点示范，确保改革工作创新先行

扎实推进长虹集团和九洲集团改革试点工作，目前，长虹集团已完成了控股公司的组建、建立"外大于内"的董事会结构并面向全球招聘总经

理等关键领域的改革工作，为全市乃至全省国有企业改革提供了鲜活的样本，得到了省深改领导小组的充分肯定。九洲集团改革方案已经市政府批准，进入实施阶段。

（四）突出简政放权，激发企业活力

保障经理层自主经营权，将由集团决定的重要权利还权于董事会；将延伸到子企业的部分管理事项原则上归位于集团公司；将部分投资、融资、产权转让等出资人权限授权给长虹、九洲等投资运营公司；厘清出资人与企业的权责边界，出台权利清单，下放部分审批权限；优化监管方式与手段，变行政化管理为契约化管理；将"一企一策"拟定企业授权经营方案。

（五）突出方案落地，确保改革工作取得实效

推进国有企业公司制改造，大力实施三项制度改革，积极推进整合重组，提高国有资本经营收益上缴比例，启动完善绵阳市国资监管体制相关办法的修订工作，积极完善企业法人治理结构，推进企业分类和薪酬考核管理，加强和改进党对国有企业的领导，确保改革工作取得实效。

（六）突出创新转型，推动企业健康发展

通过优化国有资本投向，加大走出去步伐；积极培育和发展科技型中小企业；推动要素向产业链中高端聚集、实现转型升级；积极推进"互联网+"、电子商务，落实全市两个"一号工程"；大力发展众创和产业联盟。

然而，在取得成效的同时，绵阳市国有企业还有以下问题：

一是机制体制不健全。部分企业尚未真正确立市场主体地位，现代企业制度不健全，急需完善国有资产监管体制，从而进一步提高国有资本运行效率。

二是运营管理问题突出。部分企业利益输送、国有资产流失等问题严重，还未彻底解决企业办社会职能和历史遗留等问题。

三是管党治党作用弱化。部分企业党组织管党治党责任不落实、作用被弱化。

以上突出问题和矛盾严重影响了绵阳国有企业的可持续发展，势必通过大力推进深化国有企业改革进行处理。

三、绵阳市进一步深化国有企业改革的对策思考

（一）分类推进国有企业改革

绵阳市出台的改革指导意见中，将国有企业分为商业类竞争性企业、

商业类功能性企业和公益类企业三种类型。对商业类竞争性国有企业，应当进行公司制股份制改革，吸引其他国有资本或各类非国有资本参与，从而实现股权多元化，逐步推进国有资本整体上市。对商业类功能性国有企业，应当巩固国有资本控股位置，同时要积极推进股权多元化改革，支持非国有资本参股。对公益类国有企业可以选择国有独资形式，条件成熟的还可以推行投资主体多元化，通过购买服务、特许经营等方式，鼓励非国有企业联合经营。

（二）完善现代企业制度

在完善现代企业制度方面的改革措施可以概括为"五个突出"。一是企业产权结构突出"多元化"，是指根据企业功能定位，形成结构多元、行为规范、内部约束有效、运行高效灵活的经营机制。二是公司治理突出"有效制衡"，其重点是推进董事会建设，建立健全权责对等、运转协调、有效制衡的决策执行监督机制，规范董事长、总经理行权行为，充分发挥董事会的决策作用、监事会的监督作用、经理层的经营管理作用、党组织的政治核心作用，切实解决一些企业董事会形同虚设、"一把手"说了算的问题，实现规范的公司治理。三是企业领导人员突出"分类分层"，是指根据不同企业类别和层级，实行选任制、委任制、聘任制等不同选人用人方式。四是企业薪酬突出"激励与约束相对称"，是指推进全员绩效考核，以业绩为导向，科学评价不同岗位员工的贡献，合理拉开收入分配差距，切实做到收入能增能减和奖惩分明，充分调动广大职工积极性。五是企业用人突出"市场化"，是指建立企业员工市场化公开招聘制度，切实做到信息公开、过程公开、结果公开。构建和谐劳动关系，依法规范企业各类用工管理，建立健全以合同管理为核心、以岗位管理为基础的市场化用工制度，真正形成企业各类管理人员能上能下、员工能进能出的合理流动机制。

（三）完善国有资产管理体制

对完善国有资产管理体制，要做好四个方面的工作：一是推进国有资产监管机构职能转变。监管工作改革不是动动皮毛的修修补补，必须是动其筋骨的大刀阔斧，有些方面甚至要脱胎换骨。二是改革国有资本授权经营体制。对投资公司和运营公司，一般认为有所差异。投资公司更侧重产业培育和发展，对所投资的企业主要采取战略管控和财务管控模式；运营公司更侧重资本或股权的市场化运作，对所投资的企业主要采取财务管控模式。三是推动国有资本合理流动优化配置。要在做好增量、盘活存量、主动减量"三量调整"上下功夫。四是推进经营性国有资产集中统一监管。这是完善国有资产管理体制的一个重点和方向。

（四）发展混合所有制经济

一是在总体安排上，明确改革目的和具体要求。发展混合所有制经济，目的是促进国有企业转换经营机制，放大国有资本功能，提高国有资本配置和运行效率，实现各种所有制资本取长补短、相互促进、共同发展。坚持因地施策、因业施策、因企施策，宜独则独、宜控则控、宜参则参，不搞拉郎配、不搞全覆盖、不设时间表，成熟一个推进一个，防止"为混而混""一混了之"。二是在实现途径上，强调方式多样、形式灵活、交叉持股、同股同权。三是在员工持股上，坚持试点先行、优选对象、严格规范。

（五）强化监督防止国有资产流失

加强和改进监督工作方面提出的具体措施，可以概括为筑牢"四道防线"、健全"六个机制"，织密国有资产"安全网"。防止国有资产流失，要筑牢"四道防线"：第一道防线是强化企业内部监督；第二道防线是强化出资人监督；第三道防线是强化专项监督；第四道防线是强化社会监督。健全"六个机制"，一是建立健全核查、移交和整改机制，强化监事会监督成果的运用；二是建立监督工作会商机制，整合出资人监管、外派监事会监督和审计、纪检监察、巡视等监督力量；三是建立健全监督意见反馈整改机制，形成监督工作的闭环；四是建立健全国有企业重大决策失误和失职、渎职责任追究倒查机制，严厉查处侵吞、贪污、输送、挥霍国有资产和逃废金融债务的行为；五是建立健全企业国有资产的监督问责机制，对企业重大违法违纪问题敷衍不追、隐匿不报、查处不力的，严格追究有关人员失职渎职责任；六是健全反腐倡廉有效机制，使国有企业领导人员不敢腐、不能腐、不想腐。

（六）加强和改进党对国有企业的领导

坚定不移把国有企业做强做优做大，最根本的政治保障就是加强党的领导。围绕加强党对国有企业的领导，更好发挥国有企业的独特优势，为国有企业改革发展提供坚强保障，具体要求主要包括以下三个方面：第一，充分发挥党组织的政治核心作用。国有企业改革进入攻坚期和深水区，需要调整的是深层次的利益关系，需要破解的是各种顽瘴痼疾，复杂程度、敏感程度、艰巨程度前所未有。改革越向纵深推进，越要加强党对国有企业的领导，更好发挥国有企业党组织政治核心作用。第二，加强国有企业领导班子建设和人才队伍建设。要根据企业改革发展需要，明确选人用人标准和程序，创新选人用人方式。强化企业党组织在企业领导人员选拔任用、培养教育和管理监督中的责任，支持董事会依法选择经营管理者、经营管理者依法行使用人权，坚决防止和整治选人用人中的不正之风。加强对国有企业领导人员尤其是主要领导人员的日常监督管理和综合考核评价，及时调整不胜任、不称职的领导人员，切实解决企业领导人员能上不能下的问题。大力实施人才强企战略，加快建立完善国有企业集聚人才的体制机制。第三，切实落实国有企业反腐倡廉"两个责任"。强化党委的主体责任和纪委的监督责任：一是从抓"关键少数"上落实教育引导的责任；二是从制度上落实可追究的责任；三是从体制上落实一级抓一级、一级管一级的责任；四是从机制上落实长期有效、见效的责任。

参考文献

　[1] 韩冬炎. 加快推进国企国资供给侧结构性改革步伐 [J]. 奋斗，2017 (5).

　[2] 顾新东. 利用资本市场促进国有企业改革的思考 [J]. 现代商业，2017 (2).

南充农业供给侧结构性改革路径探析

罗之前　邱亚明[①]

摘要：南充从农业大市迈向农业强市，必须深化农业供给侧结构性改革，从明晰区域特色定位、适度规模发展、推进生产标准化、加快特色品牌建设、推进多样绿色发展、推动农业科技化信息化发展等方面深入精准持续发力。提高农业供给体系质量和效率，真正形成结构合理、保障有力的农产品有效供给。

关键词：农业；供给侧；南充

南充市位于四川盆地东北部、嘉陵江中游，面积 1.25 万平方千米，总人口 760 万，是全省农业大市。2010 年 8 月成为首批国家现代农业示范区，2013 年 5 月入围 21 个国家农业改革与建设试点示范区，目前，示范区核心区涵盖顺庆区、高坪区、嘉陵区、西充县。近年来，南充以农业核心示范区为引领大力建设高产高效特色产业基地，积极实施结构升级、方式转变，全域推动现代农业规模化、标准化、品牌化和信息化发展，成为农业供给侧改革的领跑者。

一、主要做法

推进农村产权制度改革，是为了赋予农民更多财产权利，明晰产权归属，完善各项权能，激活农村农业各类生产要素潜能，建立符合市场经济要求的农村经济运营新机制。

（一）加快农村产权制度改革

一是完成农村"七权"确权颁证。在先行试点的基础上，全面开展了试点地区农村土地承包经营权确权颁证工作，完成农村土地承包经营权、农村集体土地所有权、农村集体建设用地使用权、农村房屋所有权、农村

---

① 罗之前、邱亚明，中共南充市委党校。

小型水利工程所有权、农村集体资产所有权、集体林权"七权"确权登记试点工作，建立农村产权管理信息系统。

二是健全农村产权交易市场体系。完善全市9个县（市、区）农村产权流转交易中心职能，完成乡镇分中心或服务站建设，并接入成都农村产权交易所联网运行，加强产权交易制度和配套服务机构建设，形成集信息发布、产权交易、法律咨询、资产评估、抵押融资等为一体的农村产权交易市场体系。

三是积极盘活农村集体产权资源。制定实施扶持发展农村新型集体经济的政策，壮大村级集体经济，扩大农村集体资产股份合作制改革试点。探索集体经营性建设用地入市、农民宅基地有偿使用和自愿退出机制，解决农村房屋闲置问题。完善集体林权制度，开展林权抵押融资试点。探索农田水利建管一体化机制，提升水利工程利用效益。

四是建设农村改革综合试验区。在西充县启动建设省级农村改革综合试验区，在"三区一县"（顺庆、高坪、嘉陵、西充）加快建设国家现代农业改革与建设试点示范区，在其余五县（市）各选择2~3个乡镇启动建设农村改革综合试验区，力争取得突破性成果。

（二）构建新型农业经营体系

一是培育新型农业经营主体。制定专项扶持政策措施，鼓励专业大户、农村能人、回乡创业人员创办领办家庭农场，提升经营管理水平，使之成为发展现代农业的有生力量。重点招引影响力、带动力强的龙头企业，支持本地企业技改扩能、集团发展、挂牌上市，培育年销售收入10亿元以上的"旗舰型"农业企业。规范发展农民合作社，鼓励专业合作社组建联合社，争创国家和省级示范合作社。开展新型职业农民培育认定，推行农民职业经理人制度。大力支持全市新增农业龙头企业、农民合作社、家庭农场、农民职业经理人的发展壮大。

二是促进农业适度规模经营。引导农村土地经营权规范有序流转，完善县乡农村土地流转分级备案制度。创新适度规模经营形式，通过土地股份合作社、园区带动、新型主体带动等多种形式实现规模经营，重点推广以龙头企业为主导的"两统两返"、以劳务合作社为主导的"劳务承包"、以农机合作社为主导的"代耕代种"、以村社集体为主导的"土地托管"、以农民自主合作为主导的"农民产业园"等新型生产经营模式，探索农业互助合作生产经营机制，解决农村土地撂荒问题。

三是完善农业社会化服务体系。充分发挥农业公益性服务机构的作用，大力发展多种形式的农业经营性服务组织，努力形成覆盖全程、综合

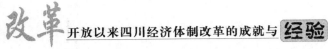

配套、便捷高效的社会化服务体系。开展政府向农业经营性服务组织购买公益性服务机制创新试点。开展激励科技人员创新创业改革试点，建立农业科技人员持股、科技成果权属改革、成果转化激励机制。大力发展农业机械化服务组织。抓好供销合作社综合改革试点，探索建立新型农村合作经济组织联合会，打造服务农民生产生活的生力军和综合平台。积极发展"互联网+农业"，推广农超、农校、农餐等产销对接模式，加快农产品现代流通体系信息化建设。

（三）构建农业支持保护体系

一是改革财政支农资金管理。加大县级涉农资金整合力度，改进财政支农方式，更多地采取担保贴息、风险补偿、以奖代补、民办公助等政策措施，带动社会资本投向农业农村领域。改进农业"三项补贴"制度，开展财政支农资金股权量化改革试点，让农民群众直接受益。

二是加强农村金融制度创新。完成农村信用社改制组建农村商业银行，鼓励发展涉农小额贷款公司、融资担保公司、金融租赁公司和互联网金融。在西充县开展中央批复的农村土地承包经营权抵押融资试点，在国家现代农业示范区开展农村产权抵押融资试点和银保财互动融资试点。推广农村土地流转收益保证贷款。扩大扶贫互助社和农村资金互助社试点。建立农业信贷担保体系，对南充市担保公司增资扩股，鼓励农业大县设立政策性农业担保机构或担保基金。扩大政策性农业保险品种范围，扩大生猪目标价格保险试点和蔬菜、水果、家禽、水产、中药材等特色农业保险试点，提高对农民灾损的赔付水平。

二、南充农业发展面临的主要现实问题

南充的农业供给侧结构性改革取得阶段明显成效，但总体看，问题仍然不少，主要表现在：

（一）农业基础设施薄弱

南充市是典型的丘区地貌，坡地和谷地交错，地形条件相对较差，农业基础设施薄弱。全市农村通社公路硬化比例仅占30%左右，大多路窄、弯急、坡陡，断头路多、环线路少，客车通达深度远远不够；实现"社社通""村联网"更是任重道远。机耕道建设严重滞后，田间通行条件差，农机下田难、转移难，加之田地分块多、田埂密，不利于农业机械化发展。中小水利工程多始建于20世纪五六十年代，坝裂渗水、淤泥堆积等病险问题多，抗灾减灾能力低；大多数灌溉排水设施标准低、配套差、年成

久、损毁大，蓄水和排灌能力弱；农田有效灌面不高，特别是偏远山区基础设施落后，农业靠天吃饭的状况尚未得到根本改善。

（二）农业产业依然散而小

纵观全市农业产业，"小而散""小而全"的格局仍未改变，"一县一业""一村一品"没有突破。各县（市、区）除打造了部分"待客"的点（园区）外，大多数农村还是延续着传统的种养业，主要种植水稻、玉米、小麦、油菜和零星养殖猪、鸡、鸭等农副业，看不到特色，也没有规模，更缺少叫得响的名片。曾经轰轰烈烈发展的"奶牛、麻竹、兔业、蚕桑"等产业已基本看不到踪影，究其原因：一是在产业选择上与市场、资源禀赋、农民种养习惯结合不够，发展了一些"水土不符"的"短命"产业；二是各级党政持之以恒的坚持不够，出现了"张书记栽桑、李书记养牛"的格局；三是农业龙头企业带动力不够，在南充市没有形成站得稳、叫得响的产业基地，如果汁企业不收本地柑桔、牛肉食品加工企业进口国外牛肉等；四是基层抓产业发展的主动性不够，大多数乡（镇）负责人将安全、稳定摆在了工作首位，发展完全被忽视，对本乡（镇）农业产业如何发展没有科学合理的长远规划。

（三）青壮劳动力流失，土地"撂荒"严重

由于传统农业效率低下甚至赚不了钱，大量农村人口尤其是青壮年劳力不断"外流"，留守在家的更多是老年人和儿童，很多村庄出现了"人走房空"现象。全市农业人口582万，实际农村常驻人口约235万，仅占农业人口的40.1%，且绝大部分为老人和孩子，个别地方甚至没有30~40岁的年轻人在家。随着农村"空心化、老龄化"现象加剧，农村土地"撂荒"严重，据不完全统计，目前撂荒比例约为30%~80%不等。

三、进一步深化南充农业供给侧结构性改革的路径

深入推进农业供给侧改革，南充要在已取得成果的基础上，坚持以转变发展方式为主线，把农业高质量有效供给作为主攻方向，着力完善推进改革的体制机制，奋力实现南充市由农业大市向农业强市跨越、传统农业向现代农业跨越。

一是明晰区域特色定位。强力实施"一县一特色一品牌"战略，推动各县（市、区）立足自身资源禀赋和产业基础，以乡（镇）为单元，科学布局特色优势产业，杜绝"小而全""杂而乱"现象，尽快形成区域产业特色。重点推进30个市级柑桔基地乡（镇）和"两线五片"（高坪南前沿

线、嘉陵成南高速沿线和西充西凤脐橙产业片、蓬安锦橙 100 号产业片、营山血橙产业片、南部柚子产业片、阆仪杂柑产业片）柑桔核心产业带建设。"一江四县（区）"（嘉陵江沿岸及南部、阆中、高坪、嘉陵）基础好的乡（镇）要重点推进现代林业产业发展，并布局好林下养殖。国道318 线嘉陵段、阆（中）西（充）线、漾（溪）新（政）线、新（政）马（鞍）线、高（坪）营（山）线、西（充）射（洪）公路沿线重点推进高产高效优质粮油产业带建设，巩固南充市产粮大市地位。"两线一区"（嘉陵江沿线、国道 212 线和国家现代农业示范区）要集中打造优质特色蔬菜基地。阆中、南部、仪陇条件基础好的乡（镇），加快推进中药材基地建设。

二是推进适度规模发展。完善土地流转和适度规模经营健康发展的政策措施，大力培育新型农业经营主体和服务主体，通过经营权流转、股份合作、代耕代种、联耕联种、土地托管等多种方式，加快发展土地流转型、服务带动型等多种形式规模经营。积极引导农民在自愿基础上，通过村组内互换并地等方式，实现按户连片种植。围绕国家现代农业示范区、国家农业科技园区、特色农业产业园区建设，坚持滚动连片的方式推动农业特色优势产业基地规模拓展。坚持量质并举，新区拓展与提升老区相结合，以连片配套的农田水利基础设施支撑农业特色产业基地规模拓展，以集成科技确保农业特色产业持续连片发展能力。

三是着力推进农业生产标准化。以农业标准化生产市创建为抓手，建立大农业标准体系。推进农业标准化基地建设，实施农业产业产区生态环境综合治理，严格保持土壤、灌溉水和大气等环境条件符合标准，不受到污染。严格执行生产技术标准，严格农业投入品管理，建立农业投入品购买台账和使用记录，普及科学施肥、用药技术，禁止剧毒高残留农药的使用。不断健全农产品检验检测、质量认证和监督执法三大体系，实行农产品产地安全分级管理，完善投入品登记、生产、经营、使用及市场监督等管理制度，建立健全基地农产品生产管理制度、生产记录档案和产品质量安全可追溯制度，最终实现全市农业产地环境优良化、投入品使用安全化、生产过程规范化、产品质量优质化。

四是大力推进农业特色品牌建设，加快推进农产品加工龙头企业原料基地建设。充分发挥其组织农户、生产管理、技术指导、链接市场和企业的作用，实现"为农服务、教农学技、带农入市、助农增收"。以有机农业强市建设为抓手，大力推进无公害农产品产地整体认证，大力推进有机农产品、绿色食品、无公害农产品创建，形成以有机农产品为引领、绿色食品为补充、无公害农产品为支撑的农业特色优质农产品体系。鼓励企业以品牌为纽带，实行资产重组和生产要素整合，争创品牌企业、名牌产品。坚持政府、协会、企业联手，积极开展农产品地理标志的申请和保护，打造地域品牌、区域品牌。充分发挥川东北农产品交易中心和川东北粮油批发市场的聚散作用，支持和鼓励各类专业合作社、中央企业入驻农业电商平台，多方式搭建"互联网+农业"平台，大力发展农产品订单生产和电子商务，组织开展"果城牌"系列产品的线上线下联合营销、重点推介活动，提高南充市农产品知名度、影响力、市场竞争力和市场占有率。

五是推进农业多样绿色发展。利用农科院、国家农业科技园区的科研技术，加快开发农业的生产功能，加快科研攻关、品种选育、基础设施、种子贸易等关键环节发展，同步搭建种殖业发展服务平台，搭建农作物品种试验展示网络框架。坚持"以农造景、以景带旅、以旅促农、农旅结合、协同发展"理念，积极发展休闲观光农业。大力发展有机康养、医疗养生、生态旅居等养老产业，加快推动川东北（南充）康养中心落地建设，配套发展康复医疗、健康教育、保健饮品等关联产业，培育大健康产业集群。以"展示成果、推动交流、促进贸易"为宗旨，利用农博会等重大会展活动和各类重大节庆活动，积极发展会展农业和创意农业。深入推进化肥农药使用量零增长行动，促进农业节本增效。以品牌柑橘、设施蔬菜等园艺作物为重点，开展有机肥替代化肥试点，建设一批化肥减量增效示范基地。

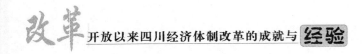

攀枝花"十三五"时期
城镇居民收入增长的对策研究

陈　获　周　群①

摘要：攀枝花市目前所处的跨越阶段，既要在 2018 年率先实现两个翻番目标，2020 年率先在全省建成全面小康社会，又与中国经济进入新常态、资源型城市转型发展等重叠，面临的挑战和压力不言而喻。本文从经济发展的角度，研究新常态下攀枝花市城镇居民收入增长的对策措施，以确保城镇居民增收的稳定性和可持续性，这是"十三五"时期全面建成小康社会的重大民生问题，具有非常重要的现实意义。

关键词：城镇居民收入；攀枝花；"十三五"；对策

经济增长是促进城镇居民收入增长的原动力，要提高攀枝花市城镇居民收入水平，就要把握经济发展新方位，积极推进供给侧结构性改革、调整产业结构、培育新型产业链，充分发挥"钒钛""阳光"两大比较优势，努力将得天独厚的资源优势转化为产业优势和经济优势，全力促进经济稳定增长，夯实攀枝花市城镇居民收入增长的物质基础。

一、以落实"三去一降一补"为抓手，积极推进供给侧结构性改革

改革是经济发展的强大动力，积极推进供给侧结构性改革是适应新经济新发展常态的必然要求，结构性改革的重点是去产能、去库存、去杠杆、降成本、补短板。

1. 把促进传统产业改造升级作为去产能的重要抓手

坚决淘汰落后产能，化解过剩产能，为优秀产能腾出必要的市场资源

---

①　陈获、周群，中共攀枝花市委党校。

和空间。

以钢铁、煤炭等行业为重点，强化市场准入和行业规范化管理，严禁新增产能；对不符合国家环保、能耗、安全、质量等标准的企业，实行关停生产或技术改造，坚决淘汰落后产能；推动攀钢、十九冶等大企业加快走出去步伐，通过与国际产能合作转移部分产能；鼓励有条件的企业跨区域跨行业整合，支持通过债务重组，实现"僵尸企业"市场出清；深化企业改革，推动市国有资产优化重组，支持攀钢等中央、省属国企以改革促增效；妥善安置去产能中的分流职工，争取国家、省上去产能专项奖补资金支持，做好失业保险工作和失业人员转业转岗培训等。

2. 把扩大市场占有额作为去库存的主要手段

落实好中央、四川省各项政策措施，顶住持续下行的经济压力，确保经济运行在合理区间，把稳住经济基本面作为最基础的工作来抓，尽心尽力扶持企业，开拓市场，有效化解攀枝花市主导产业产品库存。特别是把攀枝花房地产去库存与推进新型城镇化结合起来，与农村外出务工人员市民化结合起来，与棚户区改造货币化安置结合起来，与阳光康养结合起来。

3. 要提高金融支持供给侧改革去杠杆的有效性和针对性

按照"区别对待、有扶有控、一户一策"原则，对钢铁、矿业、煤炭等行业中产品有竞争力、有市场、有效益的优质企业继续给予信贷支持；对暂时经营困难但有市场竞争力的企业，保持合理融资规模；及时"出清"不良企业，有效规避金融风险，实现资产负债结构显著改善，做好供给侧结构性改革的金融支持。

4. 多措并举切实降低企业成本

切实加大资金协调力度，帮助企业解决融资难题，降低企业融资成本，助推企业保持竞争优势；降低企业税负成本，认真落实"营改增"全面扩围等结构性减税政策；降低电力成本，切实做好煤、电、运等生产要素的协调服务工作，促进提速增效严格落实工商业电价降价政策；通过对部分钢铁、煤炭企业向上争取养老保险缓缴政策，生产经营困难企业降低养老保险缴费基数，降低或缓缴困难企业住房公积金缴存比例，严格禁止违规要求企业缴纳商业性质保险行为等措施来降低企业用工成本，稳定就业岗位；稳步推进攀枝花大宗物资降低铁路运输费用工作；全面清理规范涉企收费，实行目录清单管理等。

5. 按照补齐制约发展的产业短板要求，围绕传统产业补齐短板

全力推动高耗能高污染产业"六型"转变，通过构建全产业链条、加

快产能置换等工作，促进企业技术改造升级，不断形成新的经济持续增长点。

二、以建设中国钒钛之都为统揽，全力抓好工业产业升级

依托攀枝花钒钛磁铁矿资源优势，调整优化产业结构，以钒钛产业、机械制造产业发展促进钢铁产业产能扩张，延伸产业链条，形成产业集群效应，努力使优势资源形成新产业和新的经济增长点。

1. 注重创新平台建设，强化创新驱动

围绕建设攀西国家战略资源创新开发试验区，系统推进全面创新改革试验，基本建成钒钛科技孵化器、石墨产业研究中心、攀西试验区科技创新中心专项平台等科研平台，持续组织重大科技攻关项目全球招标，切实办好院士行暨钒钛产业论坛，不断深化政产学研用合作，大力推动军民融合发展，积极促进优质民品进入军工领域。

2. 注重项目库建设，突出项目支撑

建成钛材深加工园、攀钢高炉渣提钛产业化工程等钒钛项目，中国重汽矿用车生产线、红宇白云耐磨铸件等机械制造项目，金沙水电站、银江水电站、大面山光伏发电、黄桷垭风电、缅气入攀等能源项目，攀西石墨产业园、一美能源磷酸钒铁锂储能材料等新兴产业项目，着力改造提升钢铁、煤炭、矿业三大传统产业，做大做强钒钛、机械制造、能源三大支柱产业，大力发展新材料、新能源、节能环保、生物医药四大战略性新兴产业。

3. 支持企业战略合作，培育龙头企业

发挥石墨等产业技术创新战略联盟作用，尽快形成一批战略性新兴产业、循环经济产业和高新技术企业。积极支持攀钢、十九冶、攀煤、攀昆集团等国企改进生产经营，加快转型升级，提升发展效益。全力促成实力企业与攀枝花市相关企业战略合作，支持引导停工停产企业盘活存量、焕发生机。积极扶持民营企业发展，促进钢城、龙蟒、安宁铁钛等企业做大做强。

4. 促进产业集群发展，狠抓园区建设

把产业集群发展放在更加突出的位置，着力培育集中度大、关联性强、集约化水平高的产业集群，继续推进基础较好的矿业、钒钛钢铁、机械制造、能源集群发展、有色金属等产业。围绕关联产业聚集企业，促进

企业抱团式、规模化发展,鼓励矿冶电联营,强力推动上下游产业、横向关联产业组建战略联盟,不断提高资源整合能力、技术创新能力、市场拓展能力,提升产业集群效应,发挥资源组合优势。扎实推动钒钛国家高新区及五个县(区)工业园区建设,完善功能布局,加强配套协作,引导产业向园区集中,推动产业集聚式链条式发展,不断优化"两片区六园区"工业布局,加快构建"六基地两中心"。

三、以建设中国康养胜地为统揽,培育壮大现代特色服务业

攀枝花气候非常独特,夏无酷暑,冬无严寒,发展阳光康养产业得天独厚。攀枝花将围绕创建国家康养产业发展试验区,打造具有国际水准的阳光花城和康养胜地,这既是攀枝花市加快转变发展方式的具体实践,又是促进攀枝花产业升级、城市转型、结构调整的重要途径。

1. 着力夯实康养物产基础,推进康养产业与基地融合发展

围绕建设国家现代农业示范区,加快推进全省现代农、林、畜牧业示范县(区)创建,积极引导土地经营权规范有序流转,推进特色农庄等新型经营主体建设,推广台湾精致农业等集成创新模式,抓好特色农产品精细加工,促进农业规模生产,做精早春蔬菜、特色水果、畜牧水产等优势产业,努力打造中高端产品、抢占中高端市场,提升农业标准化品牌化国际化水平,形成"特色农业支撑康养产业、特色新村成为康养基地"的深度融合,引导农业与康养旅游业互动发展。

2. 推动康养产业联动发展,着力筑牢康养服务支撑

大力发展"康养+",推进医疗保健、休闲旅游、商贸金融、文化创意、运动健身、房地产等服务业与康养产业联动发展,形成"大康养"发展格局。深化校政企合作,加快建成高水平的康养学院,梯级培养康养专业人才。切实建好"花舞人间""普达阳光""海棠蓝湾"等项目,加快建设红格康养旅游小镇、庄上·梅子箐康养休闲度假区等项目,不断完善康养基地、康养机构服务功能。

3. 延伸阳光康养产业链,着力提高康养发展层次

围绕创建中国阳光康养产业发展试验区、全国健康城市示范市和建设全国首批医养结合试点城市,着眼国内领先、国际一流目标,完善康养产业规划,加快标准体系建设,突破医养结合瓶颈,抢占行业话语权。目前,攀枝花已探索引进日本、台湾等国家和地区五种先进康养模式,已建

成机构医养、社区医养等服务示范点 14 个，攀枝花还将继续引进国际先进康养模式，积极发展森林康养基地、房车营地、帐篷营地等业态，不断延伸康养产业链，切实探索康养产业"攀枝花模式"，突出"康养+农业""康养+工业""康养+医疗""康养+旅游""康养+运动"等融合发展，加快建成高品质的"运动蔬果养身基地""生态美景养心基地""阳光医疗养老基地"，不断丰富康养产业的内涵和外延，构筑"康养+"产业发展新格局。深入拓展国内市场、开辟国际市场，加大康养旅游宣传力度，全力打响"阳光花城·康养胜地"城市品牌。力争到 2020 年创建成为全国首个阳光康养旅游城市和第一批阳光康养产业发展试验区。

4. 加快现代服务业发展，把发展现代服务业作为产业结构升级的重点和制造业转型升级的关键

借助攀枝花优势和医疗资源，推进候鸟式养老、养生度假、健康养老等养老服务业发展，开发一系列集慢性病防治、观光度假、绿色食品配餐配送为一体的养老产品，鼓励和引导社会力量投资养老健康产业。大力发展旅游、健康、养老、文化产业及互联网、生产性服务业等产业，注重三次产业之间的产业关联、业态融合发展。加快物流园区建设，引进知名物流企业，大力发展现代物流业，把攀枝花建成全省二级物流节点城市和区域物流中心。

四、以建设中国阳光花城为统揽，加速推进新型城镇化建设进程

新型城镇化主要通过发挥城市聚集效益来拉动经济增长。据有关测算，我国城镇化率每提高一个百分点，可拉动 GDP 增长 1.5~2 个百分点，每增加一个城镇人口可带动 10 万元左右投资，城镇化将是攀枝花市经济增长的一个非常重要的动力源泉。

1. 加快花城新区建设，打造现代化新型城区

建成商务大厦、市民中心、核心区景观等项目群，构建形成中央商务区主体框架，不断完善道路、管网等基础设施，持续引进重大项目入驻，推动新区循环滚动开发、连线成片发展，加快建成商务办公区集中、高端服务业集聚、生态优美宜居的现代化新型城区。

2. 破解二元结构，推动城乡协调发展

立足县域主体功能分区，持续抓好米易、盐边两县县城建设。按照产

业为先、成线连片、特色发展的要求，再造一批特色小镇、旅游新村，加快新型城镇化步伐。

3. 创新城乡治理，推进城市精细化管理

狠抓智慧城市建设，促进"三网"融合，建设区域信息大数据中心。抢抓老工业基地调整改造机遇，加快推进棚户区、危旧房和老旧小区改造。强化公用设施建设与管护，深化"五创联动"工作，全面提升城镇公共服务水平和魅力形象。整合城市管理资源，创新城市管理手段，不断提升数字化精细化管理水平。

成都城乡统筹发展战略中
农地产权改革的经验及启示

吉 媛[①]

摘要： 2003 年成都正式实施"统筹城乡经济社会发展、推进城乡一体化"战略，率先提出了"确权颁证、还权赋能"等农地产权改革方案，进而吹响了全国范围内农地产权改革的号角。虽然成都实验在总体上取得了成功，但通过反思成都实验的改革过程不难发现其中也存在着过分强调个体权利、政府主导农地流转、未将农业发展作为改革重心以及忽略了农民主体地位等问题。当前我国农村改革进入关键阶段，通过对成都实验的回顾可以为正在进行的农村改革提供有益的参考。

关键词： 成都实验；农地产权；确权颁证

一、"成都实验"回顾

2003 年，成都市正式决定实施"统筹城乡经济社会发展、推进城乡一体化"战略。自此，成都市开始了"城乡一体化"的改革试验（以下简称"成都实验"）。虽然"成都实验"是从统筹城乡的整体视角出发的，但其改革的重点和难点必然是农村土地制度，而农村土地制度的改革也成为其他改革推进的抓手或前提。事实上，成都市统筹城乡改革除了农地产权外，还涉及行政治理、社会保障以及公共服务等方面，受本文研究主体和篇幅的限制，本文仅对"成都实验"在农地产权方面的探索进行讨论。

2007 年，国家正式确立成都为全国统筹城乡综合配套改革试验区，2008 年成都市颁布《中共成都市委、成都市人民政府关于加强耕地保护，进一步改革完善农村土地和房屋产权制度的意见（试行）》，正式开始了农村产权制度的改革实施。改革的目标非常清晰，即建立归属清晰、权责明

---

① 吉媛，中共四川省委省直机关党校。

确、保护严格、流转顺畅的现代农村产权制度。该文件明确了农村土地产权改革的三个主要方面内容，分别是"确权颁证""还权赋能"以及"流转服务"。

（一）"确权颁证"

我国农地产权长期饱受诟病，甚至在《中华人民共和国物权法》颁布实施后，仍未得到根本缓解。因此，"成都实验"的决策者认为，不解决好产权问题，就激活不了农村发展的活力和动力，就形成不了城乡一体化的新格局。在这一大环境下，成都市政府在农村土地改革中率先提出了"确权颁证"的方针。有学者对"确权颁证"给予了极高的评价，如张千帆（2012）[①] 就"成都实验"中的"确权颁证"评价到，农地产权通过正式登记形式确认到农户并拿到权利证书，宅基地和承包地的财产权属性以及农民对其私有财产的权利意识将大为增强。

（二）"还权赋能"

所谓"还权赋能"，根据周其仁的解释，"还权"之"权"，是指"财产权利"，即产权；"赋能"之"能"，是指财产权利的"权能"。类似地，江晓萍、黄静（2011）[②] 指出，"还权"是把法律法规赋予农民的土地、房屋等要素的权益还给农民，恢复农民应有的财产权利；"赋能"是让农民作为市场主体拥有发挥和处置财产权利的自主能力。当然，要使"还权赋能"真正发挥作用，还必须让"权"和"能"流动起来。为此，成都市大力推进农村产权交易，于2008年10月成立了农村产权交易所，并在区县、乡镇设立了产权交易分所和产权流转服务站，使覆盖全域的农村产权交易平台初步形成，并在此基础上探索了多种农地流转制度。通过上述一系列农村产权的改革，"成都实验"在客观上实现了对僵化农地产权的"松绑"，并获得了学者的赞同，例如，蔡昉、程显煜（2008）[③] 认为，"成都实验"中的农村产权改革"稳、准、狠"的打在了"三农"难题的"七寸"上，使农民的土地权属更加清晰，这种通过确权颁证程序认可的物权权益具有严格的排他性，并且就此使各种形态的土地流转、规模经营乃至以土地权属为标的的交易对价形成，奠定了以农民作为主体的市场化基础。

（三）"流转服务"

"确权颁证"和"还权赋能"两项改革措施的推进使得成都市农地产

① 张千帆. 农村土地集体所有的困惑与消解［J］. 法学研究，2012（4）：118.

② 江晓萍，黄静. 还权赋能：治理制度转型的成都经验［J］. 公共行政评论，2011（6）：92.

③ 蔡昉，程显煜. 城乡一体化：成都统筹城乡综合配套改革研究［M］. 成都：四川人民出版社，2008.

权进一步被厘清，构建了农民扩大其通过土地获得财产性权利的制度基础，但要通过农村土地产权改革使农村土地的潜在价值得到释放、农民的财产权益得到增加，还需要打通最后一个环节，即实现产权流转的顺畅。因此，流转是否顺畅既是考验"成都实验"中农地产权改革的试金石，也是判断成都市农村土地改革目标。具体而言，成都市主要是通过设立产权交易机构来实施对农村产权交易的规范和保障的。2010 年成都市国土资源局、房产管理局、林业园林局和农业委员会下属单位共同出资设立了成都农村产权交易有限责任公司（该公司对外挂牌为"成都农村产权交易所"）。该交易所集"产权交易、技术和资本结合、投融资服务、资产处置"为一体，为农村产权交易提供了统一的交易规则、信息发布和监管平台。该平台为规范产权交易流程，将土地承包经营权和集体建设用地使用权的流转一并纳入农村产权交易所交易。

二、成都农地产权改革的经验总结

（一）成都农地产权改革的成绩

总的来说，成都市在推动农村土地产权改革方面做了大量的工作。其改革的逻辑主线可以归纳为：首先，通过"确权颁证"来明确农地产权的权属，这是整个成都农地产权改革的逻辑起点。其次，在农村产权明晰的基础上推进"还权赋能"，即恢复农民应有的财产权利，让农民作为市场主体拥有发挥和处置财产权利的自主能力。其主要内容可以提炼为三句话，即确权是基础，流转是关键，配套是保障。成都市通过试点和探索多种农地流转模式，来增加农地产权的权能，包括土地承包经营权的流转和集体建设用地使用权的入市。最后，为了规范农地产权市场，成都市设立了农村产权交易所对产权交易进行引导和规范，并为农地产权市场提供了必要的金融支持。虽然成都农村产权改革注重产权的流转，但对于耕地的保护是"成都实验"的应有之义。为此，成都在全国率先建立耕地保护基金，以市县两级的土地增值收益为来源，每年筹资 28 亿元，按每亩 300~400 元的标准为承担耕地保护责任的农民购买社保提供补贴，惠及全市 170多万农户。这一举措完善了耕地发展权的补偿机制，使农民保护耕地的内在动力被激发出来，不但有利于提高耕地保护利用水平，也促进了社会公平。可见，"成都实验"并非是简单地通过土地流转来获取土地的潜在价值，以工助农、以城带乡、城乡统筹的改革目标始终为"成都实验"所秉承。正如成都改革的决策者所认为的，城乡二元结构的根源在城乡居民不平等的权利，而要害在于农民不清晰、不完整的财产权利。不解决好产权问题，就激活不了农村发展的活力和动力，就形成不了城乡一体化的新格局。可见，"成都实验"中，农村产权改革乃是整个统筹城乡一体化发展实验的关键环节以及推动其他改革措施顺利展开的重要抓手。也正是因为如此，成都市才花大力气对农村产权进行梳理和改革，具体措施涵盖了"确权—流转—保障"全部流程，改革的深度和广度均前所未有，也为研究农村产权提供了一个"全景式"的样本。

（二）成都农地改革的不足

整体而言，成都实验中的农地改革是我国产权制度的一个制度创新，通过"确权颁证—还权赋能"的方式盘活了城市周边的农地资源，为成都市统筹城乡发展奠定了坚实的基础，这亦是我国农村改革的一项重大探索，对全国农村的进一步深化改革起到了投石问路的作用。当然，既然是全国的试点，自然也就存在值得总结的经验和教训，这是敢为天下先的必然。因此，必须要声明的是，在改革开放40年之际对成都农地改革中暴露出来的问题进行探讨并不是对成都改革的否定，总结经验教训本身就是"改革试验区"的题中应有之义，这样才能完成通过试点来指导全国农村改革的历史使命。结合当前的现实，成都农地改革存在的不足具体表现在以下几个方面。

1. 个体权利过分扩张

"确实权、颁铁证"是成都农地改革的既定目标，其背后的指导思想是"城乡二元结构的根源在城乡居民不平等的权利，而要害在于农民不清晰、不完整的财产权利"。确权颁证后，农民的土地权利相较于确权颁证前的确要明确一些了，至少在权利边界上更加明确了。但这也进一步增加了农民利用耕地的困难。农地的分散化、细碎化是东亚农业的一大特色，而我国在联产承包改革时采取土地均分的方式又进一步加剧了农地的分散化和细碎化程度。由于农业经营的特殊性，农民在进行农业生产时必然就会在不同地块之间转移，进而与相邻地块不可避免的发生联系。确权颁证前，地块的权利边界相对"模糊"，相邻地块的权利人根据其作为共同体成员的身份依据传统的乡约村规来确立各自的权利和义务；确权颁证后，地块间的权利边界被理清，权利人的权利意识被激发，个体权利呈现出扩张的态势，原本规范权利主体间权利义务的传统乡约村规被现代化的"产权规则"所替代，使得农户进一步原子化，这种趋势不利于农业生产已成为学界共识。正如贺雪峰所指出的，农民权利的扩大并非某个农民权利的扩大，而是全体农民权利的扩大，就每个农户而言，其权利事实上是受到了限制，这种限制集中体现在农业生产过程中那些"一家一户办不好和不好办"的事务上，比如灌溉、修路、育种、病虫害防治等。与此同时，随着农户个体权利的强化，集体所有权必然被弱化，学界早已不乏"准所有权"的说法，这种情况值得我们警惕，因为马克思在研究亚细亚生产关系时就指出，允许将公社的"份地"当作所有权来行使权力，就会使原本属于公社的"份地"变成私有财产①。

2. 确权颁证基础上的土地流转悖论

成都的土地流转是站在确权颁证的基础之上的，而确权颁证实际上是《中华人民共和国物权法》将土地承包经营权等农地产权纳入物权范畴的一个自然延伸。而《中华人民共和国物权法》之所以要将农地产权纳入物权的保护范畴，其目的之一就是为了对抗其他势力对农村土地权利的侵害，其中政府一直被认为是侵害农民土地权利的主要势力之一。而"成都实验"的逻辑却出现了令人尴尬的局面，即政府通过确权颁证确立农民的土地权利之后，又通过行政手段大力推进了土地的流转，虽然政府推行土地流转的目标取向之一是增加农民的土地收益，但在如此大的土地流转规模之下，农民因土地流转而发生的纠纷并未明显增加。根据张洪松（2010）②的调查，在其调查的总样本中坚决反对土地承包经营权流转的农户只有4.59%。而自2005年以来，成都市土地承包经营权流转面积的平均增长速度为47%，仅2006年和2007年，成都市土地流转面积净增数就达到了38.4万亩和81.87万亩。而如果按照户均10亩地的水平来匡算，2006和2007年成都市土地流转净增面积涉及农户约为3.8万户和8.2万户，涉及规模如此庞大农户的土地流转，所产生的土地流转类纠纷在两年间仅出现了7例，低于土地承包类纠纷和征地补偿类纠纷。这从侧面反映出，即使确权颁证后，政府行政手段加上村社自身的传统权威体系仍然可以有效地运作。这说明确权颁证后农民土地权利在面对政府行政力量时仍然没有较好的对抗性，当然，在这一点上成都并非特例，诚如刘守英（2017）③所指出的，各地在在推进农地三权分置的实践中，推进经营权流转、扩大规模经营、培育经营主体的热情很高，在扩大集体组织权力和搞活经营权上劲头很足，但对于承包农户的土地权利却重视不足，甚至存在

① 中共中央马克思恩格斯列宁斯大林著作编译局. 马克思古代社会史笔记［M］. 北京：人民出版社，1996：26-27，93.

② 张洪松. 农用地流转中的主体意愿与行动策略——基于成都实验的考察［J］. 农村经济，2010（8）：84-87.

③ 刘守英. 善待农民地权是农地三权分置的前提［N］. 光明日报（理论板），2017-02-14.

削弱和侵犯。

3. 农地产权改革忽略了农业的主体地位

成都农地产权改革的成果之一就是促进了农地的流转，但农地的流转并未使得农户的经营规模扩大进而为农业现代化奠定基础。成都农地改革的土地流转更多地是为了吸引社会资本，为此成都市提供了大量的优惠政策和奖励措施，而这些措施主要指向业主，即土地的流入方。如在"成都实验"中，政府每两年就评审一次农业产业的龙头企业，并对其给予一次性或者持续性的政策优惠。而政策优惠的涵盖范围也相当广泛，包括招商引资奖励、土地流转奖励、税收财政奖励、融资支持以及租金补贴等。这表明，在成都的农地产权改革并非是以农民为中心的，虽然在"成都实验"中农民获得了较大的利益，但这种利益的获得有赖于政府行政力量的推动，或者说是政府主导下的针对特定群体的利益输送。而农民这个群体自身的经营能力并未获得提升，换言之，农业本身的效率没有获得提升，进而无法吸引更多的要素投入其中。因为即便是在政府提供了大量的优惠政策之后，"成都实验"中具有一定经营实力的业主依旧是稀缺的[①]。农业并未成为一个具有吸引力的行业。

三、成都农地产权改革的启示

（一）强化农民的个体化权利并不能自然促成传统农业向现代化转型

有观点认为，集体所有制下的中国农村存在产权模糊的弊端，进而为农村开出了明晰产权的药方，提出只要明晰了农地产权，农村要素就能被盘活，进而使得农民的财富得到增加。实事求是地说，这种观点在某种程度上被"成都实验"所证实，但需要强调的是，"成都实验"的成功具有独特性，一方面因为成都城市发展较快，地方政府财力充足，具备城乡一体化发展的条件；另一方面，成都市的决策者具有向成都农村地区输送利益的魄力和决心。上述两个因素是成都统筹城乡发展较为成功的主要原因之一。

同时也应该看到，在成都的城乡一体化发展过程中，农业并未发挥其应有的作用。换言之，农业的效率并未随着"成都实验"中确权颁证的完成而自然地得到提升，这与我国当年家庭联产承包责任制改革后农业效率大幅提高形成鲜明对比。实际上，个体权利的强化与农业效率之间并无必

① 张洪松. 农用地流转中的主体意愿与行动策略——基于成都实验的考察 [J]. 农村经济, 2010 (8)：84-87.

267

然联系，这可以通过观察印度、日本以及中国台湾等实行农地私有化的国家和地区的农业发展得到印证。同样，"成都实验"中，尽管政府出台了很多鼓励政策，但农业本身的发展依旧缓慢。

（二）过分强调个体土地权利激化了人地矛盾

农村土地集体所有，集体成员拥有承包权，这样的制度安排在1978年农村改革后延续了近30年，在赋予集体成员平等的承包机会的同时也使得农户拥有一定的选择自由，如不愿意务农的可以放弃经营权外出务工，但确权颁证赋予农民土地权利长久而稳定的权利外观使得农民的权利意识被唤醒，集体内部成员之间因土地利益而引发的矛盾被激化。由于确权颁证会明晰农地产权界限、固化农民权利，因此很多本已迁出农村的当地集体成员又纷纷回到农村来争抢土地权利，这进一步加剧了确权颁证时的人地矛盾。

根据西方产权理论的观点，权利主体与客体应该一一对应，否则容易导致要素配置的无效率，但这种观点在生产高度社会化的当下被广泛质疑，尤其是在股份制高度发达的社会中，权利主体与客体至少在控制权和经营权层面上很难实现一一对应了。因此，对于实行公有制的社会主义中国，是否应该照搬西方产权理论的观点值得深思。

（三）农村土地改革应当充分尊重农民的主体地位

习近平总书记在参加十三届全国人大一次会议广东代表团审议时强调，"将来我国也还会有三四亿人生活在农村"。这表明，农地制度无论如何改革，农地无论如何流转都必须体现农民的主人翁地位。否则，三四亿农村居民靠什么来实行劳动力再生产呢？因此三农问题的根本是农民问题，必须要让农民这个职业成为有奔头的职业，积极为传统农民向新型职业农民转型创造条件。"成都实验"中，过分强调了土地流转后社会资本的进入，似乎农民通过确权颁证把土地流转出去就万事大吉了。剔除农民在农地改革中的主体地位使得"成都实验"中合适的土地流入方成为稀缺要素难以满足农地流转的需求，与此同时农民也没有通过土地的整合而真正获得致富的能力。换言之，"成都实验"本质上更多的是在切蛋糕上下了功夫，而缺少将蛋糕做大的有效手段。

中国经济体制渐进式改革路径研究

周红芳[①]

摘要："稳中求进"是中国共产党治国理政的重要原则。经济体制以先农村后城市、先放权后改制、先双轨后并轨、先试点后推广、先局部开放后全面开放的渐进式改革有力推动了中国经济的中高速平稳增长，是中国特色社会主义政治经济学的方法论。

关键词：渐进式改革；稳中求进；经济体制

以 1978 年十一届三中全会的召开为序幕，中国经济改革已经走过了 40 年的历程。在实施了农村家庭联产承包责任制改革、国有企业改组改制、城乡统筹发展、财政金融体制改革以及民生改革等一系列改革措施后，中国的经济建设取得了历史性的突破，其成就引起全世界关注。十八届三中全会以来，全面深化改革不断推进，从财税金融制度改革到国有资产和国有企业改革，从土地流转制度改革到户籍制度改革，都取得一系列阶段性成果。2018 年，全面深化改革将以机构改革为主线，通过党的自身革命推动社会革命。"摸着石头过河"的渐进式改革路径有效实现了经济体制改革的平稳过渡，在实现经济高速发展的同时确保了社会秩序的稳定。"渐进式改革"是中国改革的基本方略，也是中国改革的一大特点。40 年的改革实践证明，与俄罗斯的"休克疗法"相比，中国的"渐进式改革"是很成功的。在探索中前行，中国经济体制渐进式改革存在优先序。

一、先农村后城市

中国的经济体制改革始于计划经济比较薄弱的农村地区。中国人口众多，绝大多数生活在农村，只有先调动农民积极性，解决十几亿人口的吃

---

① 周红芳，中共四川省委省直机关党校。

饭问题，国民经济才能持续发展，社会主义工业化才能有效推进。1979 年家庭联产承包责任制先在安徽、四川两地试点，然后逐步扩大，1982—1983 年在全国范围内推行。1983 年年底，全国农村"双包"到户的比重达到 97.7%以上，截至 1984 年年底，全国 569 万个生产队 99%以上实行了"双包"。1987 年，全国有 1.8 亿农户实行了家庭联产承包为主的责任制，占全国农户总数的 98%①。农村改革取得了明显的成效，极大地激发了农民种粮的积极性，使中国能够以占世界 7%的耕地养活占世界 22%的人口，为整个改革创造了最重要的物质基础和市场环境，对城市改革产生了良好的示范效应。随着家庭联产承包责任制的实行，作为政社合一的人民公社体制并也失去了存在的基础。1979 年，四川省广汉县向阳公社取消了人民公社，建起了全国第一个乡政府。但是直到 1982 年 12 月，第五届人大五次会议才作出了改革农村人民公社政社合一的体制，设立乡（镇）政府的决定。到 1984 年年底，全国建立了 9.1 万个乡（镇）政府，人民公社制度历经 5 年退出了历史舞台。1984 年中共十二届三中全会后，城市改革被提上重要议程，成为改革的重点领域。国有企业先后进行扩大自主权、两步利改税、全面实行承包制、转换机制等政策调整，目前正在进行混合所有制改革和国有经济布局战略性调整。工业的快速发展增强了国家综合国力，同时也能为实现反哺农业提供良好的经济基础。

二、先放权后改制

在很长一段时间内城市经济体制改革的中心环节是国有企业改革。中央以放权让利、两次利改税、承包经营责任制等形式扩大了企业经营自主权，推动了两权分离，同时进行了股份制、企业破产兼并等改革试点。1992 年党的十四大明确指出，国有企业改革的方向是建立现代企业制度，国有企业改革转向企业制度创新和进行国有经济布局的战略性调整。对国有企业进行战略性改组，抓大放小，对国有大企业进行公司制改组，放开放活大量小企业；把改革同改组、改造和加强管理结合起来；积极推进各项配套改革，包括建立有效的国有资产管理、监督和营运机制，建立和健全社会保障体系等。十九大报告提出，要完善各类国有资产管理体制，改革国有资本授权经营体制。深化国有企业改革，发展混合所有制经济，培育具有全球竞争力的世界一流企业。混合所有制作为中国基本经济制度的

---

① 李正华. 论邓小平的"三农"思想对中国农村改革的重大意义 [J]. 当代中国史研究，2005（2）.

重要实现形式，是国有企业和民营企业实现双赢的重要途径，也是推动实现国有资本做大做强的载体。

三、先双轨后并轨

典型的是价格改革和企业所得税改革。中国的价格改革采取了"调放结合、先调后放、逐步放开"的方式，经历了一个由"双轨"到"单轨"的过程。1978年以前，中国的商品和劳务价格几乎全部由政府决定；1979年，国务院对粮食收购实行了超定额收购加价政策，提高了畜产品、水产品、林产品等收购价格；1980年又提高了8种副食品零售价格。从1981年起，政府在调整部分工业品价格的同时，开始在局部的经济增量范围内引入市场价格机制①。从1984年5月到1991年，实行了生产资料价格双轨制，1992年后双轨向市场并轨，到1993年，95%社会零售商品价格已经放开，政府定价的商品比重很小。在实物商品价格领域，初步建立起来市场价格体制。另一个典型是企业所得税并轨。所得税模式"双轨制"始于1991年，我国把适用于外商独资企业和外国企业的两种所得税法，合并为《中人民共和国外商独资企业和外国企业所得税法》；1993年，适用于国有、集体和私营企业等内资企业的所得税条例，合并为《中华人民共和国企业所得税暂行条例》，于1994年起生效。由此，形成了内资、外资企业两套所得税制度并存的"双轨制"所得税制模式。内资企业实行33%的基本比例税率，以及18%和27%两档优惠税率；外商投资企业和外国企业所得税税率为30%、24%、15%三档，在低税率基础上还能享受行业特殊减半优惠等政策。综合下来，外资企业实际税率为11%左右，内资企业综合税率为20%~24%，内资企业税负远远高于外资企业。企业所得税的双轨制导致国内很多企业纷纷去国外注册，假外资现象占实际利用外资的1/3左右。另外，近1/4的外资企业通过"两免三减半"优惠政策实际交税额度不多，没有充分承担交税义务。第十届全国人大五次会议高票通过了《企业所得税法》，2008年1月开始，企业税收实现了"四个统一"，即内资企业、外资企业适用统一的企业所得税法；统一并适当降低企业所得税税率；统一和规范税前扣除办法和标准；统一和规范税收优惠政策，企业作为市场经济的重要主体，所得税并轨对进一步推动建立统一、规范、公平的竞争市场十分重要。

①　时家贤. 转轨、全球化与中国政府规制改革［M］. 北京：经济科学出版社，2006.

四、先试点后推广

典型是税制改革和改革试验区。目前我国许多税收制度的改革采用的是选择部分省市先试点，然后再全国推广，比如增值税的全面转型、"营改增"、房产税等。作为我国第一大税种，增值税从生产型转为消费型的改革试点，首先选择在固定资产沉淀量比较大的东北三省。2004 年，东北三省共认定增值税转型企业 40 306 户，主要集中在装备制造业、农产品加工业和石油加工业三大产业。2008 年增值税扩大抵扣范围政策扩大到 51个受灾严重的县、市、区，包括四川省汶川县、北川县、青川县等 10 个被列为"极重灾区"的县和市，以及四川省理县、江油市、甘肃省文县、陕西省宝鸡市陈仓区等 41 个被列为"重灾区"的县、市、区。2009 年 1 月 1日增值税转型全国推广，取消了地区和行业限制。作为"十二五"期间税收制度改革的重头戏——"营改增"也是分步推进。2012 年 1 月 1 日上海作为首个试点城市启动"营改增"，到 2012 年年底，国务院将扩大营改增试点至 10 省市。2013 年 8 月，在全国范围内开展交通运输业和部分现代服务业营改增试点；2016 年 5 月 1 日，中国全面推开营改增，营业税退出历史舞台。这是自 1994 年分税制改革以来，财税体制的又一次重大变革。

同时，为实现改革的平稳推进，国家先后在东部、西部以及中部进行了有重点、有主题的全国综合改革试验（见表 1）。试点主题涵盖了对外开放、转变经济发展方式、统筹城乡、两型建设、自贸区等改革发展的重大战略任务，解决了改革中一系列难题，为进一步完善社会主义市场经济积累了丰富经验。

表 1   全国综合配套改革试验区基本情况

设立时间	试点地区	试验主题	改革目的	改革内容
2005 年6 月	浦东新区	综合性改革	深层次综合改革，改变发展方式	政府管理体制、经济体制、金融创新、自主创新
2006 年5 月	滨海新区	综合性改革	深层次综合改革，改变发展方式	行政管理体制、金融体制、土地管理体制、自主创新
2007 年6 月	成都、重庆	统筹城乡	探索改变中国城乡二元结构，希望形成统筹城乡发展的体制机制	土地管理制度、城乡公共服务体制、城乡管理体制、劳务经济

表1（续）

设立时间	试点地区	试验主题	改革目的	改革内容
2007年12月	武汉城市群、长株潭城市群	两型社会	解决资源、环境与经济发展的矛盾，避免走先发展后治理的老路	创新资源节约、环境保护机制，配套推进财税金融、行政管理、土地管理等领域改革
2009年5月	深圳	综合性改革	深层次综合改革，改变发展方式	行政管理体制、金融体制、法制建设
2010年4月	沈阳经济区	新型工业化	探索有别于传统模式的工业化、城市化法制新路	以区域法制、企业重组、科技研发、金融创新四方面体制机制为重点
2010年12月	山西	资源型经济转型	探索资源型地区的全面协调可持续发展	调整优化产业结构、技术创新、资源要素价格改革、构建两型社会、城乡统筹发展的体制机制
2011年3月	义乌	国际贸易	探索建立新型贸易制度和管理体制、实现外贸发展方式转变	贸易平衡发展的体制机制、现代商贸平台建设、产业转型升级、开展区域合作
2011年12月	厦门	深化两岸交流合作	构建两岸交流合作先行区	创新体制机制，配套推进区域合作、行政管理、对外开放等支撑体系建设
2013年6月	黑龙江	两大平原现代农业综合配套改革	要以转变农业发展方式为主线，以提高农业综合生产能力和农民收入为目标	创新农业生产经营体制、建立现代农业产业体系、创新农村金融服务、完善农业社会化服务体系、统筹城乡发展等方面开展改革试验
2013年8月起	沪、粤、津闽、辽、浙鄂、豫、渝川、陕等11地	自由贸易区	完善自由贸易功能，试点投资和金融的自由化	金融创新、制度创新
2018年4月	海南	自由贸易港	中国全面深化改革开放试验区、国家生态文明试验区、国际旅游消费中心、国家重大战略服务保障区	城乡融合发展、人才、财税金融、收入分配、国有企业等机制体制改革；设立国际能源、航运、大宗商品、产权、股权、碳排放权等交易场所；积极发展新一代信息技术产业和数字经济

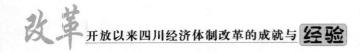

五、先局部开放后全面开放

改革开放以来，中国先后设立 5 大经济特区、14 个沿海港口城市，开放领域从"珠三角""长三角"到"闽东南"，再到开放沿江、沿边和内陆中心城市，中国积极融入世界经济。自从党的十八大以来，中国提出"一带一路"倡议，形成全面开放新格局。开放的领域从外商直接投资制造业到商贸物流等服务业，再到金融保险等现代服务业，并逐步取消外资股比控制。开放的方式从过去的以引进外资为主，转变为引进外资和对外投资并重，从以扩大出口为主，转为鼓励出口和增加进口并重。开放的区域从过去的以沿海地区开放为主，转变为沿海沿边内陆协同开放、整体开放。开放模式从过去全球化的参与者转变为全球化的引领者，积极参与全球治理。中国作为世界第二大经济体和第一贸易国，将以更高层次的开放格局参与经济全球化。

"稳中求进"是中国共产党治国理政的重要原则，是中国经济的方法论。"稳是主基调，稳是大局，在稳的前提下要在关键领域有所进取，在把握好度的前提下奋发有为"。稳中求进的渐进式改革，是中国经济体制改革的重大特征之一，经过 40 年改革开放，中国保持经济中高速增长，避免了"硬着陆"，经济长期向好的基本面不断巩固和发展。但是，渐进式改革方式会导致新旧两种体制相持的时间相对较长，容易产生冲突，同时会留下寻租空间，滋生腐败。随着当前帕累托改进的空间日渐减少，中国选择以政府机构改革作为关键领域和关键环节，以钉钉子精神狠抓落实，推动全面深化改革进入新阶段，实现国家治理体系和治理能力现代化。

参考文献

［1］中国社会科学院经济体制改革 30 年研究课题组. 论中国特色经济体制改革道路［J］. 经济研究，2008（9）.

［2］高培勇. 中国财税改革 40 年：基本轨迹——基本经验和基本规律［J］. 经济研究，2018（3）.

［3］李正华. 论邓小平的"三农"思想对中国农村改革的重大意义［J］. 当代中国史研究，2005（2）.

［4］乔榛. 我国经济体制改革过程中的"中国模式"创造［J］. 经济学家，2009（2）.

［5］聂志红. 中国渐进式改革的三重逻辑［J］. 马克思主义研究，2014（7）.

［6］国家发展改革委经济体制综合改革司，国家发展改革委经济体制与管理研究所. 改革开放三十年：从历史走向未来：中国经济体制改革若干历史经验研究［M］. 北京：人民出版社，2008.

强力实施"飞地经济"行动
培育雅安经济重要增长极

倪子尧①

摘要： 当前雅安只有通过发展"飞地经济"，才有利于拓展发展空间，突破生态保护形成的土地资源约束，最大限度地显现产业的聚集功能和集约效益。芦天宝飞地产业园区是雅安灾后重建的重大成果，是雅安工业发展的希望所在，是雅安经济发展新的重要增长极。只有优质高效地在飞地工业园区实施好"飞地经济"行动，由市委、市政府把雅安全市的资源智慧，财力物力综合统筹、高效整合、充分运用，建立高效的市县联动机制，才能真正发挥好雅安的后发优势，才能真正实现雅安的整体跨越，才能高质量高水平地全面建成小康社会。

关键词： 芦天宝飞地产业园区；实施好"飞地经济"行动

2018 年 1 月，雅安市委四届三次全会形成了"1485"总体发展思路，其中"实施'飞地经济'行动，把雅安建设成为生态功能区更好发展的示范区"就是重要内容之一，非常符合雅安客观实际，理当强力推进，认真抓好落实落地。

一、雅安发展"飞地经济"的重要性和紧迫性

"4·20"芦山强烈地震后，根据国家灾后重建总规和四川省重建专规要求，依托雅安经济开发区设立了以国家文件命名的芦天宝飞地产业园区，开启了雅安发展"飞地经济"模式的新路子。为贯彻落实国家"十三五"规划《纲要》等有关文件要求，支持"飞地经济"发展，2017 年 5 月 12 日，国家发改委等八部委印发《关于支持"飞地经济"发展的指导意见》，为发展"飞地经济"提供了根本遵循。四川省政府印发《关于建

---

① 倪子尧，中共雅安市委党校副校长。

立健全区域合作发展利益分享机制的指导意见》，对发展飞地经济的利益共享机制提出指导性意见。

第一，从国家大的发展思路和要求来看。习近平总书记在党的十九大报告中提出的"十四个坚持"中，明确要求要"坚持新发展理念"和"坚持人与自然和谐共生"，指出"发展必须是科学发展，必须坚定不移贯彻创新、协调、绿色、开放、共享的发展理念""必须树立和践行绿水青山就是金山银山的理念，坚持节约资源和保护环境的基本国策，像对待生命一样对待生态环境，实行最严格的生态环境保护制度，形成绿色发展方式和生活方式，坚定走生产发展、生活富裕、生态良好的文明发展道路"。以上新方略的提出给雅安这样的生态良好的后发地区提供了全新的视野，带来了难得的机遇，要求我们必须要解放思想，打破传统固有思维，寻求全新的发展之路。

第二，从雅安的区位特征和功能定位上来看。雅安位于四川盆地西部边缘，处于长江上游重要生态屏障区，生态区位十分重要，大部分区域被纳入限制开发区域，资源开发利用受限。全市八县（区）中天全、芦山、宝兴、汉源、石棉五县属于限制开发区；其中，天全、宝兴、石棉三县属于重点生态功能区，占全市幅员面积的 54.4%。同时，宝兴、天全、荥经、芦山四县 6 139.94 平方千米被划入大熊猫国家公园范围，占全市幅员面积的 40.8%。全市大部分资源性产业特别是优质旅游资源、矿产资源大都位于这些区域，经济社会发展受到极大的制约。

自古以来，雅安降雨丰沛，气候宜人，山清水秀，生态良好，森林覆盖率达 64.77%，被形容为"插根扁担也会发芽的地方"，被誉为"天府之肺，生态雅安"。今后雅安的发展定位是"建设成为中国国际特色旅游目的地"，很难再搞大规模资源开采型的工业企业项目开发了。

第三，从雅安的行政区划和发展现状来看。雅安全市共两区六县一飞地，面积 1.53 万平方千米，人口约 155 万（占全省人口总数的 1.8% 左右），是地震灾区、水电水利工程库区、民族地区、革命老区和贫困山区"五区"叠加，发展振兴任务十分艰巨。2017 年四川 21 个市（州）中，雅安 GDP 总量 602.8 亿元，排第 18 位（倒数第 4 位），第 15 位广元 732.1 亿元，第 16 位资阳 1 022.2 亿元，第 19 位巴中 601.4 亿元，第 20 位阿坝和第 21 位甘孜两州为限制开发区。相较来看，雅安仅领先巴中 1.4 亿元，落后广元达 131.3 亿元，并且 2017 年巴中 GDP 增速 8.1%、广元 GDP 增速 8.1%，均高于雅安增速（8%），当前是标兵在前差距拉大，追兵在后步步紧逼，另外，四川 GDP 排位前十的市（州）增速均在 8% 以上，其中，泸州 9.1%、德阳 9%、宜宾 8.8%。

以上情况表明，雅安无论人口数还是经济总量在全省都是相对较少和较小的，发展速度不快，与省内其他市（州）的差距正越来越大，发展形势十分严峻，不能继续分散资源、各自为政、各自为战，应该集全市之力，整合资源，打好组合拳，才能具有更大更强的竞争实力，才可能发挥后发优势，实现又好又快地跨越发展。

第四，从雅安推进灾后发展振兴的要求来看。整合"4·20"灾后重建资金，在原雅安经济开发工业园区的基础上建成的芦天宝飞地经济产业园区目前已有成雅、成名、乐雅、雅西、雅康高速公路贯通，加上108、318、351 三条国道线和即将通车的成雅铁路、规划中的机场，离国家中心城市成都只有 1 小时左右车程，可谓交通快捷、四通八达，已成为川西交通枢纽中心，具有强劲的竞争优势和对成都平原经济区明显的互补优势。这是芦山地震灾后重建留下的宝贵资源和巨大财富，只要充分利用好，必将成为今后推进芦山地震灾区发展振兴，特别是工业发展的最重要平台和最主要引擎。

以上形势和分析表明，雅安只有通过发展"飞地经济"，才有利于拓展发展空间，突破生态保护形成的土地资源约束，最大限度地显现产业的聚集功能和集约效益，通过共享共用较为优越的区位条件、完善的基础设施和服务环境，有效地克服全市工业区散、小、弱的问题，促进土地合理规划、高效利用和产业集中集群集约发展，提高单位土地上的产出效益。同时，以飞地园区（经开区）为主要载体，逐渐集聚品牌、资金、人才、管理、技术等资源，促进工业基础配套设施和管理水平不断优化升级，并逐步形成新的重要"增长极"，带动全市产业结构的优化和发展方式的转型升级，实现经济发展和生态环境保护双促双赢。

二、目前存在的主要困难和问题

（1）飞地园区（经开区）控规和物流园区控规未完全纳入雅安市城市总体规划，发展飞地经济缺乏规划支撑。目前，《四川雅安经济开发区（芦天宝飞地园区）控制性详细规划》规划编制范围（39.94 平方千米）部分超过《雅安市城市总体规划》（2013—2030 年）边界和超过了 2014 版《雅安市城市总体规划》近期规划范围（28 平方千米），还有 10 多平方千米没有纳入正式规划范围，急需修订完善总体规划，便于园区总体开发利用。

（2）飞地园区建设资金保障难度大，飞地经济发展的基础设施承载能力不足。一是园区负债与收入差距巨大。受雅安总体经济欠发达的影响，2018年园区仍有较多负债，且有大量基础设施续建项目和新建项目，建设资金保障工作任务艰巨。二是受园区资产规模小，以及国家限制地方负债的影响，园区可用于融资的有效资产量严重不足，园区融资相对困难。三是园区还处在基础设施和配套设施建设阶段，公共服务设施和产业配套设施还不完善，与省内发达园区相比还有较大差距；公共服务配套不足，人口聚集不明显，产城一体推进缓慢。

（3）飞地园区运行制机制未完全理顺，制约园区建设发展，影响飞地经济培育壮大。按照"三定方案"，根据市委、市政府授权，园区统一管理辖区内的党务、经济、行政和社会事务工作，但园区仅设8个部门，4个事业中心，需承担一个县（区）的工作量，目前实有参公人员32人，事业人员26人，平均每个部门在编参公和事业人员总共不到5人，工作力量薄弱，履职相当困难。园区主要承担辖区内基础设施建设、招商引资和企业服务、征地搬迁安置、建设发展资金筹措等工作，但仍存在园区体制机制未理顺、绝大多数社会事务工作无法开展、与市级相关部门职责权限不清、与相关县（区）历史遗留问题较多等困难和问题。近两年，园区管委会人员流失严重，流失率达25%以上，陷入了进人难、留人难的"两难"窘境。

三、对策建议

（一）强化"飞地经济"意识，健全市县联动机制

实施"飞地经济"行动是雅安市委、市政府站在新时代的广阔维度，落实十九大新发展理念的具体体现，落实习近平总书记来川视察重要讲话精神和省委、省政府要求，推进芦山灾区发展振兴的有效措施和实际行动，是在深入研究当前我市市情和外部环境变化的基础上，主动适应国家主体功能区和大熊猫国家公园建设需要，继续推进芦山地震灾区发展振兴，加快建设美丽雅安、生态强市，奋力开启我市现代化建设新征程而作出的重大发展思路调整。

毫无疑问，实施"飞地经济"行动将是对雅安全市工业企业发展格局的重大调整，不可避免地会不同程度地涉及各个方面的利益，尤其是各县区。雅安全市干部群众，尤其是领导干部应该提高政治站位，牢固树立"全市一盘棋，共建大雅安"的发展理念，牢固树立"企业向飞地园区集

中"的理念，按照雅安市委、市政府的统一部署，整合力量、形成"拳头"，抱团取暖，提升雅安的整体竞争力，防止分散主义，不能任由各个县区分散资源、恶性竞争，小敲小打、乱采乱挖，处处冒烟、时时防险。

（二）做优存量，增强产业集聚效应

发挥灾后恢复重建道路交通等基础设施投运条件，运用现有产业平台，围绕主导产业和产业链加大招商引资力度，加强入园企业服务保障，做优飞地经济存量，不断增强产业链条集聚效应和辐射带动作用。扩大已有的中恒天汽车、建安、王老吉、中雅科技、百图高新等重点大型项目的带动效应，引导相关产业及企业向园区集中，形成产业密集带和专业化协作配套聚集地。

认真贯彻落实国家、省、市稳增长系列政策措施，加强对园区企业的水、电、天然气等生产要素保障和服务，继续落实好供给侧、电力（富余电、直购电）、减负等省市各级稳增长措施，为飞地项目落地、开工建设、投产运营等提供优质服务。落实园区班子成员和部门联系重点项目招商制度，加强项目进度跟踪，及时协调解决项目推进中的水、电、气等要素保障问题，加快推进川西机器、金红叶、中恒天汽车等12个在建产业项目达产达效。积极支持建安、川西、新筑、吉地、富君、中雅、百图等园区企业实施扩能技改增产增效，引导企业加快转型升级；搭建银企合作平台，拓宽企业融资渠道，鼓励各类产业发展投资基金和金融机构入驻园区开展业务，帮助企业解决融资发展问题。

（三）做大增量，狠抓开放合作

以《健全飞地园区合作机制促进飞地经济加快发展的指导意见》的出台为契机，加强与县（区）的对接沟通，丰富工作措施，开展多渠道、多方式、多领域合作，为雅安六县二区搭建工业发展平台，激发县（区）参与发展飞地经济的积极性和主动性，持续壮大飞地经济规模，加快创建国家级经济技术开发区。

结合"东进融入"行动，抓住雅安全域纳入成都平原经济区这一机遇，以川藏铁路名山货运站为依托，加快推进物流园区建设，同步开展物流项目招商，积极推进雅安—宜宾"无水港"和物流园交通枢纽建设，进一步优化园区对外交通条件，降低企业物流成本，提高经济效益，增强招商引资吸引力；以雅安—双流合作园为平台，承接成都等发达地区产业转移，推动雅双工业园一期项目在今年建成投运和入驻企业；成立承接成都产业转移项目工作小组，落实专人到成都经开区挂职，密切跟踪产业转移动向。

（四）完善配套功能，推动产城一体发展

按照"栽好梧桐树，再引金凤凰"的思路，加快完善飞地园区城市配套功能，推动水电路油气、商业广场、公交首末站、废水废气废物处理等设施建设，加强生态环保、安全生产、城市管理、社会治安秩序维护等工作，创造宜业、宜商、宜居的良好环境，不断提升飞地园区商气、人气，壮大飞地经济总量，全力打造"现代产业新城、绿色生态新区"，激发飞地经济发展活力。

进一步提高规划覆盖率，加强"产城一体"规划支撑。严格落实生态保护红线、环境质量底线、资源利用上线和负面清单约束，严格执行入驻企业环境影响评价制度和环保"三同时"制度，指导企业强化绿色发展、循环发展、低碳发展理念，打好大气、水、土壤污染防治"三大战役"，提高园区生态文明建设水平。做好土地报件和项目供地工作，积极争取土地指标保障园区2018年建设项目用地需求；完成园区物流大道、站前广场等项目约1 100亩用地保障工作；加快推进现代物流基础设施建设项目、商业广场等2018年续建基础设施和城市开发项目以及幼儿园、加油站、片区污水管网改造工程、经开区段河道治理工程（污水管网部分）、主干道、专家楼、安置房等2018年新建基础设施和城市开发项目前期工作和征地搬迁工作，确保按计划开工建设。

（五）推动总体规划修编，科学规划园区产业总布局

关于园区控规存在的问题，需要启动总规修编工作使规划合法化，因总规修编和村镇规划编制工作周期较长，应尽快解决园区在总规编制过程中的用地问题，并考虑园区长远发展在城市总规修编时同步扩大经开区规划范围。在此基础上，按照产业功能区发展要求，高规格科学规划产业总布局。

总之，芦天宝飞地产业园区是雅安灾后重建的重大成果，是雅安工业发展的希望所在，是雅安经济发展新的重要增长极，应该倍加珍惜和充分利用好这一宝贵资源和财富。只有优质高效地在飞地工业园区实施好"飞地经济"行动，由市委、市政府把雅安全市的资源智慧，财力物力综合统筹、高效整合、充分运用，同时健全科学合理的利益分配机制，才能真正发挥好雅安后发优势，才能真正实现雅安的整体跨越，才能高质量高水平的全面建成小康社会。

可以说，只有优质高效地实施好"飞地经济"行动，雅安经济才能真正地"飞"起来，富起来，强起来。

参考文献

［1］国务院新闻办公室，中央文献研究室，中国外文局.习近平谈治国理政（第一、二卷）［M］.北京：外文出版社，2014.

［2］习近平.决胜全面建成小康社会 夺取新时代中国特色社会主义伟大胜利——在中国共产党第十九次全国代表大会上的报告［R］.北京：人民出版社，2017.

［3］郑秩.继续深入学习习近平总书记来川视察重要讲话精神［N］四川日报，2018-02-23..

［4］任思瑗.中共雅安市委关于全面深入贯彻落实党的十九大精神 推进绿色发展振兴加快建设美丽雅安生态强市的决定［N］.雅安日报，2018-01-16.

乡村振兴战略背景下
宜宾市构建新型农业经营体系实证研究

石 磊 窦清华①

摘要：党的十九大提出实施乡村振兴战略，要求构建现代农业产业体系，培育新型农业经营主体。近年来，宜宾市创新农业经营体系建设取得了一定的成效，但仍存在土地承包流转、经营主体实力不强、社会化服务体系建设落后等问题。课题组结合乡村振兴战略要求，以宜宾市农业经营主体研究为例，对宜宾市构建新型农业经营体系提出一些合理化和可操作的建议。

关键词：乡村振兴；新型农业经营体系；实证研究

党的十九大报告提出，"构建现代农业产业体系、生产体系、经营体系，完善农业支持保护制度，发展多种形式适度规模经营，培育新型农业经营主体，健全农业社会化服务体系，实现小农户和现代农业发展有机衔接"。党的十八届三中全会通过的《中共中央关于全面深化改革若干重大问题的决定》，把"加快构建新型农业经营体系"作为健全城乡发展一体化体制机制的重要举措，进一步提出了具体要求。近年来，宜宾市通过加快资源整合、创新经营主体，落实农民全方位教育回归工程，推进产业化经营、利益联结建设等举措创新农业经营体系建设，取得了一定成效。翠屏区、长宁县、高县、宜宾县等区县初步形成了以专业大户和家庭农场为基础，合作经济组织为纽带，龙头企业为骨干，多种生产经营主体共生的农业经营格局，有力推动了宜宾市农业规模经营，为其他地区构建新型农业经营体系提供了有益借鉴。

---

① 石磊、窦清华，中共宜宾市委党校。

一、宜宾构建新型农业经营体系的必要性和紧迫性

构建新型农业经营体系的必要性和紧迫性，在很大程度上源于传统农业经营体系的问题及其对发展现代农业的局限性。从宜宾市农业本身的情况来看，宜宾市农业存在弱质性、高风险性和小部门化发展趋势。纵向方面，随着宜宾市城镇化进程的不断加快，城乡结构、就业结构、社会结构的深刻调整，宜宾市农业已经开始慢慢从传统农业向现代化农业加快转变；横向方面，我国东中部农业现代化发达的地区，基本上形成了分工发达，农业产业密切相连的农业经营体系。宜宾传统农业经营体系以"小而散"的农户家庭经营面临经营规模小、方式粗放、劳动力老龄化、组织化程度低、服务体系不健全等突出问题，导致宜宾市农业在组织化、规模化、集约化生产上成熟度不足，农民收入低，在推动农业产业发展现代化上也面临很多困难与不足。

（一）城乡统筹发展全面推开的需要

在全省处于以工促农、以城带乡的发展阶段，进入着力破除城乡二元结构、形成城乡经济社会发展一体化新格局重要时期，随着城乡统筹发展深入推进，公共财政基本实现全覆盖，以农田水利建设为重点的农业基础设施得到较大改善，城乡基本公共服务均等化明显推进，资源节约型、环境友好型农业生产体系基本形成，城乡产业不断融合发展。当前，在大力实施"两化"互动、统筹城乡的总体战略背景下，城乡统筹发展力度不断加大、广度不断拓展，农业现代化与城市化、工业化"三化联动"发展，既为传统农业经营体系提出了新的要求和挑战，也为新型农业经营体系建设创造了更为有利的条件。

（二）整合农业发展资源的需要

传统意义上的单纯种植业和养殖业的农业状态往往规范化、组织化、市场化程度都较低，其只关注自我发展，资源投入分散，造成了有限资源情况下资源投入的浪费。培育新型经营主体可以有效带动工业资本、金融资本、社会资本等投向农村及农业发展，扭转资源投入不足的困境，实现资源的集中投入，强化农业发展资源的有效整合。

（三）激发农业发展活力的需要

在传统的农业发展进程中，政府部门往往大包大揽，农业发展活力、发展潜力没有得到有效激发，从而制约了其发展水平的提升。当前我市正处于农业结构转型、农村体制转轨和农产品市场格局转变的关键时期，必

须把培育农业经营主体、增强激发发展活力放在突出位置，发掘农业发展的内生动力，推动现代农业持续健康发展。

（四）破除"谁来种地"和"怎样种地"的需要

一是农村青壮年劳动力大量外出务工或向城镇集中经商，"谁来种地"的问题日渐突出。据行业统计，2018年上半年，全市转移输出农村劳动力145.4万人，占到农村劳动力的52.5%，留守农村从事农业生产的大部分是中老年人和妇女。因此，必须未雨绸缪，及早考虑如何培养农业接班人。

二是市场经济条件下，农民纯收入中来自农业的比重逐步下降，大部分农户家庭类型已从"以农业为主的兼业"转变为"以非农业为主的兼业"，因而"怎么种地"的问题已难以回避。宜宾自然概貌为"七山一水二分田"，人多地少，绝大多数农户的承包地细碎化程度高，生产效率较低，抵御自然风险、市场风险的能力不强，加之农业比较效益普遍较低，导致多数农户家庭不得不让主要劳动力外出从事非农产业以增加收入。据行业统计，2018年上半年，全市农村居民可支配收入为5 300元（预计），其中来自农业生产的比重仅为37.8%。从事农业生产，对于相当部分的农户而言，尤其是平坝区农户，正在变成食之无味、弃之可惜的"鸡肋"。因此，必须加快探索如何在家庭承包经营基础上提高农业的资源利用率和要素生产率，解决好"怎么种地"的问题。

二、宜宾新型农业经营体系主要做法

（一）以农村土地流转为抓手，积极推进农业适度规模经营

一是全面开展农村土地承包经营权、集体林权确权登记颁证工作。其中，集体林权确权登记颁证总体完成，目前正在开展查漏补缺等"回头看"工作；农村土地承包经营权确权登记工作在完成翠屏区（含临港区）试点基础上，其余县（区）全面开展，目前工作完成率达到40%以上，年底基本完成。二是不断完善农村土地流转交易体系。全市已有7个县（区）完成县级林权交易"三中心"建设，共建成市、县级"三中心"24个；已有4个县（区）66个乡镇建立了农村土地流转服务机构，同时，10个县（区）均依法设立了农村土地承包仲裁委员会，配备了仲裁人员，形成了相关工作制度。截至2018年上半年，全市累计流转土地68.5万亩、林地98万亩，流转金额达到5.3亿元和5.7亿元，其中耕地规模经营面积30万亩，耕地适度规模经营已见雏形。三是积极创新农村土地流转金融服

务。目前，翠屏区、宜宾县、筠连县、屏山县等多个县（区）均建立了农村产权抵押融资风险补偿金，农村流转土地抵押融资取得明显成效，有效缓解了农业经营主体在发展适度规模经营中遇到的资金困难。截至 2018 年上半年，全市林权抵押贷款 373 宗、贷款余额 2.3 亿元，土地承包经营权抵押贷款 3 宗、贷款余额 30 万元，土地流转收益保证贷款 2 宗、贷款余额 110 万元。

（二）以培育新型农业经营主体为重点，提高农民生产组织化程度

近年来，宜宾大力实施龙头企业"排头兵工程"，扶持发展家庭农场，规范提升农民合作社，新型农业经营主体不断培育壮大。其中，已培育国家级农业产业化重点龙头企业 2 家、省级 26 家、市级 153 家，家庭农场 944 个，农民合作社 3 299 个。同时，按照"两个带动"的工作导向，不断探索和创新龙头企业与农户、家庭农场、农民合作组织等新型农业经营主体紧密联结的组织模式，构建了"企业带动、农民参与、协会统筹、金融支持、保险兜底、政府帮助"的农业产业化"六方合作"机制，使新型农业经营主体成员间的合作形式由单一的承包向土地入股、资金入股、技术入股等模式拓展。截至 2017 年年末，全市新型农业经营主体带动农户 256 万户（次），其中订单带动农户 146 万户（次），有效提升了农民生产组织化程度。

（三）以农业生产服务为基础，以农技推广为手段，提高农业社会化服务水平

一是大力推进农机社会化服务。近年来，宜宾通过大力发展农机作业、维修、供应、租赁等新型农机服务主体，重点提升农业机械运用水平，农业机械化率以每年 3%～4% 的速度稳步提高，并涌现出一批先进典型。如宜宾县蕨溪镇展鹏农机合作社，积极探索农机服务模式，创新开展机耕机播机收、机械化植保、农机维修等农机化综合服务，2017 年开展农机服务 3.8 万亩，累计推广各类先进农业机械 6 000 余台，修理各类农业机械 1 000 台次，开展农机示范 500 场次，培训机手 3 000 余人次，直接带动农户 8 000 余户。二是不断完善基层农技推广体系。全市已建成农业技术推广站（中心）530 个，其中分布在乡镇一级的有 400 个，实现了乡镇全覆盖。科技特派员选派工作实现制度化、规范化、常态化，目前市县（区）571 名科技特派员围绕"741"特色优势产业发展，通过引进推广农业新技术、新品种，突出创新创业、科技培训等方式，有力地促进了全市农业科技成果转化。2018 年，全市已完成农民农技培训 15 万余人，印发农技资料 16 万余份。同时，宜宾通过解决农业科技服务"最后一公里"

问题，扎实推进农业标准化示范基地建设。目前，全市共有24个产品及基地通过有机食品认证，77个产品通过绿色食品认证，153个产品通过无公害农产品认证，6个产品通过农产品地理标志认证。

三、宜宾新型农业经营体系发展的主要制约因素

在调研中了解到，宜宾新型农业经营体系建设虽然取得了初步成效，但实践中还存在一些值得注意的困难和问题。

（一）农村土地承包经营权流转仍然不畅

当前，全市农村土地流转率、适度规模经营率仍然处于较低水平，其主要制约因素表现为：一是部分农村土地存在权属争议。由于一些农村土地承包合同记录不清或台账不明，致使承包地四至不清，户与户之间权属争议大，农业经营主体对于流转此类农地持审慎态度。二是部分基层干部群众对土地流转思想认识不足。一方面，部分群众还持有离乡不离土的陈旧观念，以及农地流转就是农地转让的误解；另一方面，部分乡镇、村社干部怕土地流转引出麻烦，采取回避态度，一定程度上阻碍了农村土地流转。三是流转行为不规范。这主要包括流转程序不规范、流转合同不规范、流转价格形成机制不完善等方面。四是土地流转交易市场不完善。目前，全市尚未形成完备的市—县—乡—村四级联动农地流转服务体系，中介服务组织还不健全，土地供求双方信息不对称，在很大程度上延缓了土地流转工作，阻碍了土地流转在更大范围内进行。

（二）人均耕地面积少和劳动力不足的双重矛盾

全市农户人均耕地不足一亩，且分布零散，加上丘陵山区的立地条件，既不利于标准化生产和机械化作业，又增加了降低成本和增加收入的难度，制约了机械化和规模经营程度的提高，劳动力和土地资产效益没有充分发挥。加之承包农户不断分化，兼业化倾向明显，农村大量土地复种指数不高甚至闲置撂荒。专业大户和家庭农场尚处于发展早期，数量少、规模小，亟待加大培育力度。农业劳动力结构性短缺，与农村劳动力持续转移不相适应，需要加快培养职业农民。农业劳动力已经呈现老龄化、低文化，出现了年龄段、季节性、区域性等结构性短缺，特别是新生代农村外出务工人员普遍务农意愿淡薄。如果这一状况得不到根本改善，将严重影响今后一个时期的现代农业建设。

（三）新型农业经营主体实力仍然不强

虽然各级政府为扶持新型农业经营主体发展出台了一系列政策，全市

新型农业经营主体数量也在不断增多，但从川南片区乃至更大范围来看，其整体实力仍然较弱。目前，全县家庭农场尚处于起步阶段，农民专业合作社、龙头企业与农户间的利益联结机制还不健全。农户家庭经营多数仍属于分散经营，存在着"小生产"与"大市场"的矛盾，面临着自然、市场和质量全"三重风险"。从全市不同区域来看，平坝区立体设施农业、生态循环农业的种养模式推广力度不够，农产品精深加工程度不高，农产品品牌整体影响力不大，现代农业产业体系尚未形成；而丘陵地区和山区农村基础设施薄弱且农地细碎，土地成片流转和规模经营难度较大，农户分散经营，农业生产组织化程度偏低，新型农业经营主体缺乏，农业组织化程度低，农业产业化经营水平亟待提高。

（四）农业社会化服务体系建设仍然滞后

伴随农业生产向专业化分工、社会化协作转变，对农业社会化服务提出了强烈需求。调研发现，目前，农村集体经济比较薄弱，普遍缺乏为农民提供"统"的服务能力；经营性服务组织发育不充分，经济实力弱，政策扶持不够；公益性服务供需衔接不紧密，服务机制尚需健全。一是农业生产服务体系和农产品市场流通体系不健全。随着适度规模经营的发展，新型农业经营主体特别是专业大户和家庭农场，对农业生产的产前、产中和产后服务的需求日益增长，但农机租赁、农资配送、劳务服务、粮食烘干、仓储物流、冷链物流等社会化服务组织建设仍然滞后，制约了农业经营主体扩大生产的意愿。二是农业保险体系不完善。农户普遍反应农业保险保额设定过低，离实际物化成本存在差距；而保险理赔条款多，技术性强，不仅一般群众难理解，就是基层干部也不好掌握。此外，政策性农业保险覆盖面较窄，保险品种与农业产业结构调整不相适应，如高粱、牛羊、水产等区域特色农产品尚未纳入政策性农业保险，间接弱化了特色农业的抗风险能力。

（五）农业生产要素保障仍然不够

现阶段，资金、土地是制约新型农业经营主体发展的主要因素，突出表现为：一是农村产权抵押贷款难。由于《中华人民共和国担保法》《中华人民共和国土地管理法》《中华人民共和国物权法》均没有为农村土地承包经营权和农房产权抵押提供法律依据（农村土地归集体所有），土地价值没有得到很好体现，加之种养殖业受气候、市场等因素影响，存在一定风险，导致金融机构开展农村产权抵押贷款面临违约风险，农村抵押物"难处置""处置难"，从而使得金融机构顾虑多、积极性不高。二是农业产业化龙头企业用地难。在争取建设用地指标方面，农业产业化龙头企业无法与工业企业平等竞争（竞拍），加上其在创造 GDP 和增加税收上远不如工业企业，一些地方政府存在"亲疏有别"的思想，农业产业化龙头企业用地指标远不如工业企业，甚至零指标，制约了企业规模的扩大。

四、加快构建宜宾新型农业经营体系的建议

（一）扎实推进承包地"三权分确"，加快发展农业适度规模经营

1. 加快推进农村土地确权登记颁证

比全省提前 1 年，于 2018 年年底基本完成全市农村土地确权登记颁证。统筹推进农村承包地、农房、农村小型水利工程确权登记颁证，确权要彻底、要到位，特别是承包地要严格落实"三权分确"，即所有权确权到集体、承包权确权到农户、经营权确权到经营者。

2. 多种形式发展土地适度规模经营

强化农村土地的集体所有权权益，集体经济要加强对承包地的管理，引导常年外出务工农民把承包地流转出来，通过代耕代种、引导回乡创业、租赁、土地入股委托经营等多种形式，推进土地适度规模经营，根据比较优势，优化产业布局，成片发展特色优势产业。

3. 建立覆盖全市的农村产权流转交易体系

由政府主导加快建立"市、县（区）有中心、乡镇有站、村有点"四级联动的农村产权流转交易体系，重点加强县级平台建设，充分发挥市场机制作用，盘活农村土地产权，变资源为资本，增加农民土地财产性收入。

4. 完善农村土地流转价格评估机制

按照乡级行政区划，以农地收益能力为基础，依据土壤肥力、灌溉设施、交通设施、区位条件等因素，着力开展农地先评级后估价工作，并通过网络等形式向社会公开，切实保障土地流转双方的基本利益。

（二）积极培育新型农业经营主体，促进农业经营模式创新

1. 始终把家庭农场作为新型农业经营主体的发展方向

应依据全市农业从业人员、农业产业类别、生产效益等实际情况制定家庭农场的认定标准，引导支持农业专业大户发展成为家庭农场，积极开展家庭农场认定登记，加快出台相应扶持政策。

2. 规范发展农民合作社

鼓励农民以土地、资产、货币等要素入股，发展多种形式的农民合作社。进一步完善和落实财政补助资金形成的资产转交农民合作社持有办法

和管护细则，积极引导农民合作社在农业生产和农村产业发展中提供产前、产中、产后服务。加强监管，防止"挂牌、空壳、翻板"合作社套取财政扶持项目资金。

3. 着力培育农业龙头企业"排头兵"

继续大力实施龙头企业"排头兵工程"，重点加大对省级和国家级农业龙头企业的扶持力度，支持行业内企业兼并重组，推动跨区域发展，扩大企业影响力，扶持发展成为全国性的行业"排头兵"。

（三）创新农业社会化服务机制，提升农业市场竞争力

1. 积极培育农业社会化服务组织

从公益服务和市场服务两个方面着手，公益性组织重点解决基础性、普惠性服务，如农业基础设施建设、农产品质量安全、市场硬件设施建设等；经营性组织重点解决针对性、多样性、特色性服务，如农机租赁、农资配送、粮食烘干、冷链物流等。建立健全以产量质量和经济效益以及农民群众服务满意度为主要内容的为农服务考评制度和激励机制。

2. 扶持发展农业电子商务

进一步完善宜宾农业电子商务的中长期发展规划，加大服务平台建设力度，培育整合农业电子商务龙头企业，解决农产品网络销售面临的紧要问题，扶持农业电子商务健康发展。

3. 完善农业科技成果转化体系

以农民和农业生产需求为导向，以农业科技资源优化整合为重点，探索建立政府部门、农业院校、科研单位以及农业龙头企业等共同发力的政产学研协同创新机制，打破部门、区域、单位和学科界限，研发农业种养、加工新技术，选育具有地方特色的优良农作物和畜禽品种，进一步完善农业科技服务体系，促进农业科技成果顺利转化，打通农业科技推广的"最后一公里"。

4. 健全农业保险机制

积极扶持农业保险公司发展，大力推行特色优势农产品保险、农业巨灾保险等新险种，完善保险兜底机制，切实提高赔付额和服务水平。鼓励农业保险公司与商业银行合作，开办保单抵押贷款业务，降低抵押贷款风险。

5. 开展农业社会化服务试点

积极总结和推广崇州市以土地股份合作社为核心，以新型农业科技服务、农业社会化服务、农业品牌服务、农村金融服务为支撑的"1+4"新型农业服务体系。开展农业社会化服务示范县创建，通过探索服务模式、

总结典型经验、研究扶持政策，着力搭建县级农业社会化服务平台，从基层入手务实推动农业社会化服务工作。

（四）创新金融支农政策，解决农业发展资金瓶颈

1. 探索全面放开农村融资抵押物限制

金融部门应研究将农村融资抵押物范围扩大到整个农村产权，积极探索推广农村土地经营权和收益权、大中型农机具、农村小型水利设施、集体资产股份股权等农村产权抵押融资。加快研究抵押物评估指标体系，支持引导专业化农村产权评估组织发展。

2. 完善风险防范和风险补偿机制

支持农业担保体系建设，扩大资本金，尽快做大做强市农业担保公司，逐步扩大信贷担保规模，扶持发展一批农业担保公司和农村产权收购处置中介机构，对各类农贷抵押进行担保"兜底"。由政府出资设立农业融资风险补偿资金，明确专项资金补偿流程，对金融机构因开展农村产权抵押贷款产生的损失给予一定额度的补偿。

3. 改革财政支农方式

强化涉农资金在财政预算编制环节的归并整合，加大对新型农业经营主体负责人培训、农业特色产业保费等的补贴力度。改革项目报账方式，推行项目先建后补、以奖代补方式。改革小型项目招投标办法，探索实行到村项目由农民自建自管自用模式。

4. 扶持发展农村资金互助社

在政策上扶持，在发展上引导，做好试点宣传。坚持封闭性、社员制原则，杜绝以互助社名义的担保、吸储，同时加强银监部门的监管。

（五）完善农技和人才供给保障机制

宜宾新型农业经营体系建设离不开培育和发展适应宜宾农业特点的新型农业经营主体，即要解决好技术和人才缺失的瓶颈问题，要加快形成和完善相关的供给保障机制，加快资源流向的引导，鼓励先进的农业技术更快更好地运用在新型经营主体的生产上，鼓励优秀的技术和管理人才更多地投入新型经营主体的发展上。一要建立新型农技服务体系。以学校、涉农科研机构、基层农技部门三大领域为重点，加快培育一批业务素质过硬、技术带头能力强的农业技术专家队伍，积极构建新型农技服务体系；要鼓励农业技术专家特别是基层农技人员到新型农业经营主体中工作或兼职、推广农业技术，特别要在职称评聘、工资待遇等方面给予政策鼓励。二要强化涉农人才培养。政府要加大人才培训的力度，鼓励富有创新精神、专业知识较强的大中专毕业生和专业技术人员献身农业，完善和优化

农业创业基金和创业贴息贷款扶持制度，对引进大中专毕业生就业的新型农业经营主体给予社保补贴，让服务农业成为能赚钱、有地位、有前景、有尊严的职业。三要搭建"产学研"合作平台。鼓励农业技术研发机构、农业类专业院校和新型农业经营主体广泛开展科研交流合作，加强技术应用推广合作，鼓励技术研发和转化。

（六）采取多种措施，破解农业企业用地难

一是加大建设用地调控力度。抓好城乡建设用地增减挂钩、城镇工矿企业及城中村腾退改造、工矿废弃地复垦利用等工作，盘活低效建设用地，合理调整用地布局。二是分类别实施农业企业用地管理政策。加工型农业产业化龙头企业享受工业企业同等用地待遇，用地指标单列划出；对于种养型农业产业化龙头企业，建议允许企业配套设施用地为农业设施用地，由主管部门审批，报国土部门备案。

参考文献

［1］杨红炳. 新中国农业经营方式演进趋势研究［D］. 武汉：武汉大学，2003.

［2］马克思. 资本论（第1、3卷）［M］. 北京：人民出版社，1975.

［3］周立群，曹利群. 农村经济组织形态的演变与创新——山东省莱阳市农业产业化调查报告［J］. 经济研究，2001（1）.

［4］黄祖辉，俞宁. 新型农业经营主体现状、约束与发展道路：以浙江省为例. ［J］. 中国农村经济，2010（10）.

［5］于亢亢，朱信凯，王浩. 现代农业经营主体的变化趋势与动因：基于全国范围县级问卷调查的分析［J］. 中国农村经济，2012（10）.

［6］许行贯. 创新农村经营体制的探索与实践：关于发展农产品行业协会和农民专业合作经济组织的研究［M］. 杭州：浙江人民出版社，2004.